讲堂文思录

——兼论企业如何转危为机

张文台 著

中央文献出版社

图书在版编目 (CIP) 数据

讲堂文思录：兼论企业如何转危为机 / 张文台著．
—北京：中央文献出版社，2009.8
ISBN 978-7-5073-8239-4

Ⅰ．讲… Ⅱ．张… Ⅲ．社会科学—文集 Ⅳ．C53

中国版本图书馆 CIP 数据核字（2009）第 122818 号

讲堂文思录——兼论企业如何转危为机

著　　者：张文台
特约编辑：秦清运　李晓东
责任编辑：李庆田
封面设计：秦清运

出版发行：中央文献出版社
地　　址：北京西四北大街前毛家湾 1 号
邮　　编：100017
经　　销：新华书店
印　　刷：深圳市国际彩印有限公司

787×1092mm　　16 开　　28 印张　　300 千字
2009 年 11 月第 1 版　2009 年 11 月第 1 次印刷
印　　数：20000 册

ISBN 978-7-5073-8239-4　　　定价：89.00 元

序

　　读张文台同志《讲堂文思录——兼论企业如何转危为机》后倍感欢欣，这些精彩演讲和感悟，通过朴实的大众语言，表达了社会重大课题，他以军人独特的视角和思维，对当代企业、企业家及公务员应具备文化修养、内在气质及企业文化内涵进行了大胆而有益的剖析和探索，在哲理性、思想性、可读性、艺术性、趣味性和感染力上可圈可点，有着军人的浩然正气和儒雅风范，语言独具特色，尽显魅力，可喜可贺。

　　张文台同志，我可以说人不十分熟悉，却神交已久，其诗词书法等造诣早有耳闻目睹。可以说是早闻其人，深知其文，他是新时期共和国的儒将之一，令人敬佩。

　　张文台同志16岁从军，戎马生涯50余载，历任战士、班长，排长、组织干事、宣传股长，团政治处主任、政委，师副政委、政委，集团军副政委、政委，济南军区副政委、政委，解放军总后勤部政委，上将军衔。他是中共十三届党代表、十六届中央委员，连续四届担任全国人大代表，现任全国人大环境与资源保护委员会副主任委员。可以说，他公务繁忙、客多事冗。然而，令人敬佩的是，他从青年时代在孤岛上挖坑道、守海防中奋发读书求新知，不怕艰苦站好岗，穷而有志思壮举，努力学习求上进；中年智慧育人才，精力充沛重实践，大任之中苦钻研，虚怀若谷乐助人；晚年动脑勤思考，静坐常悟诗书经，感悟人生汇精萃，刻苦著述传真经。退出主要领导岗位后退而不休、发挥潜能；老而不懈，严于律己；学而不厌，更新知识；为而不求，奉献社会；伤而不悲，笑对人生。自2005年以来，先后出版了《江泽民国防思想研究》、《来自实践的领导艺术》、《中国百名书法名家书录——张文台将军诗词三百首》、《哲语论修——张文台将军人生哲理十六观》等著作，有的被新闻出版总署、中国文联等部门评为优秀图书奖，中国文学馆、图书馆均有收藏。更值得称赞的是，2006年9月，他因急于去山东参加中华儒商研究年会意外的出了车祸，骨折筋伤，内损外创，身体严重受残，手术长达九个小时，从危险中脱离出来。若是一般人也许就此休息，而从小受苦受难，少年时代立下雄心壮志的他，凭着坚强的钢铁意志和战胜一切的大无畏精神硬是挺了过来，并且再次焕发了革命青春，在传统文化的厚土上辛苦耕耘，取得了丰硕的成果。他在手术后的第五天，为减轻剧烈的伤痛，在岳飞《满江红》浑厚雄壮的乐曲中，以顽强的精神开始了诗词的创作。他把伤痛、经验教训、所感所悟、所见所闻、所思所得用宏观的思维、哲辩的方法凝聚到笔端，流淌出了追求真、善、美的涓涓清流。六个月的时间里，他创作了医院救治、病中遐想、庭院休养、聊天述志、梦中拾遗、故乡明月，及拥抱祖国美好山川、抒情军旅生活、笑对创伤苦难、点击人生真谛等300余首诗篇，同时，他托着病体、忍受疼痛、冒着酷暑、挥毫泼墨、笔走龙蛇，又把每首诗词写了出来，仅仅八个月就被人民文学出版社定名为《病中抒怀——张文台将军诗词书法作品集》而隆重推出。该集出版发行后，在军内外引起了强烈的反响，使社会各界人士在不同角度、不同层面受到了很大的教益，并被《中国古诗词出版年鉴》收录且评为优秀图书。

古人有云：言之无文，行之不远。中国古典诗词是中华文明的艺术瑰宝。"五四"新文化运动以来的新诗词，又以一种新途径展现了它的夺目璀璨。中国书法是文字艺术化的世界唯一。本来，作为一名军人在忙里抽闲中能够吟诗作赋、写意丹青就已难能可贵了，然而张文台同志却在此基础上，把自己的触角转向了中国的企业文化和医疗保健领域，实在是令人称道。

张文台同志从16岁起就投笔从戎，一干就是50余年，应该说对企业和企业家以及公务员的行为准则不甚了解。然而，儒将就是儒家，他以丰富的知识做水，敏捷的思维做舟，崇高的智慧做舵，凭着坚忍不拔的毅力，凭着厚重的理论基础，凭着对党对国家高度负责的使命感和责任感，凭着几十年的自身修养和出色的演讲才能，硬是汇集成了既有历史圣贤之古训、又有当今领袖之教导，既有中华儒商之传统、又有现代五百强企业之借鉴，既有参加高层决策之体会、又有治军用兵之经验的上乘之作。可以毫不夸张地讲，此乃是为人之本、经商之策、管理之术、升迁之道的良师益友。

大道至简，天下一理。从张文台同志身上我们不难发现这样一个事实：一个人只要努力学习，刻苦钻研，勤于思考，善于感悟，学以致用，心悬天地外，兴在责任中，就没有攻破不了的难关，就能触类旁通，处处事事都能做出对党、对国家、对人民、对军队有益的事情，生命之花也必定开放得更加五彩缤纷。

　　是为序！

赵维臣

二〇〇八年八月八日

　　赵维臣原全国政协常委、政协经济委员会常务副主任，中国联合通讯有限公司董事长。

目录
Contents

第一部分

讲堂录

在清华大学光华学院企业家培训班上讲演《金钱观》。同学们一致认为：作者提出的论点好懂易记，切实管用。

在参加西北工业大学七十年校庆时，作者(右二)与全国政协副主席陈宗兴(右三)及大学的书记、校长等专家们交流思想时指出，军工产品要突破三个卡口：一是材料卡口，防止"软骨病"；二是动力卡口，防止"心脏病"；三是计算机卡口，防止"神经病"。

　　根据国家有关精神，关闭了小型无证煤矿厂和小火电机组，不但使国有大中型企业效益明显提高，使有限的资源得到了充分利用，而且促进了环境资源的改善，安全形势也越来越好。右图为作者(右二)率中华环保世纪行采访组在辽宁考察。左图为关停的小火电厂。

2009 年 10 月 28日，作者（右二）在北京与全国政协副主席阿不来提·阿不都热西提（右一）一同参加"与共和国共成长，中华儿女商界群英会"颁奖典礼。

作者与济南军区政治部秘书长马清江在商谈书稿。

作者和夫人闫桂香向国学大师文怀沙先生（中）请教人生问题，文老指出：生来自偶然，死确是必然；偶然是有限，必然是无限。时间无头又无尾，空间无边又无际。劳我以生，息我以死。生不足喜，死不足悲。

2009年10月14日，作者应邀到山西煤炭进出口集团有限公司为处级以上干部授课，有针对性地提出了"变危为机，企业升机"的希望。左为山西煤炭进出口集团有限公司董事长杜建国。

　　在清华大学高级工商管理研究生课程班上讲演《企业家应具备哪些基本领导素质》一课时，作者从十个方面概括了企业家如何运用领导艺术管理好自己的团队，使同学们深受启发。

作者与著名金融家、全国人大代表、招商银行总行行长马蔚华（右）亲切交流如何提高自身素质问题。

　　2009年10月18日，作者应邀为光大集团党校学员和光大银行北京分行各支行行长讲授《学习与修养》，从为什么要加强学习与修养；学习与修养的重点和如何学习休养与提高素质三个方面与听众进行了深入交流。右为光大集团副总裁康臻女士亲自主持会议。

在清华大学高级工商管理研究生培训班上讲演《企业家如何站在公务员的角度思考问题》一课时，作者提出：在新的历史条件下，企业家应站在公务员的角度来思考解决问题，才能在日趋激烈的商场上保持清醒头脑，立于不败之地。

　　2009年9月20日，作者（左三）在中共山东省济宁市委书记孙守刚（左一）的陪同下，到济宁市工业园区进行实地调研，认为他们规划高起点，建设高质量，发展高速度，管理高效益。

作者受邀在江苏无锡江南电缆有限公司讲演时，指出要想成为一名优秀的企业家，必须要强化群众观念，解决群众问题，发挥群众作用，坚持领导带头，以良好的自身形象带动领导作风的改进。

作者（左五）在深圳招商银行总行大楼与马蔚华行长（左六）等同志合影留念。

2009 年 10 月 24 日,作者（前排中）在江苏太仓出席"首都企业家俱乐部 2009 太仓论坛"。并题词"变局创造机遇,责任重如泰山,使命高如一切,信心贵如黄金。"

作者与招商银行总行行长马尉华（右）、香港创律集团董事局主席徐增平（左）亲切交流如何以德带兵、以才带兵问题。

　　2009年10月15日，作者出席由全国人大支持、全国人大环资委发起的"2009环境资源立法与可持续发展国际论坛"。这是作者（左三）在会上与日本国会议员大石正光先生（左二）担任联合主持。全国人大常委、全国人大环资委主任委员汪光焘（右一）作了政策性主持发言。

作者与江苏无锡江南电缆有限公司总经理芮一平（左），并对其提出要求：一名合格的青年企业家，必须爱国、为民、奉献、创新。

苏立清　　张文台　李保民

作者（左二）应邀在全国总工会疗养院院长经验交流培训班上讲演社会保健学一课时，提出了"科学工作别累着，加强修养别气着，控制吃喝别撑着，适度喝酒别醉着，经常活动别闲着"的观点，受到领导和院长们的好评，并纷纷邀请他到地方去讲学。

2008年2月4日，作者到家中看望中国人民解放军第二炮兵原副司令员、102岁高龄的陈锐廷老将军，老人为作者亲笔提字"无欲则刚"，并告诫："运动莫跑，吃饭莫饱，遇事莫恼，用脑莫少"，使其深受教育，并广为传播。

　　这是工人日报社社长刘玉明在主持作者的"企业家如何加强自我保健"的讲座，并指出张将军的讲座既是社会保健学，有利于身体健康；有利于精神健康。

刘玉明　　　　张文台

受上海现代领导干部学院院长徐本利（左）之邀讲演《领导干部如何不断提高自身素质》一课时，作者提出了领导干部要成才，为人民建功立业，必须做到：读万卷书，学习前人的知识；行万里路，学习实践的知识；拜万名师，学习群众的知识；历万般苦，形成自己的知识。

2009年10月22日，作者（后排左五）在山东省泰安市出席"中国塑料光纤产业园合作签字仪式"。对产业园提出了"在诚信为本的齐鲁大地，集天时、地利、人合于一身，充分利用好优惠的产业政策，广阔的发展空间，丰实的资源条件，在国内外真正拥有一流的技术，一流的人才，一流的产品，一流的品牌，为本行业领军，为祖国争光"的要求。后排左六为中共山东省泰安市委书记杨鲁豫。

作者（右一）在讲课休息时间与培训班的同志们进行交流。

　　作者（右二）在参加"2008'青岛奥帆情"北京联谊会上与中联部部长王家瑞（右三）、青岛市委副书记、市长夏耕（左二）、青建集团董事长杜波博士（左一）合影，高度赞扬了青岛市以比赛为动力，推动城市改造，加速环境治理，促进精神文明，扩大国际影响的做法，走在了全国前列，荣获了"中华宝钢环保一等奖"。

2008年10月23日在山东青岛参加"2008首届中国国际循环经济成果交易博览会"时，作者（左三）和国家发改委副主任王金祥，山东省委常委、青岛市委书记阎启俊，山东省委常委、副省长王军民等在开幕式主席台上，并在会上作了《循环经济法》的解读对话讲演。

作者在山东青岛参加"2008首届中国国际循环经济成果交易博览会"期间，率中华环保世纪行新闻采访组考察了青岛碱业公司和华电青岛发电公司等四家企业。

2009年10月21日，作者出席"2009北京国际风能大会"并致辞，提出了深入发展风能"技术需要进一步规范，政策需要进一步统一，应用需要进一步推广，管理需要进一步加强"的观点。

受天津蓟县慈树成书记之邀，为来自县委、县人大、县政府、县政协及相关部门的领导同志们讲《领导干部如何当好正职、副职》一课，提出领导干部当好正职要做到：统揽不包揽，敢断不武断，分工不分家，放手不撒手，大度不失度，明白不表白；领导干部当好副职要做到：参与不干预，到位不越位，有权不越权，出力不出名，补台不拆台。深受同志们的欢迎和好评。

作者在天津蓟县学习实践活动"科学发展大讲堂"授课现场。

作者在思考中。

作者受青岛胶州市委书记祝华（右一）之邀，为市委科学发展观理论学习中心组（扩大）读书班上的全体同志作辅导报告，阐述了人生必须明确的五大道理，"通晓哲理，明确事理，懂得情理，遵守法理，注重伦理"，大家很受启发。

2008年2月3日，作者到301医院看望国学大师、北京大学原副校长、97岁高龄的季羡林老先生（左）时，季老欣然写下了"智乐仁寿"四个字，并阐述了他健康长寿的"四不主义"："不挑食、不嘀咕、不懒惰、不运动。"

　　作者（中）在山东青岛参加"2008首届中国国际循环经济成果交易博览会"期间，率中华环保世纪行采访组考察青岛碱业公司时，欣然提词勉励："科技创新，综合利用；循环发展，示范带头；提高效益，造福后代。"

企业家应当树立什么样的金钱观*

——《企业家的思想道德和领导艺术修养》系列谈之一

当代企业家和经营者应怎样树立一个正

确的金钱观?

应该解决好以下四个方面的问题:

第一,解放思想敢挣钱;

第二,以义取利善赚钱;

第三,统筹兼顾会用钱;

第四,奉献社会不为钱。

---

*这是作者2007年11月11日在清华大学举办的企业家
培训班上的讲演。

　　党的十七大胜利闭幕不久，清华大学举办这次总裁班意义是重大的，也是可喜可贺的。校领导和负责办班的同志们，要我来跟大家讲讲企业家的金钱观问题，既非常高兴，也有些发憷。高兴的是研究这个问题，完全符合党的十七大要求，我参加了党的十六届七中全会和十七大全过程之后有些感受，这个问题是企业家非常关心和必须解决的问题，也是我借此机会向全国这么多优秀企业家们学习的极好机会；发憷的是我从军五十多年，在部队司、政、后部门都干过，就是没有直接从事过经济工作，更没有当总裁的亲身感受，只能少讲一些大道理和具体事例的论证，多谈一点如何对待金钱的粗浅哲理和人生在金钱上的经验教训的一些感悟，起个抛砖引玉的作用，希望能够引起大家的兴趣和深入讨论。

　　在我国改革开放30年后的今天，我国综合国力大提高，人民生活大改善，和谐社会大推进，文化建设大繁荣。勿用讳言，这是大力发展商品生产，发展社会主义市场经济，重视科技的支持作用，重视金钱的推动作用的结果。在这种情况下，为什么挣钱，挣什么钱，靠什么挣钱，怎样花钱等都是企业家必须回答和不可回避的重要问题。马克思曾经指出："人们奋斗所争取的一切都同他们的利益有关，思想离开利益就会使自己出丑，不管什么社会的什么关系首先是作为利益表现出来的，经济利益是一切活动的最终目的。"列宁肯定了马克思的这些思想，同时又指出："利益推动着民族的生活，利益也是推动社会向前发展的动力之一。"邓小平同志也一针见血地指出："光讲政治思想，不讲物质利益，是唯心主义。"社会主义市场经济是社会化大生产条件下的商品经济，其显著特点之一，就是它具有在一定游戏规则条件下的激励机制。在价值规律和竞争规律的作用下，通过利益这根杠杆来激发经济主体的活力，来调动人们的积极性、主动性和创造性。在这种情况下，企业家们应当在追求自身利益的同时，更注重集体利益和国家利益的实现，努力使国家、集体、个人三者的利益统一起来，并由此形成一个巨大的合力，推动整个经济社会又好又快的持续发展。因而，社会主义市场经济体制使人们摆脱了传统的金钱观的束缚，人们不再谈钱色变了，越穷越光荣的观念没有市场了，只算政治账，不算经济账，强调思想万能，贬低钱的作用等错误观念也被摒进了历史的垃圾堆。理直气壮地追求正当的合理合法的物质利益，是金钱观上的重大变化，也是一个社会的巨大进步。但是，如何正确的看待金钱仍有许多难题待解。这几年不断有人宣扬，钱是社会的指路灯，钱是社会的奖章，钱是衡量人生价值的标尺，简直是金钱成了他们的神灵，他们成了金钱的奴隶，花钱成了他们的本事。正如晋朝的鲁褒曾用讽刺的笔法写了一篇《钱神论》，文中说："钱之所在，危可使安，死可使活。钱之所去，贵可使贱，生可使杀……有钱可使鬼，何况于人乎？"拜金主义来势凶猛，迫使我们不得不重视金钱观的教育。

我们讲金钱观，要弄清三个基本问题：

首先，要弄清什么是金钱，其作用是什么？ 这个问题从理论上说，要把握以下三点，即：第一，什么是金钱，也就是金钱的本质是什么？简单的常识告诉我们，金钱是能充当一般等价的物，因而是一种特殊的物质。这种物质逐渐从商品中分离出来，成为商品交换的媒介和物质财富的一般代表。因而，金钱可以购买一切商品。金钱越多，就越能满足人们的需要，无论哪一种需要都离不开金钱；第二，金钱的作用是什么？它是衡量人们劳动的价值尺度，是激励广大群众在经济建设中的动力和活力，是充分发挥他们的聪明才智，进而对社会做出更大的贡献，同时个人也得到更多的需求满足；第三，金钱也是国家物质基础的象征。一个国家越有钱，它的综合国力就越强，它的国际地位就越高，国防实力也就越强，任何霸权主义都不敢轻易指手画脚，任何侵略者都不敢轻举妄动。这就是我们常说的国家强大了在国际上就有地位、有作为，落后了就要被动挨打，甚至会丧权辱国。所以，邓小平同志提出的"发展是个硬道理，生产发展了，生活改善了，综合国力提高了，社会财富增加了，就会赢得世界的认可和尊重。"江泽民同志也多次指出，"财大才能气粗，弱国无外交。"拿破仑有句名言："作战的第一要素是金钱，第二要素是金钱，第三要素仍是金钱。"近年来我国在国际事务中发挥的作用越来越重要。中非论坛的成功举办向世界展示了中国强大的国力，进而也提高了我国在国际社会中的威望。举国迎奥运活动的深入，形成了奥运外交、奥运经济、奥运文化，也展示了我们国家的国际地位。因此按照党中央科学发展观的要求，使社会生产力迅速发展，商品经济不断丰富，社会主义经济发展水平迅速缩小与发达国家的差距，不断提高综合国力，改善人民生活，促进社会和谐，全面建设小康社会，是全国各族人民的奋斗目标，也是当代企业家和经营者义不容辞的历史使命。

其次，要弄清怎样看待和对待金钱的问题。中央领导同志一再强调，树立正确的世界观、人生观、价值观，无论过去、现在和将来，对于每一个干部和党员来说，都是首要的和根本的问题，对于每一个企业家和经营者来说也是不可回避和必须解决的问题。道理很简单，现代企业家的金钱观是世界观和人生观、价值观的具体体现。如果说世界观是人们对于世界的总的认识，那么人生观则是人们对于世界的总的态度，价值观又决定着人们在社会中如何发挥自己的作用。世界观决定人生观，人生观决定价值观，价值观也必然决定人们的政绩观。如何看待和对待金钱不仅是一个世界观的反映，更是人生观的体现，还是价值观的折射。在这个问题上，有个三分法：一是货币本身没有善恶，但对待货币的态度和行为则是有善恶之分的；二是挣钱本身无可厚非，但到手的钱则是有干净不干净之分的；三是挣钱的方式是多种多样的，但是有合法不合法、道德不道德之分的。由此可见，有了钱并不是有了一切，更不一定是有了真正的幸福。即使在发达的商品经济中，钱能够买的东西也是有限的。人生中众多的需求并不都是商品，当然，它们也是用钱无法买到的。挪威哲人曾经讲过：钱能买来食物，却买不来食欲；钱能买来药品，却买不来健康；钱能买来熟人，却买不来朋友；钱能买来奉承，却买不来信赖；钱能使你每天开心，却不能使你得到幸福。

再次，要弄清错误的金钱观的表现及其危害。我们知道，一个人对待金钱的认识和态度，影响到他对人与自然、人与社会、人与人之间的关系。错误的金钱观容易使人们的思想灵魂发生扭曲。第一，错误的金钱观使一些人的世界观发生扭曲。有的人极力夸大金钱的作用，认为金钱无所不能，"有钱能使鬼推磨"。把金钱看做是创造世界的上帝，认为世界上一切物质的和精神的财富都是金钱带来的，而且都能还原成金钱。在资本家眼里，在拜金主义者眼里，世界上的一切事物和现象，都与金钱有关。不论是自然风光，社会事物，还是私人感情、良心和荣誉等都不过是现象，而它们的本质就是金钱交换。认为只要有了钱，就没有买不到的东西，没有办不到的事情，没有打不通的关节。一些人之所以那样胆大妄为，敢于置道德、党纪甚至国法于不顾，就是认为他们自己有的是钱，只要把钱铺开去，就会路路畅通，死罪变活罪，大罪变小罪，有罪变无罪。关进监狱都可以用钱保出来，照样干坏事，在好人面前，趾高气扬，不以为耻，反以为荣。有人形象地说，他们这些头脑发昏的老板，是用金砖垒起了自己的监狱，用金条打造了自己的镣铐，用金钱挖掘了自己的坟墓，是自取灭亡。这方面典型事例举不胜举，应当引起我们的警醒，严防重蹈覆辙，造成终身悔恨；第二，错误的金钱观使一些人的人生观发生扭曲。有的企业家有钱以后把钱花在"四场"上，即：酒场、舞场、赌场、情场。花在酒场上损害了健康，花在舞场上影响了形象，花在赌场上滋生了犯罪，花在情场上破坏了家庭。这些在一定程度上影响了社会和谐。他们到处摆阔显富，肆意挥霍，有的斥资上万元买下一根皮带，有的花30万元买一条哈叭狗，还有媒体曝光的36万元一桌的豪宴、豪奢无比的黄金宴以及淫秽不堪的裸体宴，更有甚者，用砸汽车、扔钞票等举动来斗富比阔，用超乎常规的消费观念来炫耀财富的行为层出不穷。稍微观察一下今日中国的消费社会，可以看到无数千奇百怪的炫富式的消费现象，连发达国家的有识之士都感到不可思议。这样对待金钱的方式说明了什么？只能说明他们的人生观发生了扭曲，人生的目的用在了追求豪奢和享受上，用在了比富斗阔上。看起来他们得到了物质享受，但也恰恰暴露了他们心灵的空虚，正如我们经常说的那样，这些人"穷"的只剩下钱了；第三，错误的金钱观使一些人的价值观发生扭曲。有的人把金钱看做是衡量一切，尤其是衡量一个人是否成功的唯一标准。认为金钱是这个社会中的唯一价值，不论是事业还是生活，都以金钱为标准来衡量。无疑，金钱在市场经济运作中是一个重要的标准，一个企业资金的多少，赢利的多少，能够显示出企业的实力和经营能力。一个人挣钱的多少，收入的多少，也在一定程度上标志着他的职业和工作在市场经济中的地位和作用。但是，挣钱不仅有多少之分，还有来历是否正当的区别。来路不正的钱只能表现出他对社会的负价值。这样的钱越多，他就越应当受到党纪国法的制裁，受到社会舆论的唾弃。为什么许多著名企业家成功出名之时就是违法犯罪之日？这些人终身判刑的有之，畏罪自杀的有之，倾家荡产的有之，真是五花八门，其根源就在这里，教训也在这里。还要明确有些工作，如经济领域中的活动——经营活动，其工作的成败和效率，在很大程度上是以挣钱多少来衡量的。但并不是所有的活动都是如此，在经营活动以外的一些领域中，如军人训练和作战的行动，教师讲课和著述的活动，以及精神文明建设中的各项工作等，都不能简单地用创收的多少来衡量。即使在经营活动中，也并不是以金钱的多少为唯一标准的。真正成功的企业家、商人往往更能自觉以社会效益而不只是以经济效益来衡量自己的事业。

总之，树立正确的金钱观，要对金钱有个正确的处理方式，这涉及到以怎样的方式来挣钱、存钱、花钱等。在对金钱的正确认识和正确态度的基础上，还要具体地探索对待和处理金钱的实际方式。这方面当然有许多具体的方式方法问题，需要人们在实际生活中去摸索、总结。但总的原则，不妨借用美国一位哲学家的话来表达："不要梦想发横财。"财富应当用正当的手段去谋求，应当慎重地使用，应当慷慨的用以济世，而到临死时应当无留恋地与之分手！

那么，当代企业家和经营者若要树立一个正确的金钱观，首先应该解决好以下四个方面的问题：

第一，解放思想敢挣钱。

中国有句古语："君子爱财，取之有道。""爱财"说出了世人对金钱的心态，"有道"的问题也争论不休。古往今来，我们在"爱财"和"有道"的观念上矛盾重重，既喜爱难舍，又谈之色变，这种矛盾心态有着中国特定的历史背景，可以说是渊远流长。"学而优则仕"，以孔子为代表的儒家思想圈定了后人社会的仕途观念。光宗耀祖看什么，不是看你有多少钱，办多大企业，而是看你做了几品官，坐的是几人抬的轿子。在几千年的封建社会中，重农轻商，社会生产发展缓慢，国家无钱，人民贫穷，君子困穷，安贫乐道。由此形成了中国人特有的"金钱铜臭"的思维定势，"君子不言利"、"君子耻谈钱"、"重义轻利"等等，是我们中华民族几千年传下来的古训。但君子也不能一味地"安贫乐道"，丰衣足食，过富裕日子，本应是人们正常的愿望和要求。历史唯物主义认为，社会存在决定社会意识。正像马克思指出的那样，"支配着物质资料生产的阶级，同时支配着精神生产资料。"在封建社会中，统治阶级为了维护自己的专制统治地位，就必然要剥夺人们的物质资料，以掌握在自己手中。由于金钱是一种特殊的物质资料以及它在社会生活中的重要作用，所以便成为封建统治阶级首先剥夺和垄断的对象。但是，为了欺人耳目，他们又编造了一套谎言，以利自己暗中独掌金钱大权。于是形成了人们口头上诅咒金钱，及"金钱铜臭"等鄙视金钱的传统观念，但骨子里却渴望金钱，认为金钱可使鬼推磨。这是封建社会造成的在金钱问题上的扭曲意识观念。教育子女讲的是"万般皆下品，唯有读书高"，似乎对财富、对金钱有一种"过敏反应"，一种恐富、仇富的阴影，长期笼罩着人们的心灵。人们或"安贫乐道"，或"小富即安"，或认为"为富不仁"，甚至视"财富为万恶之源"。但实际上，社会的发展自产生商品交换以后便有了金钱，牛羊也好，贝壳也好，刀币也好，元宝也好，都是以金钱的形式产生，人们对财富的追求是与生俱来的。在资本主义社会，情形就完全不同了。在那里，由于经济基础是资本主义私有制，所以，资本社会关系都变成了金钱关系，连人格也资本化了，人和金钱的关系完全颠倒了过来，变成了钱主宰人，钱由手段变成了追求目标，成为人生的最高价值，人为钱活着，人为钱服务，金钱就是一切，一切为了金钱。他们除了为获得金钱而幸福，为失去金钱而痛苦之外，就再也没有什么了，这就是我们常说的拜金主义的生动写照。

进入社会主义市场经济后，我们在政治上和经济上都处在一个交错时期，也难免造成了对财富金钱观念上的一些模糊认识，"视金钱如粪土"被认为是德高清廉的象征。中国刚解放之际，毛泽东同志就警告党内的一些同志要提防"糖衣炮弹"，结果呢，还是出了刘青山、张子善这样的腐败份子。"金钱猛于虎"，似乎财富金钱总会带来阴影，金钱何罪之有，是掌握金钱使用权的政府官员和企业家思想上出了问题，起了私心，中饱私囊。我国实行社会主义市场经济，就是要运用经济规律和价值规律发挥和控制金钱的作用，使它为国所用，为民所用，使它始终作为经济生活中的一种手段、一个条件而存在。可以说追求财富、金钱没有错，看你如何使用这些财富，把它用于发展生产、提高综合国力上，把它用于扶贫济困、营造和谐社会上，你就是社会的功臣，反之，可能成为社会的罪人。因此，企业家要解放思想，正道挣钱，以发财为荣，决不能再走越穷越光荣的老路了。可见，"爱财"不但没错，还应该予以支持，在一定程度上，一个人有了"爱财"的观念，才更有积极进取的精神和创造的动力。恩格斯家境富有，可以这样说，没有恩格斯在物质生活上的资助，马克斯就不可能写出著名的《资本论》来。历史上有许多志同道合，以富帮穷，干成大事的生动事例，十分感人。敢挣钱不是坏事，是好事，最起码它可以使拥有者有能力去办好事，推动社会全面发展。但是要明确一个浅显的道理，钱是人造出来的，它应该由人去主宰。钱只有以其货币的本质和功能为人类的生存和发展、为社会创造财富、为国家繁荣昌盛、为丰富人民物质和精神生活提供服务，它才是有价值的。这个道理古今中外的有识之士都明白并且付诸实践。孔子就曾经说：富裕和显贵是人人都要得到的，但不用正当的方法得到它，就不会去享受的；贫穷与低贱是人人都厌恶的，但不用正当的方法去摆脱它，就不会摆脱的。尤其是在资源贫乏、环境恶化、信用危机日益严峻的情况下，强调解放思想敢挣钱具有更现实的意义。现代企业家和经营者在追求经济利益时必须兼顾社会效益和环境效益，把眼前利益和长远利益统一好，树立大局观念、民族观念、长远观念，决不能吃着祖宗的饭，造着子孙的孽。在有事业心的同时必须要有强烈的使命感，在拥有财富后也应当承担一定的社会责任，通过各种途径回馈社会。挣钱为什么？我国的商圣范蠡就提出："商道兴国，共兴本念。"意思是经商者挣钱，首先为国家，其次为大家，最后才是为自家。目的正确，挣钱就不是坏事。企业家办任何事情，做任何生意，都必须坚持"四个底线"不能突破：一是不能突破法律的底线，依法经营；二是不能突破道德的底线，诚信做人；三是不能突破行业底线，信守合同；四是不能突破社会责任的底线，回报国家。因此，现代企业家肩负着繁荣社会主义市场经济的重任，就该做时代的弄潮儿，敢挣钱，会挣钱，为构建和谐社会做出应有的贡献。

我认为，现代企业家和经营者要解放思想敢挣钱，但是君子爱财取之有道，在求发展的过程中，要符合"五个道"：

一、**符合国家发展方向之道**——企业的发展必须符合国家发展的整体利益。作为现代企业家应该深深明白这样一个道理，企业的强盛是和国家的强盛密不可分的。在封建半封建的旧时代，中国民族资产阶级为发展民族工业可以说是呕心沥血，鞠躬尽瘁，但是结果呢？民族工业依旧是纷纷倒闭，什么原因呢？就是因为我们的国家都不能独立，何谈企业！再说山西平遥的王家票号，在当时可以说是富可敌国，为什么也倒闭了？就是慈禧太后把国家搞垮了，皮之不存毛之焉附！因此，说现代企业家肩负着振兴民族经济的历史重任不是一句空话，表现在行动上就是在企业发展等重大问题的决策上，时刻要把国家利益摆在第一位，把振兴中国特色社会主义市场经济作为己任，使企业沿着符合国家发展方向的道路健康地发展不断地壮大。只有国家强大了，我们的企业才能强大，同时，我们的企业做强做大了，更能增强国家的国力。

二、符合方针政策之道——现代企业家决策的依据是什么？首要的就是国家的方针政策。只有符合国家方针的决策才是科学的正确决策，才能在实践中得到贯彻和执行，才能有效地促进和提高企业的生产力和经济效益。党的十七大确定的重大方针政策有补充，但要把握重点，要自主创新，加大科技研发力量，使更多的产品有自己的知识产权和国际品牌；调整产业结构，淘汰落后企业和生产方式；推动企业改造升级，提高经济效益；节能减排，珍惜各种资源，做环保绝色企业，构建企业和社会和谐，企业和自然和谐，造福社会，使人民共享成果；请进来，走出去，打造中国制造的国际品牌，占据国际市场，占有国际资源，使我国由经济大国尽快转变为经济强国，由借鸡下蛋变成养鸡生蛋；建设和谐社会，要解决好企业劳动就业问题，效益分配问题，健全各种保险，努力缩小贫富差距、城乡差距、东西差距等。

三、符合法律法规之道——符合国家法律和行业法规是现代企业家进行科学决策的重要保障。根据国家有关法律法规精神，关闭了小型无证煤矿厂，不但使国有大矿效益明显提高，而且安全形势也越来越好；

关闭了小钢厂、小火电厂、造纸厂、水泥厂等，不但使有限的资源得到了充分利用，而且促进了环境资源的改善；企业的养老保险和民主参政议政从国家法律法规上得到了保障，使职工真正成为企业的主人，也减少了后顾之忧。实践证明，只要认真贯彻国家的法律法规，不但会带来经济效益，也会带来社会效益。但是，我们也要清醒地看到，有的企业不顾国家有关环境保护的规定，上高耗能高污染项目，给当地环境和人民生命健康造成重大损失。企业开业之际，也就是关门之时。有的企业白天装模作样的关停了污染项目，夜间则是马达轰鸣，和环境执法部门玩起了猫捉老鼠的游戏。这些企业是不受当地政府和老百姓欢迎的，是要受到处罚的，没有生存和发展的空间，更无从谈做强做大。真正有出息的企业家，有发展潜力的企业家，必须成就越大越要保持忧患意识，防止坦途摔跤；任职越长越要增强公仆意识，防止脱离群众；效益越高越要增强节俭意识，防止奢侈腐化；赞扬越多越要增强责任意识，防止头脑发热；贡献越大越要依法纳税，防止违法经营。始终保持那么一股劲头，那么一股精神，在商海竞争中破浪前进。

四、符合市场需求之道——市场是企业赖以生存和发展的沃土。所谓商场如战场指的就是企业在市场上的拼搏较量。现代企业家要时时刻刻关注市场风云变化。企业家要有高瞻远瞩的目光，能够科学地做好市场预测，把握市场动向，才能够使企业永远立于不败之地。我们要从拼资源、拼廉价劳动力、拼生态环境来发展企业，转变为走科技支撑、自主创新、品牌质量、优质服务、诚信交易、公平竞争、企业整合的发展之路，做到人无我有，人有我优，人优我廉，人廉我转，始终把握市场的主动权。

五、符合世界发展潮流之道——随着改革开放的发展，中国市场经济逐步和国际接轨，加入世贸组织后，已经完全融入世界经济大潮之中。但是，我们应该清醒地看到，长期以来，我国一些企业单纯的靠买技术去追求增长速度，面对技术软件开发的人才培养投入不够，具有自主知识产权的产品非常有限，处于一种四有四没有的状态，即：有产权，没有知识；有人力，没有人才；有数量，没有效益；有规模，没有自己的品牌。相当多的钱让外国人赚走了，一部手机，人家赚去了20%，一台数控机床，人家赚走了50%，等等这些，就是很好的证明。企业要顺应世界发展潮流，一要有远见卓识的企业领袖和经营团队，二要有自己的创新和核心技术，三要有全球认同的品牌和信誉，四要有组织和整合全球资源的能力。现代企业家要放眼国际市场，加大和提高企业抗风险能力，培养和打造现代企业航母，敢于去国际市场上挣钱，敢于挣外国人的钱，以此来回报我们这个伟大的时代。

第二，以义取利善赚钱。

现代企业家可以说都是赚钱的高手。他们有的用产业赚钱，有的用实业赚钱，有的用投资赚钱，有的用信息赚钱，有的用智慧赚钱，可以说是各行各业，各显神通。但是，会赚钱的核心是什么呢？我认为就是一句话，叫做"诚信为本，以义取利"。这就是常说的："人无信不立，企业无信不振，国家无信不兴。"商家诚信，社会才会杜绝假冒。官员诚信，作风才会廉洁务实。政府诚信，人民才能安居乐业。诚信社会的建立是我国政治经济长期兴盛和发展的战略保证，和谐是稳定的基础，也是人们正确认识财富和赚钱的基础。

我国目前正处在社会转型时期，由于利益结构的改革和调整，社会成员的道德意识和法律意识淡薄问题亟待解决。尤其是现在大量非诚信行为其成功率较高，不少富人的钱来路不明，又为其他社会成员提供了负面仿效的样子，出现了道德水平的下降甚至滑坡的现象。在经济形态完成从计划向市场的转型后，社会价值观念也相应的转变。诚信社会的建立，有利于人们建立起积极健康的现代财富观。社会应该给人们提供一个公平竞争的环境，一个诚实讲信用的环境。这样，社会才会涌现出越来越多诚实的、富裕的、富有社会责任感的现代企业家，才能形成一个积极创造和积累财富的企业氛围和正常秩序。这个社会的总体财富才会向前良性的发展，企业才会真正走上正确发展的轨道。加强社会主义思想道德建设，要使人们认识到社会主义市场经济必须建立在以诚信为本的道德基础上，经过长期系统的宣传教育，用诚实守信将人们的道德行为、经济行为有机的统一起来，使诚实守信真正成为大多数人所认可与遵循的行为准则，才能促使社会的人们树立起正确的财富观，才能使企业家们掌握赚钱的真本领。总之，"诚信为本"作为企业家和经营者个人来说，是最高的道德境界，作为企业来说是最大的无形资产。

现今，不少企业家没有正确认识财富，不注重对企业诚信的经营，甚至以为有了钱就可以摆平一切，拥有了财富就无视法律，做了一些违法经营的事情。有些企业家忽视了自己的社会责任，侵害社会，偷逃税；有些企业家没有遵守应有的社会公德，做假账，搞伪劣产品。所以，企业家们在拥有物质财富的同时更要提升自己的精神境界，正确认识财富才不会盲目做大，且不会出事，不规范的现象就会逐步减少，违法犯罪的现象也会逐步减少，否则，滞后的个人素质就无法支撑日益庞大的企业发展。

企业的诚信是市场经济中的一张王牌通行证和无穷财富。北京有300年历史的"同仁堂"国药店，就以"德、诚、信"为其店铭。其店堂内高悬一对联，上联为："泡制虽繁必不敢省人工"，下联为："品味虽贵必不敢减物力"，横批为："同修仁德、济世养生。"该店经300年而不衰，历史上成功企业都以此为鉴。还有，近代山东章丘有个姓孟的人，创办了一家"瑞蚨祥绸缎"名店，清末民国初期发展到鼎盛时期，八国联军入侵北京时把其北京分店的所有账本全部烧掉了，孟老板宣布了两条：一是我欠谁的钱，只要有存单的，我一律还钱，决不赖账；二是欠我钱的，因为我没有账就一笔勾销，不用偿还了。这种行为感动了所有借钱人，也感动了整个社会，不但没有使企业垮台，反而名声效益更大了。这就证明吃亏是福，而不是祸。诚信经营的企业才会有核心竞争力和持续发展力，不诚信行为实际上是一种以毁坏信誉作抵押去追求短期利益的不明智做法，当信誉丧失之时，就是财富资源枯竭之日。可以这样说，一个企业有诚信，一个企业家有诚信，就是没有项目别人也敢和你合作，没有资金银行也敢给你贷款，没有人才别人敢输送，没有经验别人敢传授，没有技术别人敢转让。有了这样的诚信声誉，何愁企业不发展壮大，何愁企业不赚钱呢？所有企业家在一定意义上讲缺了什么都不要紧，就是不能缺德，这里还有个典型的例子，就是"老干妈"的发财经验：到2000年底，只用了3年半的时间，"老干妈"公司就迅速壮大了，发展到1200人，产值3亿元，上缴国家税收4315万元，如今，"老干妈"公司累计产值已达到13亿元，每年纳税1.8亿元，名列中国民营企业50强排行榜的第五位。她为什么白手起家而又发展得这么快呢？我认为："老干妈"公司创始人——陶华碧，虽然不懂得什么管理，但是她懂得"感情投资"（帮助一个人，就能感动一人；帮助一群人，就能感动整个集体）；虽然不懂得什么是凝聚力，但她懂得带领大家一起干，实干加巧干；虽然不懂得什么是诚信，但她用老农民的朴实做到了诚信；虽然不懂得什么是职业经理人的素质，但她信任专业管理人员的能力；虽然不懂得什么是技术专利，但她创造的辣椒酱风味独特；虽然不懂得什么是和谐社会，但她做到了和气生财。就凭着这些，我认为"老干妈"的成功是神奇，而不是神话。

现代企业家和经营者要带领企业善于赚钱，就自身素质而言，应该要具有五个头脑，克服四个不足，推动企业形成五种风气：

一要有信息头脑。全球经济日新月异飞速发展，要跟上时代步伐，把握好企业的发展方向，迎潮流而动。一个现代企业家如果没有高瞻远瞩的超前目光和洞察力，就算整天追着世界潮流跑，早晚也要被淘汰。邓小平同志讲：科学就是生产力，信息是科学的时代特征。因而要有信息头脑，重视信息的作用，做到掌握信息要全一些，防止一孔之见；分析问题要准一些，防止以偏概全；运用信息要好一些，防止主观武断；管理信息要严一些，防止丢失泄密。对各种信息要做到去粗取精，去伪存真，由此及彼，由表及里的分析，在各种竞争中抓住突破的重点，在千变万化中把握发展的机遇，作出符合实际而又切实可行的决策，使企业能够搭上国际化经济发展的高速列车前进。为此，形象地说企业家要时刻提醒自己牢记三天时间，即：不忘昨天，总结创业和发展的经验和教训，始终保持艰苦创业的精神；干好今天，把握机遇，努力开拓，多做贡献，把企业做大做强；着眼明天，要有远大的目标，长远的计划，汇集各方面的智慧和创造力，共同创建和谐社会。决不能做那种情况不明决心大，本事不大点子多，成为"四见四拍"的企业家，即：只见奠基，不见竣工；只见剪彩，不见产品；只见投资，不见效益；只见奖章，不见质量；拍脑袋创意，拍胸脯决策，拍大腿后悔，最后是拍屁股走人。

二要有科学头脑。现代企业家要牢固的树立科学发展观，靠科技支撑，靠科学发展，靠科学创新，靠科学管理，掌握好重大问题，把企业带入健康科学的发展轨道上。发展经济要体现在科技含量高，经济效益好，资源消耗低，环境污染少，竞争动力强，安全系数大上。这方面我们与发达国家差距还是很大的。首先，拿世界500强来比，从世界500强与中国500强规模和盈利能力比较来看，2006年中国500强资产总额只相当于世界500强资产规模的7.1%，营业收入相当于世界500强的9.44%，利润总额相当于世界500强的6.6%，中国500强的收入利润率和资产收益率分别是4.64%和9.44%，而世界500强则分别是6.42%和14.67%，从中国自主品牌在世界的位置来看，尽管中国已有170多类产品的产量居世界第一位，但是以自主品牌参与国际市场的尚不足20%。可见我国总体上讲已成为世界经济大国，但还不是经济强国，人均水平就更落后了。其次，拿在经济发展过程中资源和能源的消耗来比，我们同发达国家差距也是很大的。我国钢铁、电力和水泥等高能耗行业，单位产品能耗比发达国家平均高20%；我国每年矿产资源总回收率为30%，比发达国家低20%；我国木材综合利用率为60%，比发达国家低20%；我国工业用水重复利用率比发达国家低15%—20%。这与我国节能减排，建设资源节约型、环境友好型社会要求也是有很大差距的。再次，拿我国国防工业发展来比，尽管世界上有的军事家估计，中国的国防实力可能进入了世界前3名，但这是从软实力——即国防动员力、硬实力——即直接作战能力上来评估的。但老实讲，我国国防工业三个卡口问题上，一个也没有彻底解决，也就是特殊材料卡口、特殊动力卡口、特殊电子卡口。解决这三个卡口，一方面靠引进——这不是长远之计，一方面靠自身发展——这虽然有效但也有限，一方面靠自主创新——这是根本途径、但也不是短时间能解决的问题。可以讲，解决是迟早的问题，然而，任重道远。因而，唯一的办法是高度关注世界科技发展的形势，加大企业研发力量，培养各种创新人才，注重各种技术储备，使企业拥有自主知识产权，拥有更多的世界信得过的名牌产品。

三要有人才头脑。企业兴衰，关键在人。企业的竞争是产品质量的竞争，实际上是科技水平的竞争，归根结底是人才的竞争。我们老祖宗很有人才头脑，在造企业的"企"字时，就把人放在止上，意思就是人在企业在，人走企业止。企业要出一流的产品，一流的文化，更要出一流的人才。因此，现代企业家要始终把选拔人才、引进人才、培养人才、重用人才、保护人才放在企业管理的首要地位。把能兵强将使用好、发挥好，做到重用能人，帮助庸人，鞭策懒人，团结小人，制住坏人。山西平遥王家大院票号的创始人在用人上更是别出心裁，明确提出反对用"四爷"：一是官宦子弟家的"少爷"；二是妻妾家的"舅爷"；三是自己家的"姑爷"；四是投机钻营的"倒爷"。一个民族资本家在用人问题上尚且如此，更何况是我们的现代企业家呢！李嘉诚用人有方，形成群体力量。别人说他会挣钱，他说不是我有本事，而是我有三百多名能兵强将，其中有一百多名外国人。他如何把这么多能人吸引过来为自己服务呢？他说：第一，你让他看到希望，他才能积极向上；第二，你为他搞好后勤保障，他才没有后顾之忧；第三，你让他感到对他的重视，他才能更有信心的做好工作；第四，你像对待亲人一样对待他，他才能更好的为企业做贡献。实践证明，任何出成绩的企业家，都是靠群众的智慧决策的，靠能力经验水平干事的。企业家在用人的问题上，要有这样的共识和品格，即：容人之短，用人之长，帮人之需，奖人之功。因此，有作为的企业家必须有求才之心，求才若渴；有识才之眼，善辨良莠；有用才之胆，扬长避短；有育才之方，跟进培养；有护才之策，使人才敢想事，敢干事，敢成事，切实把各方面人才的创造性、积极性发挥好，运用好，保护好，各司其职，各尽所能，各得其所，使企业始终保持强大的活力。决不能重用了庸人，养了粗人，委曲了能人，冷落了好人，迎合了坏人，最后自己成了企业的罪人。

四要有管理头脑。管理工作是企业不可缺少的重要环节，也是提高经济效益的重要保证。一个管理混乱的企业不可能做大做强，既没有经济效益更无从谈社会利益。管理就是要管方向，理思路，用人才，守规矩；就是要善于讲道理，做到把大道理说透，小道理讲好，歪道理批倒，统一思想、行动，齐心协力办企业；就是要发展企业文化，形成企业传统，培养企业作风，形成凝聚力、吸引力、鼓舞力。真正有能力的企业家要在管理中当好裁判员，配好运动员，调动好观众的积极性，同心协力，谋求发展。我曾给企业家写过一个企业管理的四字歌，我说一说请大家参考：掌握情况，科学决断；起用能人，注重特点；明确责任，各方去办；适应市场，善于应变；诚信为本，双赢发展；加强管理，效益优先；激励机制，奖勤罚懒；团结员工，排忧解难；正道经营，守法明严；服务社会，多做贡献。

五要有薄己厚人的头脑。现代企业家还有一点至关重要的方面，就是要把金钱花在关心员工上，塑造企业魅力，并以企业家的个人魅力去团结人、感染人。由打工仔变成世界著名企业家的松下幸之助在回忆自己一生的经历时谈了四点体会：一是自己穷，必须努力奋斗，不然不能生存；二是自己没有上多少学，必须努力学习，用知识武装自己；三是自己管理水平有限，必须重用能人，靠智者创业；四是自己受过冷落，必须关爱员工，使大家感到温暖。只有这样企业才能永葆活力。企业家是企业的掌舵人和领航者，一个充满个人魅力的企业家会使所领导的企业朝气蓬勃，会最大程度的去创造经济效益和社会效益。企业家要以高尚的道德情操来塑造自己的形象和个人魅力。孔子说对自己有益的喜好有三种，有害的喜好也有三种："以礼乐陶冶自己为喜好，以称道别人好处为喜好，以多交贤德朋友为喜好"，这是有益的；相反，"喜欢骄傲无礼，喜欢放纵傲慢，喜欢大吃大喝"，这是有害的。这就是说：要管好嘴头，不大吃大喝，不奢侈腐化；要管好舌头，不乱说乱道，不搞政治上的自由化；要管好屁股后头，不乱翘尾巴，不骄傲自满；要管好裤裆下头，不放纵自己，不乱伦理。做到：纯洁社交圈，净化生活圈，规矩工作圈，管住活动圈。常修为商之德，常思贪欲之害，常怀律己之心，做光荣之事，摒耻辱之行，树立新一代企业家的良好形象。"君子爱财，取之有道"，何谓"道"？适应市场，努力进取，改革创新，重用人才，科技支撑，公正廉明，遵纪守法，勇于开拓，提高效益，回报社会。这就是企业的正道，也是企业家的大道，这就是人们常说的：人间正道是沧桑！

第三，统筹兼顾会用钱。

中央领导同志在多个场合提到：艰苦奋斗，事业必成；贪图享受，自毁前程。要发扬党的优良传统，使勤俭建国、勤俭办一切事业在全党全社会蔚然成风。荀子说："强本而节用，则天不能贫……本荒而用侈，则天不能使之富。"作为现代企业家，要有古人讲的"穷则独善其身，达则兼济天下"的金钱观。挣钱要取之有道，不能骗；用钱要着眼实效，不能奢。应当是用金钱为人造福，而不是用金钱去坑人；用金钱去化解矛盾，而不是用金钱去制造矛盾；人要利用钱，而不是被钱所利用。有钱若舍不得用，充其量是个守财奴，同穷人没有什么两样；有钱用不到正道上，吃喝玩乐，钱变成了腐化剂，危害更大；有钱用来做公益事业，救贫济困，钱才能真正发挥作用。在可能拥有更多金钱的时候，如何用钱也是体现人生观、价值观的一个重要方面。

要合理用钱，科学用钱，作为企业应该要把钱用在以下四个方面：**一是用在发展再生产上**，不断壮大企业规模，增加企业发展后劲。实事求是地讲，我们的企业在做强做大方面和国外相比还有一定的差距，中小型企业居多，有人说中国还没有真正合格的企业家，可能有点贬意，但有利于我们保持清醒的头脑。如何使我国有更多的企业进入世界前列，如何成为世界上著名的企业家，是我们诸位企业家们面临的挑战；**二是用在支持教育事业上**，来提高全民素质，为企业发展提供人才储备，这也是科教兴国，人才强国的战略需要；**三是用在创建和谐社会上**，健全各种保险，解决百姓困难，为发展精神文明，支持国防建设，提高综合国力做出贡献。孔子说："礼之用，和为贵。"孟子说："天时不如地利，地利不如人和。"自古至今人们追求和谐，倡导和谐，为什么？因为和谐为美，和谐为贵，和谐为善，和谐为义，和谐为仁，和谐为德，和谐为胜。历史的结论是："和则两利、斗则两败，互相补台、好戏一台，互相拆台、都要垮台。"香港的徐增平是我的一位好友，也是一位转业军人，这些年他在商场上摸爬滚打，取得了巨大的成功，苏联解体的时候，他得到一条信息，乌克兰打算出售还没有服役的航空母舰，他立即动用全部家产买了过来，并转给了我们的科研单位，给我们的航母研发节省了几十年的时间，尽管自己经济上受到了一些损失，但是他毫不后悔，并坚信会形成航母经济效益。这就是一个企业家的爱国情怀，也是我们学习的榜样；**四是用在企业文化上**，弘扬民族文化精神，打造当代中国企业文化，这些搞好了可以凝聚人心，鼓舞斗志，催化人才，创造品牌，集影之风，留传后世。

从企业家个人行为讲，会用钱要做到"五好"：**一是要把钱花在健康锻炼上，有一个好身体**。如何保持身体健康，精力旺盛？我体会有四点：科学工作别累着，加强修养别气着，经常锻炼别闲着，控制吃喝别撑着。为什么主人活不过仆人？为什么财主活不过穷人？为什么俗家活不过和尚？为什么男人活不过女人？为什么文官活不过武官？为什么愚者活不过智者？除了别的原因之外，是不是主要取决于锻炼和饮食因素？**二是要把钱花在学习上，有一个好素质**。企业家的业务素质我不多讲，讲一讲企业家的道德素质和心理素质。道德素质我讲人生要"五个珍惜"：一要珍惜父母的养育之恩，二要珍惜老师的教育之恩，三要珍惜领导的培养之恩，四要珍惜群众的支持之恩，五要珍惜亲友的关心之恩。这就要求我们企业家都要不忘本，加强思想修养，做到不敛意外之财，不饮过量之酒，不说过头之话，不交不善之友，不伤他人之心。真正成为员工的师长——可学，成为员工的兄长——可亲，成为员工的首长——可敬。**三是要把钱花在朋友上，有一个好人缘**。胡锦涛同志最近强调指出，党员干部特别是党员领导干部要净化社交圈子，交益友，要严把交友关。益友不可少，损友不可交。因为益友是动力，损友是祸根。何为益友？何为损友？孔子在两千多年前就做了明确的阐述，至今也不过时。他说对自己有益的朋友有三种，有害的朋友也有三种：同正直的人交友，同诚信的人交友，同见多识广的人交友，这是有益的；相反，同善于逢迎谄媚的人交朋友，同善于矫揉造作不讲信用的人交朋友，同善于花言巧语取悦于人的人交朋友，这是有害的。大家都有这样的感受：千里难寻是益友，益友多了路好走；益友多了创大业，损友多了惹大祸。大家可能都有这样的体会：与学有专长的人交朋友，可以增加科学知识；与经验丰富的人交朋友，可以提高思维层次；与见多识广的人交朋友，可以开阔眼界；与敢于争论的人交朋友，可以保持清醒的头脑等等。交益友可以不断学习新的知识，获取新的信息，得到新的经验，增长新的才干，升华新的境界，开阔新的思路，创造新的奇迹。不交不三不四的人，不收不明不白的礼，不挣不干不净的钱，不说不阴不阳的话，做人办事都要经得起历史的考验，经得起群众的监督，经得起上级的检查。**四是要把钱花在父母上，有一个好孝心。**实践反复证明，一个对父母不孝的人，很难说他对国尽忠，对友守信，为民尽力。**五是要把钱花在教育子女上，有一个好后代。**任何后代既有父母身上的血脉，又有父母身上的短，还有父母身上的品德，常说父母是孩子的第一老师就是这个道理。

第四，奉献社会不为钱。

伟大的时代是企业家的摇篮，奉献给时代是企业家的责任。企业家们应该依靠事业心、责任心和道德心来经营企业，关心他人。他们不仅仅在实现自己的理想，体现自己的价值，也在帮助千千万万大众实现追求小康生活的理想，过上富裕的生活。他们肩负着对股东、对员工、对社会的多重责任，国家和社会也理当给予他们应有的地位。所以只有全社会都形成一种尊重知识、尊重人才、尊重劳动、尊重创造的风气，同时也要形成尊重财富、尊重富人、尊重企业家的风气，才可能鼓励他们有更大的干劲办好无私企业，进行更多的创新，培养更多的人才，创造更多的财富，回报社会，服务人民。

当代企业家不为钱，首先，**表现在有强烈的社会责任感，把创建和谐社会作为自己肩负的历史使命。**现代企业家要经常做到像孔老夫子所说，"一日三省吾身"，经常问问自己几个为什么：挣钱为什么？靠什么挣钱？为什么花钱？莎士比亚说过："放光彩的并不都是钱。"我国古人也说过："昂昂独负青云志，下看金玉又如泥。"在义与利、他人与个人、道德与利欲、精神的高尚与物质的享受的关系问题上，义、他人、道德、精神的高尚是主要的，应理所当然地摆在首位。在金钱面前打败仗的人不少，没有私心的人也层出不穷。请看几个事例吧：我们熟知的荣毅仁先生，几代经商积蓄甚多，社会主义改造时带头公私合营，改革开放时又带头成立中信银行为国融资，组织上确立他出任国家副主席，他又带头把数亿资产交给国家；陈嘉庚先生是南亚华侨，抗日战争时期带头为抗战支援物资，回国后又带头支援抗美援朝，临去世之前把全部积蓄献出建立了集美大学，并把余额存入银行用利息支持大学的发展；新时期领导干部的楷模——我们的老战友孔繁森，是领导中的佼佼者。他从政几十年，管过数以亿计的钱物，可是到去世时身上仅有8元6角钱。他心中只有人民，唯独没有他自己，为解除群众的痛苦，他捐钱捐物，甚至献血献命。如此为官理所当然受到了人民的敬仰，深得人民的爱戴。唐太宗李世民把功臣图像画在阁上时，题诗道："男儿欲画凌烟阁，第一功名不爱钱。"人们常说："当兵要不怕死，当官要不贪钱"；"堂堂正正做人，踏踏实实处事。"都是要求把国家的利益、人民的利益、他人的利益摆在首位的训词。古人云："君子爱财，取之有道。"这"道"就是辛勤的耕耘，诚实的劳动，合法的经营，科学的管理。当代企业家要时刻把国富民强，构建和谐社会作为己任，带领企业员工最大程度的去创造物质财富和精神财富，满足人民群众日益增长的物质要求和精神文化要求。

　　其次，当代企业家不为钱，就是要求企业家重视精神文明建设，成为精神文明建设的楷模。企业生产的商品丰富了社会的物质财富，但是，丰富的物质财富不等于丰富的精神财富。现代企业家和经营者要继承和发展"三老四严"及艰苦创业的传统革命精神。这些精神我们那个时代需要，今天也一样管用，永远也不会过时。现在我们有的企业家不敢讲传统，不敢讲艰苦奋斗，不敢讲勤俭持家，怕被人误解为思想保守的象征，这些都是不对的。巴尔扎克说过："对于浪费的人，金钱是圆的；可是对于节俭的人，金钱是扁平的，是可以一块块堆积起来的。"毛泽东同志多次教导我们要"开源节流，艰苦奋斗"；胡锦涛总书记一上任就去西柏坡革命圣地，现场学习"两个务必"的光荣传统。20世纪60年代初期，我国广大人民以节约一厘钱一根火柴为行动口号，把伟大事业落实到最小处去做，认真贯彻艰苦奋斗、勤俭建国、勤俭办企业的方针，使我国人民渡过了三年困难时期，社会主义事业顺利地向前发展了。在向现代化进军过程中，邓小平同志指出，"我们的国家越发展，越要抓艰苦创业。"我们要努力学习，加强自身修养锻炼，才能在思想上筑起一道坚固的防线，才能拒腐蚀永不沾，才能克服拜金主义、享乐主义，才能辩证的对待金钱，才能在社会主义物质文明建设与精神文明建设中，有所作为，有所贡献。战国时期的范蠡19年中三致千金，屡聚屡散，帮助贫穷者或者献给国家。钢铁巨头摩根在打理企业之余的最大理想是要把欧洲和世界最好的艺术品买到美国，让美国成为一个不仅物质上富裕，而且精神上也充实的国家，他一趟又一趟地前往欧洲和埃及，用自己的资金一手创办了世界著名的纽约大都会博物馆，最后死在寻找意大利艺术品的旅途中。洛克菲勒的一生最充分体现了一个顶级富豪如何为国家和人民做出巨大的贡献。洛克菲勒一生爱好艰苦劳动，从来不涉足无聊的享乐和奢侈，他相信上帝让他赚钱的目的是要让他把钱花到应当花的地方，那就是拯救人类，而拯救人类只有两个途径：一是从身体上给人以健康，二是从精神和知识上让人摆脱愚昧；洛克菲勒忠实地履行了自己的诺言，他一手创办了芝加哥大学和洛克菲勒大学，还资助了其他许多大学和许多研究项目；洛克菲勒对人类医学发展的巨大贡献世人皆知，其中包括中国著名的协和医科大学和协和医院。当今世界首富比尔·盖茨，作为知识英雄的杰出代表，更是丝毫没有豪奢之气，他大力支持慈善事业，让人们看到了一个富有同情心的富豪形象；他先后为癌症和艾滋病基金会捐款达数亿美元，他还和妻子一起宣布，他们死后，除了给每个子女各留1000万美元外，余下的所有财产都将捐助社会，这个比例要占到他们财富总量的99.9%。

我国已经进入经济快速发展时期，时代在呼唤着优秀的企业家，企业家也在回报着我们这个时代，越来越多的企业家在日益走向成熟，在发展企业的同时也承担了更多的社会责任。广东香江集团总裁翟美卿这样说过："我从一个一穷二白的南方姑娘，到现在拥有百亿资产、两万多员工的大企业，我的事业成功了，我当年的目标远远超过了；现在，我经常会想，我再赚钱的目的是为什么？难道人生就是为了过上好日子吗？人生的意义究竟是什么？我最后想通了，其实一个人在这个世界上只有短短的几十年，空手而来空手而去，人生最大的意义在于为社会留下什么，也就是说，有没有为社会做出什么贡献，回报社会，帮助有需要帮助的人，这是我再创造财富的动力。"慧聪集团董事长郭凡生讲过一段很精彩的话："作为一个成功的企业家，如果你把你的目标、追求放在享用上，我告诉你，你不是企业家，你是一个有钱人；那企业家应当追求什么呢？不是追求自己占有资产的多少，而是追求自己对资产支配的能力有多大，支配的越大，你对社会的贡献越大，所以成功的企业家不为钱活着，为钱活着的就不是企业家。"

那么，中国的现代企业家们应该为社会做出什么呢？我个人认为应该有这么几点：一是为丰富社会物质财富创办一个好企业；二是为精神文明建设一个好阵地；三是为共产党员实践三个代表树立一个好楷模；四是为发展现代企业做一个好老板；五是为年轻的企业家创业塑造一个好榜样。

金钱只能装扮你的外表，知识才能充实你的内在；金钱只能填饱你的肚皮，知识才能美化你的心灵。古人云："不识庐山真面目，只缘身在此山中。"看景如此，企业家对待金钱的态度更应该是这样。不为钱所困，不为钱所累，不为钱所局限，在金钱面前，要摆正自己的位置。特别是企业成功之后，社会给了企业家荣誉和政治地位，有的企业家就产生了强烈的"失重感"，表现为"五化"，即：国企家族化，任人唯亲；金钱私有化，挥霍无度；个人被神化，唯我独尊；荣誉被美化，欺世盗名；利润被虚化，祸国殃民。真正的企业家任何时候都要戒除：思想浮躁，作风浮夸，生活腐败。

一个真正的合格的现代企业家是千锤百炼打造出来的，可以基本上有四部成长曲：首先是创业家，身先士卒，艰难创业，原始积累，这时就是带头干的时期；其次才是企业家，完成了原始积累，企业形成了一定的规模，也具备了一定的抗风险能力和实力，这时也就是指挥别人干的时期；第三是事业家，企业家在这时有所为有所不为，也就是回报社会的时期；最后才是政治家，把自己的命运和民族国家的命运联系在一起，报效祖国报效人民，为中华民族的伟大复兴做出自己应有的贡献。

"雄关漫道真如铁，而今迈步从头越。"时代在呼唤着优秀的企业家，优秀的企业家在创造和丰富着我们时代的风采。中华民族的伟大复兴是我们当代企业家肩负的责任和义务，应该为此而感到骄傲和责任重大，"路漫漫其修远兮，吾将上下而求索。"将有越来越多的中国企业会在世界上拥有自己的地位，我们相信：有我们共同的努力，中华民族必将永远屹立在世界民族之林！

企业家如何加强思想品德修养*

——《企业家的思想道德和领导艺术修养》系列谈之二

企业家加强思想道德和领导艺术修养，

可以概括为以下"九重九讲"：

重理想讲信念；

重感情讲原则；

重事业讲奉献；

重人品讲操守；

重团结讲友爱；

重气节讲正义；

重清廉讲自律；

重诚信讲友谊；

重德才讲素质。

---

*这是作者2007年11月11日在清华大学举办的企业家培训班上的讲演。

　　学校的领导同志要我来给大家讲一讲企业家的品德修养问题，也就是每个人在道德品质方面的自我教育、自我反省、自我改造。从企业家这个角度来说，应当侧重在人品商德方面的修养，也就是如何养成高尚的人品与诚信的商德。这既是企业家们必须终身解决的一个老问题，活到老、学到老、改造到老，谁也不敢说在这方面拿到合格证了；又是当前作为一个企业家必须引起高度重视的新问题，因为在市场经济大潮中，新情况新问题不断出现，各种诱惑也不断增多，一些著名企业家出名之时就是犯罪之日的教训也不断给我们敲醒警钟。所以，这个问题，既有长远的终生的意义，又有紧迫的现实的意义。这个问题从理论上讲，任何人要在改造客观世界的同时努力改造主观世界，主观世界改造的好又可以促进客观世界的改造；从实践上看，改革开放越深入发展，利益调整就越广泛，不可能符合每个单位和个人的利益，各种改革措施出台的越多，政策把握起来也就越难，不加强学习和修养，很可能好心办错事，甚至好人办坏事，犯各种各样的错误；从历史上看，真正有出息的企业家，能为民众留下足迹的商人，无一不是勤奋学习、严格修养、正派做人、诚信为本、奉献社会、德才兼备的人，相反，一些奸商即使一时发了点小财，成不了大气候，还必然要垮台，成了留下骂名的小人；从现实上看，改革开放以来，我们发展社会主义市场经济中确实培养了一大批出色的企业领导人，他们头脑敏锐，敢想敢干，团结群众，奉献社会，成了经济建设的骨干力量，为国家发展做出了重大贡献，但是，也要看到改革开放初期的农民企业家犯错误所占的比例相当大，全国一些著名企业家也不断纷纷落马，由名人、能人变成了坏人、罪人，尽管原因是多方面的，但是，最主要的是学习不够，自我修养没跟上，政策界限把握不好，有的不见得本质上就是坏人，然而还是自觉不自觉地做了坏事，党纪国法难容，这不能不引起我们现代企业家的反思，不能不引起我们的警觉。自觉加强学习，加强品德修养，经受住商品大潮鱼龙混杂，泥沙俱下的考验；经受住深化改革开放，各种利益不断调整的考验；经受住灯红酒绿，各种诱惑的考验；经受住权力和社会关系的考验。我们要永远按毛主席的教导，"做一个高尚的人，经得起得与失的考验；做一个纯粹的人，经得起成与败的考验；做一个有道德的人，经得起名与利的考验；做一个脱离了低级趣味的人，经得起钱与色的考验；做一个有益于人民的人，经得起进与退的考验。"

那么，怎样才能把品德修养这个老话题讲好、讲新呢？我读了点有关书籍和材料，还同优秀的企业家交换了一些意见和看法，自己联系从军半个多世纪在实践中的经验与体会，进行了一些思考及探索，为了好懂好记，概括为以下"九重九讲"：

一、重理想讲信念。

这个问题本来就是我国历代志士仁人苦苦探索、孜孜追求的问题，并且产生了许多伟大的思想家、政治家，也出现了为实现理想而不惜献身的伟大人物，名垂千古。特别是我们共产党人，在八十多年的艰苦斗争中，创造了许多可歌可泣的丰功伟绩。不论是在隐蔽斗争时期、还是在公开斗争时期，不论是在革命战争年代、还是在红军建设时代，不论是在计划经济阶段、还是在改革开放阶段，都形成了许多好思想、好传统，出现了一批为实现理想而不畏艰难，不怕牺牲的英雄模范。我们的老前辈有多少人身无分文，却心怀天下，学习知识，探索救国真理，创建了我们的党，领导中国人民进行艰苦卓绝的斗争，直至献出了自己的生命；我们有多少革命先辈抛弃了优厚的生活条件，毅然来到革命根据地，艰苦奋斗，管理巨财，一尘不染，为革命省一个铜板，呕心沥血，从无任何怨言；我们有多少革命烈士为坚持真理，实现远大理想，在牢狱里同敌人进行艰苦的斗争，非人折磨无所惧，面对诱惑不动心，面带笑容从容就义；我们的红军战士爬雪山，过草地，缺氧气，没有吃穿，伤无医药，一年多时间，历行两万五千里，突破了国民党军队的前堵后追，纠正了自身的路线错误，到陕北建立了革命根据地，创造了长征精神；我们的新四军面对国民党欺世盗名，搞突然袭击，制造了"皖南事变"，把他们关到上饶集中营，进行惨无人道的屠杀残害、打骂苦役等折磨，他们都从容以对，互相帮助，互相支持，坚信不疑，当被组织营救出来后，一如既往地继续战斗；我们的八路军，为了民众的利益，为了统一战线，毅然展开了广泛的游击战争，成为了抗日的骨干力量，为开辟抗日战争根据地创造了先河，受到了广大人民群众的大力支持；我们的解放军凭着小米加步枪，战胜了国民党的飞机大炮，凭着两条腿，战胜了国民党的汽车轮子，成功的进行了"三大战役"的会战，为解放全中国做出了贡献；我们的志愿军在朝鲜战场上，凭着英勇牺牲精神，一把炒面一把雪，创造了打不垮的供给战线，打赢了美国为首的联军强敌，在板门店迫使美帝国主义在投降书上签了字。我到朝鲜"三八线纪念馆"参观时，看到美国上将双手向乔冠华同志递交投降书时，屁股撅得比头还高，美国纸老虎的丑态暴露无遗。在和平建设时期，我们也出现了许多积劳成疾，累死在工作岗位上的党的优秀领导干部；出现了许多匡扶正义、舍身救人的英雄烈士；出现了许多回报社会、无私奉献的企业家；出现了许多在平凡岗位上默默奉献，直至干到生命最后一息的无名英雄等等。这些生动的例子、鲜活的英模都证明了一条真理：理想的作用是巨大的，信心的力量是无限的。一个缺乏理想的人，对这些先进的东西他们学习不了；一个丧失信念的人，对这些东西他理解不了。

我以前听过这么一件事，有一个韩国留学生在北京学习，一次和几位中国学生交谈时说："韩国有个好传统，就是为民族、为国家流血牺牲的人，人们是不会忘记他们的。其实你们中国也是一样，你们不是还纪念张思德、黄继光、邱少云吗？"可我们的一位学生却说："不错，过去我们是有这样一些人，但将来不会有像他们那样的傻瓜了。"韩国留学生听后瞪起眼睛大吼道："我从心里瞧不起你，瞧不起像你这样的中国人。"这句话非常刺激人，但很深刻，很值得我们深醒，对这样的掘墓人，而不是接班人很值得我们警觉，为什么培养出这样的人，也很值得我们反省。现在，社会上有的人，确实缺一点中国"灵魂"，缺一点"骨头精神"，缺一点基本的道德素质。如果我们所有人，都只盯着自己，只盯着眼前，只盯着实惠，那么这个社会、这个民族是绝对没有希望的，不但被人瞧不起，而且迟早是要衰落的。从这个意义上说，坚定的理想信念，关系到中华民族的生死存亡。

理想信念这个老生常谈的问题，随着改革开放的不断深入发展，确实又出现了许多新情况、新问题，甚至使人担忧，也使一些领导一筹莫展。其原因是由封闭到开放转变，忽视了打苍蝇，腐蚀了一些人的肌体；由计划经济向市场经济转变，忽视了思想工作，一些人信金钱不信理想了；由人治向法制转变，忽视了权威的作用，上有政策下有对策；由读书无用向读书决定人生转变，忽视了品德、能力、素质的培养，高分低能；由平均分配向多元化分配转变，忽视了心里疏导，出现了一些仇富心理苗头；就业方面由国家包下来向多元化转变，使一些人产生失落感，对社会主义越来越产生疑虑等。这些问题既是客观存在的，又是可以理解的，但也是值得高度重视的，不可听之任之。邓小平同志在深入改革发展不久，就明确指出了我们最大的失误就是教育，放松了思想政治工作。明确提出了要发扬五种革命精神，培养四有新人，建设中国特色社会主义需要经过几代人、几十代人的努力。我认为，邓小平讲的教育是个大的教育观，既包括科学文化教育、更重视理想道德教育，既包括党的创新理论教育、也包括我国优秀文化教育，既包括市场经济教育、也包括诚信为本的品德教育，既包括法律常识教育、也包括创建和谐社会教育等等，以便培养出更多的有理想、有道德、有文化、有纪律的四有新人。任何情况下都要坚定对马克思主义的信仰，不含糊；坚定对社会主义的信念，不淡化；增强对改革开放的信心，不动摇；增强对党和政府的信任，不怀疑。把思想统一到中国特色社会主义理论体系上，把力量集聚到实现中国特色社会主义伟大目标上，把劲头使在发展社会主义市场经济上，使国家更富强，人民更富裕，社会更安定，生态更美好。

要解决理想信念问题，必须始终加强理论学习，保持思想上的纯洁性；加强政治修养，保持政治上的敏锐性；加强实践锻炼，保持作风上的坚忍性；加强有效监督，保持生活上的朴素性。能否正确对待个人得失，做到立企为民，既是影响企业家思想境界的重要因素，也是检验他们责任感的根本标准。目前大多数企业家对待个人的得、失、去、留是好的，思想境界也是高的，这是企业不断发展的重要支撑。但是也不能不承认，有的干出了一定成绩就急于要回报，不如意时就情绪低落，影响斗志；有的对名利看得过重，在一个岗位上干不了几年，还缺乏必要的经验和能力的积累，就急于出名，忙着造舆论、找靠山；有的企业基础并不牢靠，资金也不雄厚，创新能力更不强，就急于包装上市，急功近利。因此，作为成功的企业家，应当经常想一想，你创办企业是为什么？现在为企业干什么？以后为企业留什么？做到视名利淡如水，看事业重如山，任何时候都要保持清醒的头脑，任何时候都不要为名利所干扰，任何时候都要保持一种积极进取的精神状态。有的企业把这种心态概括为"五心"，即：**一对事业要有进取之心。**始终把工作放在第一位，时刻不忘肩上的责任，真正把个人价值和奋斗融入国家民族发展的伟大事业之中，勤于工作，乐于奉献，努力开拓新局面，努力创造新业绩，努力塑造新形象；**二对祖国要有感恩之心。**要牢记自己的成长和进步，都是祖国养育和培养的结果，没有祖国的培养我们终将一无所成；自己能够干点事和为人民做点贡献也都是国家改革开放给予了好的机遇的结果，并不是我们自己有什么了不起；自己在改革开放、企业转型中能够站住脚，也是国家法律法令保护的结果，自己不是超人。因此把自己对祖国的信赖和忠诚，植根于心灵深处，转化为继续为祖国奉献的强大动力；**三对企业要有回报之心。**许多企业家随着企业的发展而发展，随着企业的改制而提高，也随着企业的重组而改变工作岗位。一句话，就是"企业兴我兴，企业衰我亡，企业垮我下岗。"企业家都应该有对企业回报之心，努力为企业贡献力量，努力为企业创造品牌，努力为企业准备后劲，努力为企业发展培养人才，使企业不断做大、做好、做强；**四对群众要有关怀之心。**任何时候都要同员工心连心，想到一块，干在一起，倾听他们的意见，集中他们的智慧，发挥他们的力量，使他们真正成为企业的主人，愿意参与决策，愿意参与管理，愿意参与监督，企业永远植根于群众之中，永远充满发展活力。这就是党的十七大报告中讲的一切依靠群众，一切为了群众，一切改革成果同群众共享；**五对得失要有平常之心。**正确的看待社会——不埋怨，正确的看待别人——不攀比，正确的看待群众——不指责，正确的看待自己——不自满。不能不比觉悟比职务，不比能力比资历，不比贡献比年限，不比发展比历史，经常想着历史给自己什么任务，自己肩负着什么责任，应当如何尽职尽责，不断摆脱名与利的束缚，升华自己的思想境界。

二、重感情讲原则。

在企业内部，领导之间，员工之间，不能不讲感情，感情也是一种无形的力量，是密切相互关系的桥梁和纽带。感情深厚，思想工作经常见面，有事无事常来往，大事小事常商量，即使工作中有了矛盾，也好化解；相反，感情淡漠，彼此之间冷冷清清，只讲工作思想不见面，"鸡犬之声相闻，老死不相往来"，工作中就很难合作共事，一件微不足道的小事，也可能酿成轩然大波。大家常说，"好话一句三冬暖，恶语一句三伏寒"，就是这个道理。一席好话，胜过巨额奖金；一个行动，就能打动人心；一种心态，决定事业成败。正像许多老板体会的那样，笨蛋的老板发脾气，聪明的老板发奖金；笨蛋的老板以权利压服人，聪明的老板用目标激励人。只有用感情凝聚班子才有战斗力，用感情温暖员工才有凝聚力。经常与领导沟通，才能使大家在一起工作时心情舒畅，离开后也念念不忘；经常与员工沟通，才能使广大员工把岗位工作当成事业来干，把企业当成自己的家园来建。只有这样，才能做到领导有号召力，员工有向心力，企业有发展活力。

但讲感情并不是不讲原则，不讲感情肯定没有凝聚力，不讲原则也不会有战斗力。有些企业老板明明看到一些人工作不严肃，不认真，也不去较真；明明知道有些人不学习，不勤奋，敷衍了事，当一天和尚撞一天钟，也不去教育；明明知道有些问题不正常，有危害，也不去纠正，结果使一些小问题变成大问题，使一些萌芽的问题变成现实问题。长此以往，不仅干不好工作，完不成任务，办不好企业，也出不了成绩，创不出品牌，留不住人才。这种"上级对下级护着，下级对上级捧着，同事之间互相包着"的做法是万万要不得的。出现这些问题，我认为主要原因出在"五个驱动"上，即：**一是利益驱动**。往往在受到个人利益、金钱利益、企业利益等因素的影响时想坚持原则而不敢坚持；**二是感情驱动**。往往在受到亲朋好友、老领导、老上级的说情时想坚持原则而无法坚持；**三是压力驱动**。往往在受到来自四面八方的种种压力时想坚持原则而不愿坚持；**四是群众驱动**。往往是受到不负责任的影响，怕丢选票而放弃原则；**五是进退驱动**。往往在个人面临进退留转的关键时期想坚持原则而无法坚持到底。面对这些干扰、驱动，企业班子内部就会出现意见分歧，工作就会产生一些摩擦。因此，作为领导，要敢于正视它，正确的分析它，及时的化解它，防止矛盾越来越深，积重难返。企业领导和员工之间有些不同看法，发生一些争议也是不足为怪的，只要能够按照正确的方法及时沟通，统一认识，也会变成动力。因此，解决班子中的矛盾和问题，解决领导与员工之间的不同看法和意见，不能简单从事，要注意讲究方式方法，做到：政治上互相信任，不猜疑；工作上互相支持，不拆台；问题上互相帮助，不旁观；生活上互相关心，不冷漠；性格上互相包容，不计较；情绪上及时调整，不积压。要始终做到头脑清醒、旗帜鲜明、立场坚定、方法对头，凡是涉及重大政策问题，要坚决按制度规定办事，不能讲价钱，打折扣，搞变通；要以高度负责的精神，对部属和员工存在的缺点及时提醒、真诚帮助，对各种不良风气坚决抵制、敢于纠正，真正把企业内部的风气搞端正、搞纯洁。只有这样，才可以给大家留下一个既讲原则又讲感情，既可亲又可敬的良好形象，才能够真正营造一个健康和谐的工作环境，企业的发展才能有一个坚实的基础和可靠的领导力量。

三、重事业讲奉献。

伟大的时代是企业家的摇篮，奉献给时代是企业家的责任。企业家们应该依靠事业心、责任心和道德心来经营企业，关心他人。这不仅仅是在实现自己的理想，体现自己的价值，也是在帮助千千万万大众实现追求小康生活的理想，过上富裕的生活。所以只有全社会形成一种尊重知识、尊重人才、尊重劳动、尊重创造的风气，同时也要形成尊重财富、尊重富人、尊重企业家的风气，才可能鼓励他们有更大的干劲办好企业，进行更多的创新，培养更多的人才，创造更多的财富，回报祖国，奉献社会，服务人民。现代企业家和经营者在有事业心的同时必须要有强烈的使命感，在拥有财富后应当承担一定的社会责任，通过各种途径回馈社会，奉献社会。企业家挣钱为什么？我国的商圣范蠡就提出："商道兴国，共兴本念。"意思是经商者挣钱，首先为国家，其次为大家，最后才是为自家。

重事业讲奉献是互相联系、密不可分的。只有重事业，才能自觉奉献，只有甘愿奉献，才能成就事业。"南丁格尔奖"获得者、著名护理专家黎秀芳同志，用自己的实际行动为重事业讲奉献作出了最生动的诠释。我们企业家们也要像黎秀芳等先进典型那样，自觉把岗位当阵地守，把工作当事业干，把奉献当本分看，努力在平凡的岗位上作出不平凡的业绩。具体讲要有"四心"：要专心干事，热爱本职岗位，精通业务工作，力求成为本系统、本行业、本部门的行家里手；要静心做事，不为官职、名利、待遇所羁绊，耐得住寂寞、守得住清贫、抗得住干扰，干好份内的事，尽好应尽的责；要同心共事，真正讲大局，讲团结，讲奉献，齐心协力，争创一流；要潜心谋事，积极适应新形势，主动应对新挑战，认真研究解决新情况新问题，推动企业创新发展。

四、重人品讲操守。

良好的人品和高尚的操守，是立身做人之本，是谋事成业之基。有了良好的人品操守，做人才有骨气，做事才会硬气，做官才能正气。企业家重人品讲操守，起码要做到三条：**一要厚道**。就是做人要实在，做官要本分，做事要踏实，做生意要诚信。现在，有的人总认为做老实人吃亏。实际上，老实厚道是做人的本分。耍奸溜滑可能会得逞一时但不可能长久，老实人可能会吃点亏但最终不会吃大亏。现实生活中，确实有那么一些人，做一天的事情，要拿出三天甚至更多的时间去宣扬自己。而有的人一天到晚都在默默无闻地工作，根本没有时间和精力去做宣扬自己的工作。我认为后者是可敬的，后者是不可怕的，真正有作为、头脑清醒的企业家，是不会让老实肯干的部属吃亏的。要相信，一个人的威信靠上级封不来，靠同级捧不来，靠媒体吹不来，靠自己挣不来，靠真才实学、真抓实干才能得来；**二要真诚**。与人交往，如果没有诚心、不吐真言，时间长了必然会失去别人的信任。真诚是尊重人才的重要表现，是赢得人才的重要法宝。美国沃尔玛公司的董事长沃尔顿就是以真诚来赢得人才的典范。他认为，企业领导者必须以真诚的态度尊重自己的员工，必须了解员工的为人、家庭情况、员工的困难和希望，必须尊重他们、关心他们，这样才能赢得员工之心。沃尔顿后来在一篇文章里写道："我们都是人，都有不同的长处和短处。因此，彼此真诚相待，才能营造和谐的气氛。如果你能做到这一点，你的事业就会一帆风顺"；**三要豁达**。《三国演义》中的周瑜，之所以被诸葛亮三气而亡，一个致命弱点就是他心胸狭窄，气量如豆。邓小平同志曾经告诫我们："眼界要非常宽阔，胸襟要非常宽阔。"心胸豁达，宽宏大度，善待他人，这是我们每个领导者应该具备的气度和美德。一个人心胸狭隘，气量很小，不仅干不好工作，处不好关系，也会影响身心健康。大家在一起共事，由于经历不同，认识不同，对一些问题的看法难免会有差异，这都是正常的。只要不是重大原则问题，就没有必要斤斤计较。做人一定要有肚量、气量和雅量，切不可小肚鸡肠。古人讲，"宰相肚里能撑船，将军额头可跑马"，就是这个道理。

五、重团结讲友爱。

团结对单位来讲，是一种环境，一种氛围，也是一种力量；对个人来讲，是一种觉悟，一种境界，也是一种能力。汉高祖刘邦曾言："统领百万大军，攻无不克，战无不胜，我不如韩信；运筹帷幄，决胜千里，我不如张良；筹集军粮，保障后勤，我不如萧何。我乃用此三人而一统天下也。"明朝大臣杨继盛曾写过两句诗："遇事虚怀观一是，与人和气察群言。"我理解就是劝人要虚怀若谷，容人容事；要有宽阔的胸怀，豁达的肚量；能够团结多数人一道工作，不但能团结与自己意见不一致的人，还能团结曾经反对过自己并被实践证明是反对错了的人。"水至清则无鱼，人至察则无徒。"国学大师文怀沙先生，给一位高级首长题了个词，讲得很辩证，很科学，很发人深省，我抄录下来转达大家："处世忌太洁，至人贵藏晖。"这就是说，任何领导者，不能只容人之长，不容人之短；只容人之功，不容人之过；只容人比我弱，不容人比我强，武大郎开店，比这高的统统不要。那样，不但会影响人才的成长，而且也往往会导致自己无所建树。当今中国，企业家们面对的"市场"，已经是一个经济全球化的大市场，若无有以经营天下的雄心壮志，若无有海纳百川、有容乃大的宽阔胸怀，能算一个有理想、有抱负、有责任的企业家吗？因此，加强团结，人人有责，需要每一个领导、每一个员工共同努力，从自己做起，从一点一滴做起，主动搞好团结，自觉维护团结。要多一些包容，少一点埋怨；多一些信任，少一点猜疑；多一些关爱，少一点冷漠。在实践中我有这样的体会：顾全团结是大局，维护团结是觉悟，提高团结是本事。因为不管军队、地方、政府、企业、学校和科研等，互相团结好戏一台，互相拆台都要垮台。真正有德才的领导，要重用能人干大事，帮助庸人干小事，团结小人别坏事。真正把共事相处的过程变成加深感情、增进友谊的过程，变成互相学习、取长补短的过程，在一个岗位结交一批真挚的朋友，走一个地方留下一段美好的回忆。

六、重气节讲正义。

无论是一个民族，一支军队，还是一个企业，乃至个人，都不能没有气节。事实表明，一个人只要保持坚贞的革命气节，就会无所畏惧，一往无前。无欲则刚，刚直不阿嘛！革命气节是坚持党性、匡扶正义、永不屈服的高尚品质，是一种生死不已、自强不息的伟大精神。革命先驱李大钊面对绞刑架，发出了"我们深信，共产主义在世界、在中国，必然要得到光荣的胜利"的豪迈誓言。方志敏烈士在英勇就义前，慷慨陈辞："敌人只能砍下我们的头颅，决不能动摇我们的信仰！因为我们信仰的主义，乃是宇宙的真理！"革命先烈在生与死的考验面前所以能够威武不屈，就是因为他们对共产主义理想坚贞不渝、矢志不移。我们国家正是靠这种伟大精神，才有今天世人瞩目的国际地位，才有今天发展迅猛的经济形势。对革命先烈这种民族气节我们永远不能忘记！评价一个国家，不仅要看这个国家培养什么样的人民，还要看这个国家的人民对什么样的人崇敬，对什么样的人效仿。作为企业也是如此，我们讲保持气节，就是要求我们的企业家们要在大是大非面前站稳立场，保持政治上的清醒和坚定，坚决不搞政治上的自由主义；在对外交往中不卑不六，自觉维护国家和民族的尊严，决不搞崇洋媚外那一套；在推进社会风气好转的过程中，身体力行，为人表率，树立良好形象，决不随波逐流；在腐朽思想文化侵蚀面前，正气凛然，决不失共产党人的本色，决不腐化变质。这些气节，是每个共产党人乃至每个中国公民做人的本钱，创业的资本，成功的风帆。因此，我们的企业家更要贞守革命气节，坚持用理智支配欲望，用正气驱散污尘，始终保持一种浩然正气；要带头坚守革命气节，自觉做到在民族和国家的重要关头，以民族大义为重，以国家安危为重，以人民利益为重；在名利诱惑面前，不因一官半职、一点私利丧失气节、丢掉人格，真正守好自己的精神家园；在身处逆境之时，不畏艰难困苦，不坠青云之志，始终保持中华儿女的英雄气概。

七、重清廉讲自律。

当今社会，企业大潮风起云涌，市场一体化、经济全球化带来了新的商机，同时也使得各种贪污腐化案件层出不穷，许多著名企业家纷纷落马。前世界银行行长倒在女色上，前韩国现代集团负责人倒在行贿上，还有前中国石化集团、云南红塔集团负责人等的落马，这些现实中的实例发人深醒啊！因此，那些手上或多或少都有一些金钱或权利的人，如果不能警钟长鸣，严格自律，就很容易出问题，摔跟头。在此，我总结做人有三难：管住自己难，理解他人难，一辈子做好事更难。正因为难，才需要严格要求自己，努力管住自己，有很强的自控能力。把握自己，管住自己，要做到经常自我反省，自我警惕，自我提醒，自我批评，自我完善。自律不容易，正因为不容易，才能显示出在自我把握中不断提升自身修养的品位，才会使我们的生活变得健康向上。史书上有这样一段记载：明代泰和县典吏曹鼎抓获了一名女贼，因离县衙太远，当晚赶不回去，住在荒野一座废弃的寺院里，女贼诱惑曹鼎，曹鼎怕克制不住，就不停地写"曹鼎不可"四个字，坚持一夜，天一亮就把女贼押到了县衙。曹鼎能做到严格要求自己，作为生活在今天的企业家们更应该做到严于律己，慎独慎微，堂堂正正做人，干干净净做事，诚诚实实经商，老老实实挣钱。要守住思想防线，常思贪念之害，常怀律己之心，常除非分之想，常守为官之德，勿以善小而不为，勿以恶小而为之，自觉做到拒腐蚀、永不沾。要坚持秉公办事，要纯洁人际交往，多交良师益友，莫交酒肉朋友；追求高雅情趣，远离低级趣味，做到一身正气、一尘不染，始终保持良好形象。

八、重诚信讲友谊。

企业有许多成功之道，但我始终觉得在市场经济中，诚信是一个企业成功的关键之道，它是巨大的无形资产，可以给企业带来良好的信用关系、稳定的供应商和客户群，以及随之而来的各种社会效益。什么是诚信？诚信就是诚实守信，能够履行承诺而取得他人信任。诚信是道德建设的根本，也是一种非常宝贵的资源。我国素有"一诺千金"之说，在几千年历史中，有许多关于诚信的论述，也流传着许多诚信的故事。这些宝贵的传统，在今天也能给我们深刻地启示。我们党讲的"实事求是"也就是讲要诚信，诚信是一切道德赖以维系的前提，如果失信于人，就什么工作也做不好。我记得毛主席讲过一句话，"吃亏在于不老实"，陈毅元帅也讲过"占小便宜吃大亏。"这些都告诫人们做人做事要诚实守信。诚信可能会吃一点眼前的小亏，但最终是要占"大便宜"。这就是常说的"吃亏是福，占便宜是祸。"孔子也曾经说过"民无信而不立"，诚信是企业生命之源，生存之本，立足之道。只有用诚信创造市场，拓展业务，企业才能实现持续发展。

　　2006年9月份我准备参加在山东曲阜举行的"中华儒商、诚信为本"的学术交流会，由于途中出了车祸，负了重伤，没能前往。把讲稿电传过去，有人代表宣读，并刊登在《中华儒商报》刊上。这里面有一些我的关于学习孔子讲诚信方面的一些粗浅体会，在这我跟大家交流一下。我个人认为儒商的基本精神应该是把儒家的传统文化同现代经商实践相结合，做到在经商中以儒家思想为理论指导，运用和发展儒家的思想，形成有自己特色的现代企业文化，这样就能把企业做好、做大、做强，真正立于不败之地。因为儒商的"儒"字，就是左边一个"人"字，右边一个"需"字，我理解就是人民所需要的人，时代所需要的人，国家所需要的人，也是国际所需要的人。当然这样的人应当是讲道德，有知识的人；是讲仁义，重信任的人；是讲法度，守规矩的人；是讲为民，乐奉献的人；是讲效益，敢决断的人；是讲素质，重人才的人。

九、重德才讲素质。

　　企业兴衰在很大程度上是由企业家决定的，而企业家的德才又决定他们自身的命运。用什么样的方法、标准去衡量一个企业家的德才呢？我认为所有的企业家都有一定的德才，这个毫无疑问，不然成不了企业家。不过有才大与才小之分，有功大与功小之别。所以，企业要想生存发展，都对企业领导者的德才要求很高，看得很重，评议很严，员工们对于企业家的综合素质、德才表现，往往注重在企业的实际效益、发展潜力、竞争能力上。具体讲主要是"十看"：一看每年为国家多交了多少税金；二看每年为就业创造了多少岗位；三看每年在自主创新上有什么突破；四看每年培养了多少新的人才；五看每年创造了多少企业文化；六看每年为和谐社会建设做出了多少贡献；七看每年为员工谋取了多少福利；八看每年为企业发展筹到多少资金；九看每年有多少产品占领了国际市场；十看每年利用了多少国外资源。

虽然目前在中国，德才兼备的企业家、成绩卓著的企业家正在大量出现，越来越多的企业家也认识到德才对他们的成功有着重要意义。但现实中有才无德或有德无才的企业家也确有不少。出现这些情况的原因，当然不能完全归罪于企业家个人修养的问题，也有改革开放深入发展时出现了新情况及出现了更加复杂的客观环境原因。中国企业家身上出现的某些德才的缺失，固然自身修养不够是根本原因，但也不能不承认，高官厚禄相当程度上反映的是社会问题。所以，从一定意义上讲，企业家缺了什么都不要紧，就是不能缺德才，因为德才兼备干大事，有德无才干不成事，有才无德干坏事，这是一条被历史证明了的客观真理。因此要提高自身的全面素质，需突出做好以下几个环节：一是要勤于学习。每个企业领导都要有很强的"本领恐慌"意识，适应时代要求，结合本职工作，抓紧时间学习，搞好知识更新补缺，不断提高思维层次和业务水平，增强解决问题的实际工作本领。学习要坚持挤时间学，深入钻研，善于运用，勇于创新；二是要善于思考。任何政党和民族，任何个人和企业要想赢得主动，有所作为，有所创新，都必须着眼现在，放眼未来，立足中国，放眼世界，都必须提出思考探索的路子，做到与时俱进。战争年代毛主席就提出"多思"，眉头一皱计上心来。学习理论要在思考中加强理解，科学技术要在思考中创新，有效的管理要在思考中完善，个人素质要在思考中提高。因此，要联系实际具体地思考、而不是不顾现实需要的胡思乱想，要抓住本质深入地思考、而不是只讲皮毛打外围战，要连贯系统地思考、而不是支离破碎地想问题。既要思考现在、又要思考过去，既要思考本国、又要思考世界，在思考中把理论和实践科学地统一起来，把继承传统与改革创新科学地统一起来，把发挥自己优点与借鉴别人长处科学地统一起来；三是要勇于实践。凡是能够挑大梁，独当一面的企业家，凡是有作为、有魄力的企业领导者都是在长期的实践中拼出来的、干出来的，都是在经验教训中磨出来的、炼出来的。因此，要坚持深入下去、在基层中锻炼自己抓队伍建设的本领，要坚持敢于挑战、在遇到重大问题中锻炼自己解决问题的本领，在深化改革、完善体制、健全法制中提高自己领导改革创新的本领，坚持在学习群众智慧中、提高自己探索规律、争取主动权的本领；四是要长于总结。总结好，大有益。毛主席在战争年代就明确说过，"我是靠总结经验吃饭的。"邓小平在改革开放中也提出来"要摸着石头过河，正确的就要坚持，不足的加把劲，错的赶快改，新的需要加上去。"这都告诉我们要在实践中总结、在总结中提高，在提高中创新、在创新中发展。队伍打仗有个好传统，就是打一仗，发动群众总结一次经验教训，评一次经典战例的指挥，出一批英雄和名将。企业也是这样，应当每完成一次重大任务或搞一次大的发展创新，都要发动群众进行总结，把领导智慧和群众智慧结合起来，使零碎的经验系统化，使感性的认识条理化，使具体的事物规律化，既教育群众统一思想、鼓舞斗志，也教育领导加强修养、胜任本职。

企业家应具备哪些基本领导素质[*]

—— 《企业家的思想道德和领导艺术修养》系列谈之三

在工作实践中现代企业家应该具备什么样的领导艺术呢？可以概括为以下十条：

一、运用信息的艺术——这是灵魂；

二、统筹决策的艺术——这是核心；

三、识才用才的艺术——这是根本；

四、改革创新的艺术——这是动力；

五、教育沟通的艺术——这是号召力；

六、化解矛盾的艺术——这是凝聚力；

七、开展批评的艺术——这是战斗力；

八、协调落实的艺术——这是目的；

九、科学管理的艺术——这是保障；

十、自我修养的艺术——这是本钱。

*这是作者2008年1月26日在清华大学举办的高级工商管理研究生班上为企业家们讲演。

　　清华大学的有关领导同志要我来讲一讲企业家的领导艺术，其由头是他们看了军事科学出版社四年前给我出版的一本小册子，就是《来自实践的领导艺术》，认为这本书的思想性、实践性、操作性比较好，加之2007年11月11日我来清华企业家研讨班讲过一次企业家的金钱观，媒体作了一些宣传，大家也认为受了一些启发。但是，我从军50多年来，既从事过军事工作，也从事过政治工作，还从事过后勤工作，唯独没有直接从事过经营工作，讲起来有些底气不足，本着大道理相通的原则，本着和大家交流思想、互相学习的愿望，我还是应邀来讲了。

　　现代企业领导的工作千头万绪，复杂多变，领导者要想驾驭全局，从繁杂的事务中解脱出来，牢牢掌握工作的主动权，就要具备高超的领导艺术和科学的工作方法。毛泽东曾经讲，"我们的任务犹如过河，工作方法好比桥和船。"也就是说，你只有有了一定的领导艺术和工作方法，才能完成过河的任务，尽好老板的职责，给企业带来效益，个人也会有实惠；相反，不讲领导艺术和方法，想干好企业根本不可能，甚至还会好心办坏事，最终使企业垮台，个人损失，员工埋怨。古人云："只有无为之将，没有无用之兵。"同样的道理，在企业也是只有无为的老板，没有无用的员工。性有贤愚，德有高下，人有好坏，术有短长。一个智慧的老板肯定是一个综合素质高的人，也就是说，一个企业的振兴与否主要取决于一个老板的综合素质的高低。

　　那么，在工作实践中现代企业家应该具备什么样的领导艺术呢？这是个很大的题目，因为从不同的侧面、不同的角度、不同的层次、不同的行业都有不同的内涵和外延，大家也有不同的经验和体会，但是其中也不是没有共同的规律可寻。抓住共同的就能解决特殊的，这就是孔夫子所讲的"君子要务本，本立而道生"。大家都有这样的感受：任何有胆识、德才、经验、人格、业绩的企业家，往往是具有高超的领导艺术和科学的工作方法的；相反，任何蹩脚、碰壁、无所作为的企业领导者，也往往是领导无术和工作无方的庸才、蠢才。所以，想干一番事业的企业家，不能不重视领导艺术的研究，不能不重视工作方法的培养。那么，有些什么共同规律呢？我读了点有关书籍，搞了点调查研究，也进行了一点思考，还同优秀的企业家交换了一些意见，认为可以概括为以下十条：

一、运用信息的艺术——这是灵魂。掌握信息要快，运用信息要准，保护信息要严，创新信息要好。

大家知道现代经济主要是知识经济，信息的广泛应用和创新是知识经济的一个显著特征。可以讲信息像神经一样渗透在各个领域，各个方面，不论是经济发展、还是政治管理，不论是社会服务、还是文化建设，不论是科学研究、还是日常生活，不论是国防建设、还是人才培养，事事都可以看到信息的作用，时时都贯穿在信息这条神经上，无处不在，无时不有。概括起来，信息主要体现在六化上，即：**资源信息化**。不论是人力资源、还是科技资源，不论是文化资源、还是矿产资源，不论是金融资源、还是市场资源，在网上都可以找到，都可以进行综合分析，都可以迅速做出反映，提供有效的依据，更好地把握机遇，有效地提高决策和竞争能力；**政务电子化**。加快了政府决策科学化、民主化、规范化的进程，有效地提高了各级政府对民众的服务质量和机关协同办公效率，有效地提高了政府在资源服务、审批速度、报税收税上的快速便捷，也有助于克服不正之风，防止腐败滋生。在当今信息时代里，打造"数字政府"、全面提升政府信息化水平，已经成为衡量一个地区综合竞争力和拒腐防变能力的重要标准；**商务网络化**。网上银行、网上购物、网上签约和网上商务活动已经走进千家万户和企业厂家。在企业管理中，企业的整个生产系统、财务系统、物流系统、供销系统、人力资源系统等都纳入统一的信息平台，小到一个零部件从入厂到出厂的全过程，大到整个供应链管理等都能做到可视化，实现了企业在商务活动中的事事沟通与共享，从而迅速地完成交易过程，降低交易成本，节约了时间，提高了市场的快速反应能力；**信息集成化**。企业作为一个有机系统，需要企业内部的研发、采购、生产、销售与客户服务等等部门与环节紧密集成起来。也就是说，信息应用也需要从局部走向集成，由"信息孤岛"走向集成与整合，由自立门户走向资源共享；**设备智能化**。目前，各行各业的技术设备都在向智能化方向发展。数控机床、机器人、计算机、信息处理、自动检测、自动控制等高新技术集于一体，具有高精度、高效率等特点，对制造业实现自动化、智能化起着举足轻重的作用。信息化向智能化发展，使生产力大大提高，智能生产力又影响社会智能，使信息化社会发展为智能化社会；**全球一体化**。信息高速公路强大的传递、沟通、分处信息的能力使人类冲破了时间和空间的限制，使地理距离几乎"消失"了，地球正在变成一个好似鸡犬之声相闻的村落。全世界正在构筑数字化地球，正在创造出一个个"电子社区"，推动着语言的大融合、文化的大融合、科技的大融合、贸易的大融合、旅游的大融合，确实做到了你中有我、我中有你，谁也离不开谁了。

正是因为信息化有上述种种特征，使得当今社会信息化的浪潮汹涌澎湃。信息化不断地改变着人们的学习方式，不出门可以接受远程教育，不出门可以接受各种现代科技教育；改变着人们的工作方式，现在可以网上办公、网上管理控制、网上传输汇报、网上资源服务；改变着人们的生活方式，自动化的洗衣机节省了很多劳动力，智能化的炊事电器，可以定时做好饭，数字化的家电可以接收多方的教育娱乐；改变着人们的思维方式，由封闭向开放转化，由一元化向多元化转化，由低层次向高层次转化，由经济型向知识型转化，由单一语言向多种语言转化。因此，现代企业家要努力学习，掌握高科技技术，学会掌握和运用现代信息艺术，为企业的发展服务。这些主要体现在以下几个方面：

第一，**掌握信息要快**——当今，我们面临的是从物质经济型向信息知识型转化的全新的知识经济时代。在相同的条件之下，谁能捷足先登，抢占先机，先发制人，谁就能稳操胜券，不断创造出神奇的效益来。现代企业家要不断分析市场资讯，去粗取精，去伪存真，在众多信息中找到商机并快速取胜，才能更高一筹。因此，要求现代企业家首先要有清醒的宏观认识，如政策、法律、政治、资源、科技、经济、生态等进行全面的了解和掌握，在符合国家法律法规的前提下，符合当代社会经济发展大潮的前提下发展进步，而不是背道而驰；其次，要求现代企业家要有健全的科学头脑，需要获取竞争情报，快速把握市场机遇，需要对竞争者分析和消费者分析，获取相应的情况，作出科学判断，全局在胸，方向明确，头脑清醒。比尔·盖茨之所以成为首富，就是由于抓住了社会经济转变的机遇并快速靠信息资源致富。在20世纪初的时候，还是石油大王洛克菲勒和钢铁大王卡内基在争夺世界首富的头衔，而比尔·盖茨连续十年位居首富，其中重要的原因，正是人类进入信息社会并快速掌握信息的必然结果。

第二，**运用信息要准**——生活节奏的快速提高，使得人们对信息获取的要求已经从当初的大量信息获取过渡到快速的、精确的信息定位。如今的互联网络已经成为大量信息的平台，如何在这些信息中快速获取到自己需要的信息，去粗取精，去伪存真，进行全面分析，抓住自己所需要的核心技术，使其为自己所用，为自己服务，为科学的决策提供依据，使自己的产品具有科技含量高，销售市场大，竞争能力强，是现代企业家打赢信息战必不可少的本领。要做到准确地运用信息，首先要求现代企业家必须要有清醒的行规意识，明白所属行业的世界先进水平和国内状况，只有这样才能准确地判断信息的实效性和方向性；其次要求现代企业家要有准确的企业定位意识，清楚企业的强势所在。洛克菲勒强势在钢铁，微软的强势在IT产业，企业家只有定位准确了，信息的选择才会准确，否则，面对大量的商业信息只能是一筹莫展了。招商银行现任行长马蔚华是我多年的好朋友，八年前他接手招行时，其资产规模是3000多亿元人民币，现在资产规模已经达到了1.3万多亿元，每年增长1000多亿元。他们成功的主要经验之一，就是充分调动各种掌握信息化人才的积极因素，运用先进的信息化管理手段为广大客户提供优质服务。招商银行从1995年开始搞一卡通，从1999年到现在，储蓄存款以每年40%的速度增长。特别是在中国十家股份制银行里，招商银行储蓄存款的比例占到39%，个人贷款的比例占到20%，尤其是外汇负债储蓄品种已经占到51%，招商银行的外汇存款等于其他九家股份制银行外汇存款之和。

第三，保护信息要严——目前，我国信息安全问题和自主知识产权保护问题仍比较突出。计算机病毒、网络攻击、系统漏洞、网络窃密、虚假有害信息和网络违法犯罪等问题日渐突出。如果应对不当或信息失密，会给企业发展甚至国家安全带来严重后果和影响。我国传统的景泰蓝工艺和宣纸工艺的技术被外国人窃取就是一个很有代表性的例子。另外，企业自主知识产权保护意识还比较薄弱，虽然我国已建立起比较好的专利制度，但还有不少企业不懂得用专利法来保护自己的发明创造和创新技术，很多知名品牌近年来饱受侵权之苦。因此，对企业内部的信息安全和自主知识产权保护问题绝不可掉以轻心。在市场经济的"信息战"中，企业家要充分认识信息安全防护和知识产权保护的重要性，对企业下大力气获得的信息和自主知识产权要高度重视，采取有效措施，严密保护关系企业利益的重要信息，建立和完善信息安全工作法规，建立正规的安全保密工作程序，对信息和知识产权的保护工作抓紧抓好。

第四，**创造信息要好**——仅仅获得和运用信息还不够，还应在获取信息和技术的基础上对其进行消化、吸收与再创造，也就是信息和技术的创新。我国企业目前存在严重的信息技术自主创新能力不足，核心技术和关键装备主要依赖进口，在很多关键技术领域受制于人，被老外把桃子摘去了。据统计，我们销售一部手机20%的利润被外国人赚去了，一台智能数控机床40%的利润被外国人赚去了。因此，企业还需要不断完善信息和技术创新体系，有自己独特的技术专利，以取得市场的主动权和自主权，走创新型企业的路子，持续发展才有后劲和效益。

二、统筹决策的艺术——这是核心。要统揽不包揽，集中精力抓大事；敢断不武断，集思广益作决策；放手不撒手，跟踪督促抓落实。

作为一名企业领导，他的工作是多层次、全方位的：既要对上级负责又要对下级服务；既要做好本单位的工作又要搞好对外联系交往；既要做好传统产品的发展又要不断研制新的产品。工作有轻有重、有缓有急、有大有小，只有随时表现出自己是一个具有远见卓识，深谋远虑，有科学的决策力，有周密的协调落实能力的领导，才能让上级放心，下级佩服，成为一个合格的企业管理者和领导者。大家常说，"思路决定出路，决策决定命运"，就是这个道理。因此，一个企业的领导水平和决策能力怎么样，对企业全局工作的运筹指挥，重要问题的拍板定案，重要工作的协调落实，都起着至关重要的作用。这就要求领导者必须学好统筹兼顾的领导艺术，建立起一套协调发展的工作秩序。具体讲我认为应很好地把握以下三点：

第一，**统揽不包揽，集中精力抓大事**。大小企业的领导，其根本职责就是抓大事、把方向，也就是小平同志经常讲的管全局、干本行。这一点每个同志从理论上都能说出个一二三来，但在实践中往往会出现动机与效果不一致的地方：有的在复杂的形势面前，缺少主心骨、左顾右盼；有的在具体工作中不会牵牛鼻子，抓不住主要矛盾，抓了芝麻丢了西瓜；有的不善于区分责任，对下不放心、不放手，该由分管领导和职能部门办的事情，都由自己一手操办，以致包揽了大量的具体事务，种了别人的地，荒了自己的田，结果大事没办好，小事办不完，该统的没统住，该放的没放开，费劲不小，效果不好，自己忙死，别人急死，能人气死。应当说，企业领导对本单位、本部门的带全局意义的工作必须具有统揽的意识，该统的统不起来，就是失职，但统揽不等于包揽，包揽过多叫事务主义。古人讲："善弈者，谋势；不善弈者，谋子。"善谋势者，一子失着，全盘可以弥补；而谋子者，却常常顾此失彼，一着不慎，全盘皆输。所谓"谋势"，把握大事，统揽全局；"谋子"，则是忙于具体事务。一个精明、成熟的领导应当善于"谋势"而疏于"谋子"，把主要精力放在全局、大事、方向上。古语道，"不谋全局者，不足以谋一域"，也是这个道理。如何统揽，我理解就是要做到遇事经常想一想是否符合方针政策，想一想是否符合大局的需要，想一想企业在市场竞争中有无新办法，想一想是否体现了企业的根本宗旨和要求。在具体实践中做到：一要善于把宏观决策与具体指导结合起来，集中精力抓主要矛盾，研究和解决重大问题，实现统揽的决心；二要善于把政策指导同企业实际结合起来，把握好工作的轻重缓急，当好"调节阀"，创造性地抓好落实；三要善于把中心工作与一般性工作结合起来，通过抓大事带动全盘，大权独揽揽得住，把握好方向和全局，小权分散散得开，防止和摆脱事务主义。

第二，敢断不武断，集思广益作决策。作为企业的领导，重在拍板，难在拍板，水平、能力大多也体现在拍板上。我们有的领导经常出现这样的情况：决策前拍脑袋，想一想，就这么定了；决策时拍胸脯，出了问题我负责；问题出了拍大腿，哎呀，又交了一次学费；最后董事会上又不愿接受批评，拍屁股一走了之。这样的"四拍"领导对个人来说是无能的表现，对企业来说是无穷的灾难。作为企业领导必须要有主见，该"拍板"的就要大胆"拍板"，特别是对棘手问题，一定要敢于和善于决断，不能优柔寡断。当断不断，必受其乱。遇到矛盾总想绕道走，时间久了就会影响自己的威信。但在敢于决断的同时，也要防止自以为是，听不进不同意见，真正做到敢断不武断，集思广益，博采众长。拍板需要胆识，"胆"就是企业家的气质、魄力，"识"就是企业家的素质、能力。一个不敢决断的领导决不会得到下属的敬重。当然，敢断的前提必须是善断。就是说，你要有做出正确决断的能力，有胆还要有识。怎样做到敢断不武断呢？首先，就是要有很强的民主作风，当好"班长"，不当"家长"。这就是中央领导同志反复强调的，要了解民情，集中民智，反映民心，代表"民利"，一切为了群众，一切成果大家共享。研究和决策问题时，广泛发扬民主，充分听取方方面面的意见，把正确的意见集中好，分歧的意见统一好，不对的意见说服好，依靠集体智慧做出正确的决策；其次，要善于发挥各部门的职能作用，企业部门是领导的"智囊"和"外脑"，领导者的真正聪明之处，就在于善于调动各部门的工作积极性，发挥他们的创造性。遇事要让他们拿出供领导决策的方案来，而且要多案论证，供领导选择，使他们发挥决策中的参谋作用，落实中的带头作用，化解矛盾中的润滑作用。当然，作为领导在原则问题上一定要有主心骨，保持清醒头脑，选择正确的意见，千万不要为面子所障碍，为利益所左右，为压力所动摇，为人情所困扰，做出的决策能够经得起上级的检查，经得起群众的监督，经得起历史和实践的检验。

第三，放手不撒手，跟踪督促抓落实。作为企业家，工作要抓住重点，克服弱点，突破难点，创造亮点。抓住了主要矛盾，一切问题就迎刃而解。要站在全局上抓重点，事关政策性、关键性、全局性的工作必须一抓到底，事务性、技术性、一般性的工作要放手，交给分管领导或部门负责，让他们各司其职抓落实。要抓提高工作效率的重要环节，不能工作上劲没少使，心没少费，可事与愿违，从早到晚忙忙碌碌，却效益平平。其原因往往与主要领导统得过死，抓得过细，事必躬亲，胡子眉毛一把抓，处于被动应付的状态有关。有不少同志有这样的体会：你对我不放心，我就不用心；你对我不放手，我就不动手；你一竿子插到底，我就一棍子捅上天。这些话虽然不够全面，但说明了领导包揽过多，就会影响下面的积极性和责任感。领导对部属，特别是对副手，一定要充分信任，敢于放手，否则，纵使你有万般能耐，也难"一手遮天"。但是，放手不等于撒手，信任不等于放任。这里有四个环节需要紧紧把握住：一是区分责任，明确分工。布置工作任务，要责任到人，使其明确任务、标准、时限，同时要将自己的想法、要求等讲清楚，使自己的副手能够准确领会和把握你的意图，切忌含糊其辞，模棱两可，让副手无所适从；二是加强检查，搞好督促。发现问题及时提醒，困难让他自己想办法，经验教训让他自己总结，使他打一仗进一步，这样既尽了自己的责任，又调动了副手和部门的积极性、创造性；三是注重整体，搞好协调。既要督促每个人大胆负责地抓好分管的工作，又要引导大家从全局出发，紧紧围绕中心工作想问题，形成合力抓落实，防止各吹各的号、各唱各的调；四是以身作则，率先垂范。对做出的决策、提出的要求，主要领导首先要带头执行，以自己的模范行动影响和带动大家，保证把企业集体的决策善始善终地落到实处。不能自己有意无意的"违规"，那样不仅会造成工作的忙乱和不落实，且极易导致意见分歧，削弱集体领导力量的发挥。美国管理学家杜拉克在《有效的管理》中指出：有效管理者做事必须首要的事情先做。由此可见，领导者应尽量不参与和自己无关的小事，集中更多的精力抓好全面性和方向性的大事。

　　三、识才用才的艺术——这是根本。要有求才的理念，识才的眼光，用才的气魄，育才的制度，留才的政策。

　　国以"才"立，政以"才"治，业以"才"兴，军以"才"胜。电影《天下无贼》里有句名言："21世纪最宝贵的是什么？人才！"管理学家汤姆·彼得斯也说过："企业或事业唯一真正的资源是人，管理就是充分开发人力资源以做好工作。"企业发展，人才为本。企业的竞争归根到底是人才的竞争，企业的发展归根结底靠人才支持。因此，有所作为的企业必须有求才之心，求才若渴；有识才之眼，善辨良莠；有用才之胆，扬长避短；有育才之方，跟进培养；有留才之策，使人才敢想事，敢干事，敢成事，切实把各方面人才的创造性、积极性发挥好，运用好，保护好，使企业始终保持强大的活力。既然人才是如此重要，那么作为一个企业领导者就要不断地完善政策、营造环境、尊重知识、整合力量、提供服务，这样才能为发现、吸引、培养、保留人才做出贡献。因此，作为一个现代企业家在使用人才方面，我的体会主要有以下五点：

一要有求才的理念。 二战时期，苏联和美国登陆柏林之后准备撤军回国，苏联的军队就把武器、物资、装备都运回了国家，而美国则组成了一支叫阿尔索斯的敢死队，其目的就是抢夺德国的先进资料和科学家，带走了德国和意大利的5000多名的核物理、原子物理和化学、数学等方面的专家，这些专家对美国战后的发展起到不可估量的作用，造就了美国近一个世纪的经济霸权。建国初期我国旅美的一批著名科学家，在党的政策感召下，冲破重重阻力回国，为两弹一星做出了贡献，否则我国不可能有现在的国际地位。企业经营过程中，领导者必须以一种大度的胸怀，去选拔容纳各类优秀人才，拥有了人才就拥有了财富、拥有了资本。如果一个企业有能参善谋的智囊人才，有敢于解难题的能干人才，有懂科技能攻关的研究人才，有善于抢占市场的销售人才，有作风强业务过硬的管理人才，有能讲会写的文化人才等，就会无往而不胜。

二要有识才的眼光。 领导者识才简单说就是"知人善任"。知人，就是要全面、客观、准确的了解一个人的德、才、识、能等，切忌以貌取人，以私看人。实践证明，一个人可能相貌丑陋、身材矮小，但是如果他有真才实学，那么就应该把他从众人之中选拔出来，使他脱颖而出；他可能有不少缺点，大家有些意见，但能打开局面创造成绩也应大胆使用。知人，就是要全面的了解人才；善任，就是要正确的使用人才。一个人不可能具备全面的才能，胜任一切岗位，可某一特定人才总有最适合于他的位子。正像一句古诗所讲："骏马能历险，耕地不如牛；坚车能载重，渡河不如舟；舍长以就短，智者难为谋。"这就需要管理者在"知人"的基础上，对人才的使用上给予恰当安排，做到人尽其才，物尽其用。企业领导在识才问题上，眼光要活一些，不要把人看死了；眼力要远一些，要看到发展的潜力；眼界要宽一些，不要只局限于自己的小圈子里面，要到更大范围内找人才，使企业培养出一大批有科学的思维能力、实践的创业能力、自力更生的就业能力、敢于创新的研究能力、遵法守纪的管理能力的人才，使企业成为一个留住人才的大家庭，开拓创新的大市场，培养人才的大学校。美国著名的企业家和心理学、人际关系学家戴尔·卡耐基就是很好的例子，他不仅出色地经营着自己的企业和人生，还将企业领导艺术完美地传授予他人，培养了一批又一批成功的企业家。香港富豪李嘉诚是一个勤勉经营、脚踏实地而收获丰盈的实业家。他以超人的智慧、严谨的思维以及爱国的热情，在道德、精神和行为准则上改变和影响着几代人并培养了几百名知名的企业家。古往今来，得人才者得天下。在现代企业里，谁拥有了人才谁就能在激烈的竞争中站稳脚跟，获得生存与发展的"王牌"，反之则将被市场淘汰。

三要有用才的气魄。管理者的用人魄力，表现在要敢于提拔开拓进取的人才，重视胸襟宽广的人才，不拘一格用各种得力的人才，宁可重用有缺点的干才，也不可重用无缺点的庸才；敢于用持不同意见的人才，甚至用曾经反对过自己并被实践证明是反对错了的人才，不用只会说"是"的奴才。"水至清则无鱼，人至察则无徒。"气量狭小，只能容人之长不能容人之短，只能容人之功不能容人之过，只能容比自己弱的不能容比自己强的，武大郎开店，不但会影响人才的成长，而且也往往会导致自己无所建树。所以，我们一定要像小平同志倡导的那样，"眼界要非常开阔，胸襟要非常开阔"，做到：政治上互相信任不猜疑，思想上互相交流不隐瞒，工作上互相支持不拆台，生活上互相关心不冷落，有了失误互相谅解不指责；做到：重用能人干大事，帮助常人干小事，激励庸人别误事，团结小人别坏事。红顶商人胡雪岩在用人方面很有自己的独到之处，在这我给大家讲一个他的小故事：一次胡雪岩到各分部视察，一个分部的副经理趁经理不在的时候向他反映说，这次进的绸缎有问题，价高货次还没有销路。胡雪岩听完后一言不发，第二天却宣布把这位反映情况的副经理开除了，有人问他为何不开除经理而开除这位副经理呢，胡回答说：这人一定对企业不负责任，看到经理进的货不好，当时不反对，事后却拿别人的失误为自己邀功请赏，实在不能用啊！

四要有育才的制度。 伯乐虽然在"择人"的方面有很重要的作用，但毕竟个人精力有限，伯乐再尽心尽力，其相中的人也是有限的。因此，企业领导者建立科学的人才管理机制，为人才成长提供规范化、制度化的保证，让一匹匹千里马有自己的亮相机会。这其中既有送出去深造的制度——根据需要，选择高校，进行离岗培训，使其知识系统化，实践经验有升华；也有请进来传经的制度——企业中人才辈出，星光璀璨，各有所长，经常请些高手能人来传经送宝，可以提高自身素质，又可以少走弯路，也比较方便可行；既要有自学成才的制度——不管学历、资历、姓别，只要肯于学习，在实践中钻研，有了成果都要肯定，鼓励自学成才，发挥企业是个大学校的作用；还要有岗位竞赛制度——经常开展岗位练兵，是骡子是马拉出来遛遛，使大家有展示才干的机会；最后，还要有领导传帮带的制度——企业领导既是兄长，还是师长，经常给大家讲座，说一些自己成功与失误的经验教训，提高大家素质，也是很有好处的。这样企业不但出高质量的产品，而且出高质量的人才。

五要有留才的政策。大家都知道日本有家著名的企业叫八佰伴公司，这家公司的创始人就是前些年我们看过的电视连续剧《阿信》的原型和田加津，她和丈夫经过顽强拼搏、艰苦创业，使公司发展成为一家年销售额50亿美元的大型跨国公司。然而，1997年该公司因负债累累而不得不向所在地方法院申请破产，成为战后日本第一家股份上市的破产零售企业。究其原因，该公司除了盲目扩张、急于求成、决策失误等原因外，还有一个重要原因，就是管理人才严重缺乏。它在大规模向海外扩张的同时，恰恰忽视了必不可少的人才储备。在当今这个知识爆炸、技术进步、日新月异的时代，要办好一个企业，既需要技术人才也需要管理人才，人才比以往任何时候都更加重要，不重视储备人才的企业在激烈的竞争中必然失败，不重视留住人才的领导也不是合格的领导。因此，领导要用事业吸引人才，事业发展了，人才看到希望就愿意来跟你干；用人格感召人才，取信于人，以增强凝聚力；用榜样带动人才，以拢众心，增强合力；用系统整合人才，取长补短，以倍增效率；用战略驾驭人才，以增强理想信念；用目标确定人才，目标分解，以增强责任心；用荣誉激励人才，奖惩分明，以增强创造性；用物质激励人才，赏罚并举，以增强公正性；用任务锻炼人才，大胆使用，以克服惰性；用纪律规范人才，严明制度，以增强事业心；以考核分辨人才，讲究效率，以增强紧迫感；用道德熏陶人才，讲究人品，以增强正义感；以修养教化人才，讲究素质，以增强合作精神；以典型促进人才，重视人才，以增强赶帮意识；以功绩选拔人才，德才并举，以增强进取心；用待遇留住人才，确保多劳多得，能者快富；用感情温暖人才，经常沟通，使人才把企业当成家来建；用文化凝聚人才，大家能够学到东西，得到鼓舞，陶冶情操。

四、改革创新的艺术——这是动力。理论创新、机制创新、体制创新、分配创新、人事创新、技术创新、管理创新。

创新是企业必不可少的属性，是企业进步的强大动力。所谓创新，就是要求企业家始终保持一种竞争心态，始终保持在市场上的拼搏精神和不懈追求。企业家从创业开始到最后的成功，经历是多种多样的，方法也是多种多样的。但是，有两个共同点是一致的，那就是在创业之初的学习之路，以及持续一生的创新之路。谁都不是天才，没有人生来就是企业家，世界著名的企业家在创业之初无一例外都是首先学习别人的经验和长处，并且靠不断的创新取得了成功。有的企业家在改革开放之初敢做时代的弄潮儿，成为改革的先锋和榜样。当企业做大了，个人出名了，经济上得到了实惠，政治上取得了荣誉，这些企业家就以为成功了，可以高枕无忧了，开始当起了小财主。而当改革不断深入时，一些方针政策触犯了他们的既得利益，他们马上变成了旧的模式和观念的维护者，由改革的带头人变成了阻碍企业发展的阻挠者。有人说，现代市场竞争唯一不变的是变化，唯一可贵的是与时俱进，唯一的强大动力是改革创新。企业要想在激烈的变革竞争中谋求生存和发展，就首先必须提高自身的创新能力，不断寻找新的方法来保持竞争优势。对于企业而言，要么创新发展，要么停顿衰败。正如韩国三星总裁李健熙指出的那样，"除了妻子儿子，一切都要变"，在变中了解新的信息、作出新的决策、明确新的目标，在变中培养新的人才、提高新的素质、打开新的局面，在变中创造新的品牌、占领市场，在变中形成新的机制、创造新的经验、立于不败之地。在过去的10多年中，在三星内部掀起了一次具有历史意义的全方位的变革，使三星在亚洲金融危机中不仅没有陨落，反而获得了更强大的生命力。创新是一个企业进步的灵魂，也是一个人综合能力的具体体现，还是企业的发展潜力所在。有研究表明：人的大脑细胞平时只有10%是经常用到的，而剩下的90%经常处于空闲状态。如果我们能充分开发和利用这些空闲细胞的功能，学习创新知识，掌握创新技能，开展创新活动，我们的创新能力就可以大幅度提高，就可以在继承的基础上谋创新，在创新的基础上求发展，在改革发展中有突破，个人也会在发展中有进步。

创新需要学习做基础。这既是企业领导的重要工作，也是提高素质的重要途径。要按照老前辈的教导，要力求做到"四学"，即：一要勤奋，挤时间学；二要思考，深入地学；三要应用，最好地学；四要创新，继续地学。陶行知教育家讲过："行动是老子，知识是儿子，创造是孙子。"就是说实践是知识的基础，知识是创新的基础，创造是成功的基础。在竞争日益激烈的今天，领导者面临更新观念、提高技能的挑战。美国管理大师彼得•圣吉认为："未来唯一持久的优势是，比你的竞争对手学习得更快。"我们老祖宗讲过："一个人要有见识，也就是行万里路；要有学识，读万卷书；要有知识，创千秋大业。"因此，不懂得如何学习和学习什么，就不能高效的工作和做一个合格的领导，企业也不可能在竞争中巩固和发展。有的企业提出要自我超越、更新观念，勇于跨越、突破自我，追求卓越、敢于争先，我看很好。那么，企业创新应该在哪些方面下功夫呢？我认为应有以下几个方面的创新：

第一，**理论创新**——即解放思想，敢于打破常规，突破思维定式的束缚，成为第一个"吃螃蟹"者。思路决定出路，思路一新，遍地黄金；思想僵化，没有办法。只有实现理论观念的创新，才能不囿于旧的思维模式，打破旧的思想观念，抢占先机，占领时代的制高点。改革开放之初，我们面对计划经济的旧模式，很多地方不相适应，很难突破各种各样的条条框框。因此，当时小平同志指出，"要解放思想，坚定不移地进行改革，对了的就坚持，不对的赶快改，不足的加把劲，新出现的问题抓紧解决。"但是，经过近30年的改革开放，我们的国家发生了翻天覆地的变化，人们思想上的观念不是要不要改革、要不要发展的问题，而是要如何改革、如何发展的问题，党中央、国务院及时提出了科学发展观的新理论，为理论创新指明了新的方向。我们要从拼资源、拼廉价劳动力、拼生态环境来发展企业，转变到走科技支撑、自主创新、品牌质量、优质服务、诚信交易、公平竞争、企业整合的发展之路，做到人无我有，人有我优，人优我廉，人廉我转，始终把握市场的主动权，走在同行的前列。

第二，**体制创新**——我们正在进行的市场经济改革是脱胎于计划经济体制下的，而且某些行业仍处于市场经济条件下的计划经济，又必须参加市场经济的竞争。因此体制的创新直接决定和影响企业的改革和发展。要变过去的大锅饭式的国营、集体企业为全体职工入股的国有控股股份制企业，政府给企业松绑，真正使职工能成为企业的主人。我到很多企业都看到过这样一条标语，"我靠企业生存，企业靠我发展"，这恰恰说明了体制创新带来的新变化。同样的企业，同样的设备，同样的员工，体制一改产生了不同的经济效益和社会效益，为什么？因为新的体制激发了职工的生产创造性和积极性，激发了企业家的事业心和责任感，使老企业焕发了青春。要想寻求市场经济与计划经济的最佳结合点，就不能简单的重复、模仿，而是敢于摒弃，积极进行体制创新，这才有根本性、稳定性、长效性，做到机构能立能撤、干部能上能下、员工能进能出、工资能多能少，用体制保护和调动员工的积极性和创造性。

第三，**机制创新**——机制创新即企业转换经营机制，建立产权明晰、权责明确、政企分开、管理科学的现代企业制度，不断完善产权结构和法人治理结构，使企业成为自主经营、自负盈亏、自我约束、自我创新、自我发展的现代企业，同时还应强化民主决策和民主监督，增强企业凝聚力和向心力。双星集团的董事长王海，曾经是我的老部下，很多企业家都很熟悉他。王海的成功，双星集团的发展，一个很重要的原因就是机制创新。如果按照过去的老传统，决不可能有今天的王海，也不可能有今天的双星。因为他看准市场需求，大胆改革，打破传统旧机制，把企业发展到全国各地的农村、乡镇，把市场做到国内外的各级市场上，从跨国超市到农村供销社，都能看到双星的产品，这种灵活的机制是双星取得成功的法宝。

第四，人事创新——企业队伍动力不足、活力不大，一个重要原因就是缺少竞争激励机制和人事创新机制。纵观历史，横看现实。人在任何时候都起到决定的因素，无论科技发展到什么程度，人与技术的主客体关系永远不可能改变，人始终都是创造的主宰者。从哲学上讲，规矩由人而立，但同时也为人而破。不破而不立，不立也就没有什么破了。在这方面，有些单位也做了一些探索，如研究提出或实行任职资格制、公开竞争制、述职评议制、任期考评制、末位淘汰制等。我们要着眼企业建设的特殊要求，依据有关政策规定，紧紧围绕如何把引进人才与培养人才结合起来，如何把物质奖励与精神奖励结合起来，如何把改善物质文化生活与营造良好用人环境结合起来，大胆引入竞争机制，激励干事的人，淘汰混事的人，鞭策平庸的人，制住坏事的人，努力在企业中形成"靠素质进步、凭本事立身"的良好风气。

第五，分配创新——我国目前正处在社会转型时期，调整企业产业结构，推动企业改造升级的方式之一，就是要在分配制度上谋突破、求创新。目前，企业的分配制度主要有以下几种：一是年薪分配制度，主要是提高领导层的积极性；二是承包分配制度，主要是提高中层和部门负责人的积极性；三是岗位分配制度，主要是提高技术骨干和有专长人的积极性；四是计件分配制度，主要是提高员工的积极性。这样就可以在企业上下形成合理搭配，发挥群体效应。要从整体出发，在合理设置机构，精心设计工作规范的基础上，让各类人才协同合作，形成1+1>2的团队力量。

第六，技术创新——与发达国家相比，我国企业的自主创新能力还比较薄弱，很多关键技术依赖进口，缺乏拥有自主知识产权的技术和产品，缺乏参与国际竞争的能力。基本上处于一种"四有四没有"的状态，即：有产权，没有知识；有人力，没有人才；有数量，没有质量；有规模，没有自己的品牌。比如，现在马路上跑的虽然基本上都是国产化的汽车，但大多数国产汽车的核心技术都还是依靠外国进口；还有，我们现在使用的计算机、手机早已经普及到千家万户，但到目前这些核心技术——芯片，还不是"中国芯"，多数还是依靠购买国外的专利来制造的。党的十七大报告已明确指出：提高自主创新能力，建设创新型国家是国家发展战略的核心，是提高综合国力的关键，把增强自主创新能力贯彻到现代化建设各个方面。加快建立以企业为主体、市场为导向、产学研相结合的技术创新体系，引导和支持创新要素向企业集聚，促进科技成果向现实生产力转化，允许科研能人在流动中发挥作用。在这我给大家讲讲我的一个老大姐，我国实时仿真技术领域的奠基者和开拓者之一，第八、九、十届全国人大代表游景玉女博士，现任国家仿真控制系统工程技术研究中心主任与广东亚仿科技股份有限公司总裁，1993年就被授予政府特殊津贴。20世纪80年代末，她带着从国外学到的实时仿真技术（这项技术当时苏联、台湾、韩国等都派人去学，最后就是他们学成而归）回到祖国，白手起家，艰苦创业，凭着她的一腔爱国热情和知识、人格魅力，创建了填补我国仿真技术空白的广东亚仿科技有限公司。经过他们长期地不懈努力，到今天，我国的仿真技术已经达到了亚洲第一、世界先进的水平了，他们研制的新型仿真产品开拓了该技术研究和成果的产业化、商品化、国际化；她设计并组织开发的具有中国知识产权的达到国际先进水平的高级仿真支撑软件系统，成功地应用于核电、航空、航海、军工、电力、化工等领域，已经成为国家工业化、智能化需要和国防建设离不开的支柱产业。他们都说，游景玉博士是国字号的狙击手，有了游景玉，有了广东亚仿科技公司存在，国外的仿真机就不敢提价，更不敢漫天要价，道理很简单，核心技术中国人也能造，只是这样的领域中国人能控制的太少了。

第七，管理创新——管理是一门科学。管理工作是企业不可缺少的重要环节，也是提高经济效益的重要保证。管理就是要管方向、理思路、用人才、抓落实、守规矩、作表率。一是管理理念创新，逐步形成自我教育、自我约束、自我管理的理念，由被动受别人管转化为自己管好自己；二是管理法规创新，使标准更加明确，措施更加可行，操作更加方便，奖惩更加科学，从繁琐学习中解放出来；三是管理手段创新，逐步形成网络化、信息化、可视化、定量化管理，既可提高效益，又可防止不正之风。

五、教育沟通的艺术——这是号召力。把老道理讲新，把大道理讲实，把小道理讲好，把歪道理批倒。

我们的企业家在说服教育方面有许多能人、智者，在群众中有崇高的威信，但是也有不少人理论水平还不能适应经济发展的要求，管理能力还不能适应改革创新的需要，领导素质还不能完全适应现代企业中新情况的变化，特别是理论与实践"两个翅膀"不够协调，有的理论水平比较低，有的实践经验比较少。正如江泽民同志指出的那样："我们有些同志工作热情高，想干一番事业，这是很好的。但由于缺少理论功底，工作中往往就事论事，不善于对实际问题进行理论思考，不注意从政治上和全局上观察事物，在重大原则问题上分不清是非，有的甚至跟着错误的东西跑。"在这里我提醒大家，任何事物都是系统的，绝对不是孤立而存在。老子在道德经里都有深刻的阐述，如："有无相生"、"难易相成"、"长短相较"、"高下相倾"、"前后相随"、音声相和等都是辩证法和方法论。成大业者必须读我们自己的经典，而不能仅仅靠西方所谓的管理方法，那些在实践中是需要和我们自己的文化相融合的。辩证的统一是思想的源头，系统的剖析，是解决任何问题的法宝，自身的修养，是克敌制胜的利器。要解决这些问题，最根本的途径，就是要加强学习，运用自己掌握的知识搞好教育沟通，发挥我们党的政治思想工作的优良传统，给企业增强思想保障、科技支撑、文化激励、精神动力。要严于律己，练好身教功。俗话说，"喊破嗓子不如做出样子。"领导的形象教育比语言教育更重要，让没有理想的人讲理想，谁信？让不守纪律的人讲纪律，谁听？让跑官要官的人讲奉献，谁服？让管理粗暴的人讲管理，谁理？因此，作为企业家要努力争当四个模范，即：解放思想、实事求是的模范；无私奉献、积极工作的模范；严于律己、令行禁止的模范；团结同志、关心他人的模范。

时时处处关心人、体贴人、培养人、激励人，真正成为广大群众的知心朋友和学习榜样，也就是学为人师，行为示范。做到：

第一，要把老道理讲新。在工作中，有时讲一些老的道理、老的传统是很有必要的，讲好了它可以统一我们的思想认识、规范我们的道德行为，带来全方位的效益。讲好老道理，是我党思想政治工作的光荣传统。2006年9月份，我作为中华儒商国际论坛主席，前往山东曲阜参加"中华儒商、诚信为本"的学术交流并精心准备了讲话提纲，途中不幸出现意外车祸，受了重伤，没能前往，但是他们还是选人及时把我的讲话作了宣读，并在有关刊物上作了刊登。我个人认为儒商的基本精神应该是把儒家的传统文化同现代经商实践相结合，做到在经商中以儒家思想为理论指导，运用和发展儒家的思想，形成有自己特色的现代企业文化。这样才能把企业做好、做大、做强，真正立于不败之地。因为，儒商的"儒"字，就是左边一个"人"字，右边一个"需"字，我理解就是人民所需要的人，时代所需要的人，国家所需要的人，也是世界所需要的人。当然，这样的人应当是讲道德，有知识的人；是讲仁义，重信任的人；是讲法度，守规矩的人；是讲为民，乐奉献的人；是讲效益，敢决断的人；是讲素质，重人才的人。最后，我把儒家学说的"仁、义、礼、智、信、德、慎、清、正、友"运用到企业管理和商业经营的实践之中，并进行了概括和总结，收到了良好的效果。

　　第二，**要把大道理讲实**。顾名思义，"大道理"就是马克思主义理论，就是科学发展观，就是世界观、方法论。大道理是管方向的，管路线管政策的。干部不明白大道理，就会目光短浅、迷失方向，甚至误入歧途。大道理无疑比较抽象、概括、难懂一些，要讲的通俗易懂，入心入脑，富有感染力，说服力是不容易的，必须自身真正弄通、弄懂，领会精神实质。在这方面，邓小平同志的思维方法，确实值得我们学习，他对待马克思主义概括了九个字：一、不能丢。那些本质的东西不能丢，要继承好，丢了就失去了根本，就丢了看家本领，比如实事求是、群众路线、自力更生、艰苦奋斗、联系实际、改革创新等道理永远不能丢；二、讲新话。要不断创新，马克主义才能不断发展，列宁讲新话出现了列宁主义，毛泽东讲新话产生了毛泽东思想，邓小平讲新话概括了邓小平理论，江泽民讲新话提出了"三个代表"重要思想，胡锦涛同志讲新话形成了科学发展观。这就是马克思主义在与时俱进中产生的新的活力，在推动工作中产生的极大动力；三、要管用。学习马克思主义的目的全在应用，检验马克思主义全在实践，发展马克思主义也离不开实践。学习理论一定要在掌握立场、观点、方法上下功夫，这是我们认识问题、分析问题、解决问题、创造发展的思想武器，行动指南。

第三，**要把小道理讲好**。作为企业领导，要经常直接面对广大群众，要想达到春风化雨、润物无声的效果，就必须既要向广大群众讲清大道理，又要讲好小道理。因为大道理包含小道理，小道理体现大道理。一般地说，大道理抽象、空阔一些，小道理具体、实在一些。因此，小道理更容易为群众所接受和喜欢。比如，关心员工利益问题，看似是小道理，但其中体现着民生、民计的大道理，要告诉员工量力而为，不能盲目追求个人利益，不能杀鸡取蛋，否则，一方面解决了员工的福利问题，而另一方面却影响了企业的发展，可能就事与愿违、得不偿失了。湖南省邵东县有位有名的中医叫刘雄心，有精湛的医术和高尚的医德，在20世纪30年代，他见许多穷人无钱看病买药，便免费给他们看病送药。其妻常有怨言道："你做事我同意，可也应该为儿孙们攒点钱吧！"他回答说："儿孙若有用，留钱做什么？儿孙若无用，留钱也枉然！"说完，题联一副："冤枉钱莫寻，亏心事莫做，无谓因果全无报；忠厚风要守，慈善家要为，纵然流落要翻身。"刘雄心指着对联说："这是我给孩子留下的财富，别看只有三十四个字，一字值千金，足抵三万四千金。"这个道理很简单，但意味深长。所以，只有把小道理讲得有人听、有人信，才会有说服力、感召力。反之，就会台上你说人，台下人说你，人前你训人，人后人骂你，你讲的道理就无人听、无人信，不起任何作用，甚至会起相反的作用。

第四，要把歪道理批透。我们在吸收科学道理的同时，还要注意辨别、批驳社会上流传的那些"歪歪理"。现在社会上不少的企业家，曾经为社会做出过许多贡献，甚至成为轰动一时的新闻人物，然而其企业出名之时也是其本人落马之日，甚至成为了违法犯罪分子，受到了法律的严厉制裁。其原因是多方面的，但受歪歪理的影响不能不说是祸根之一，他们信歪歪理、办歪歪事、走歪歪路、说歪歪话、做歪歪人，特别是在新形势下，封建社会某些腐朽、丑恶的东西沉渣泛起，资本主义腐朽的思想文化侵蚀不断加剧，使其信仰出现了危机和偏差，逐步使他们走上信歪理、不信真理，信个人、不信组织，信金钱、不信德才，信迷信、不信科学，信关系、不信能力，最后是走向犯罪的深渊，造成终生之悔终生之恨。

六、化解矛盾的艺术——这是凝聚力。素质之间的矛盾要靠学习提高的办法化解，决策上的矛盾要靠调查论证的办法化解，用人上的矛盾要靠评议考核的办法化解，干扰上的矛盾要靠对话沟通的办法化解，性格上的矛盾要靠谅解包涵的办法化解。

在日常的工作和生活中无处不伴随着矛盾，老的矛盾解决了，新的矛盾又会产生，矛盾是推动工作的动力。可以说领导素质在解决矛盾中提高，企业建设在解决矛盾中前进。因此，对企业管理者来讲，最重要的就是及时化解矛盾，不使矛盾进一步升级而影响工作和感情，而且把化解矛盾的过程当成增进团结和提高能力的过程。化解矛盾不能靠简单的压制了事，也不能简单的敷衍了事，它需要我们做大量的调查和分析工作，找出矛盾的焦点和关键所在，因人而异的去引导和化解，并最终达到消除矛盾、统一认识的目的。具体到企业而言，任何矛盾的产生都离不开人，那么人主要是因为名和利，有利必有争，有争必有斗，有斗必有仇，仇必和而解。我想这应该是化解矛盾的一个基本公式。

领导工作在一定意义上就是活血化淤、周密协调的能力。我在部队做了几十年的政治工作，其中大量的是做化解矛盾方面的工作，是做人的转化工作，在这方面也积累了不少经验，也有不少的教训。就矛盾而言形形色色、五花八门，具体讲起来也一时难说清楚，但是，化解矛盾的办法，我体会最深的有以下几条，讲一讲供大家思考：

第一，素质之间的矛盾要靠学习提高的办法化解。在实际工作中，每个企业家都应该有这样的体会，企业里每个人的素质不同、经历不同、文化程度不同、年龄不同，必然认识上会出现这样那样的差异，工作上也会产生这样那样的矛盾，经常也会因这些问题解决不好而影响企业的工作，甚至造成停工停产，导致企业效益滑坡。怎样才能解决好这种因素质之间的差异而产生的矛盾呢？我认为，要靠学习提高的办法来化解。每一位同志不论资历深浅、经验多少、学历高低，在学习上都没有老本可吃，都需要不断的学习提高，把学习当成终生任务和责任。通过不断的学习来超越自我，突破同行，以获得长效可持续发展的重要法码。班子成员的理论水平提高了，经验教训反思了，他们的眼界就开阔了，看问题就会全面一些；思想境界升华了，研究问题受私利干扰就会少一些；工作方式灵活了，经常换位思考，就不单纯强调自己工作重要了。这样既有了统一思想的基础，也有了化解矛盾的武器了。

第二，决策上的矛盾要靠调查论证的办法化解。企业要发展本身就存在风险，由于形势发展变化快，企业活动也非常复杂，管理者的决策也多种多样，有时计划赶不上变化，领导之间解决问题的想法必然是多种多样的，部门供决策的方案也是形形色色的，领导之间对所做的决策有矛盾和分歧是可以避免的，关键是要通过调查论证，让事实说话，从实际出发，充分统一好思想认识，形成科学的决策。我体会，最主要的就是要吃透上头的精神，要弄清国家的方针政策和法规法令，整个政治、经济、文化建设的大趋势；摸清下边的情况，要弄清单位的真实情况，知道广大员工在想什么、做什么、需要什么、能办到什么；掌握横向的动态，就是要大量掌握国内、国外各方面的信息，头脑中有个先进的坐标，使决策有先进性；形成自己的，就是经过综合分析，找准结合点，形成自己的工作思路，把员工的思想统一好。用这样的方法，来解决矛盾，让事实证明，以道理服人，达到化解矛盾，统一认识，形成决策，推动工作的目的。

第三，用人上的矛盾要靠评议考核的办法化解。在实践工作中，企业领导内部经常产生用人上的分歧，或是有各自提名的合适人选，或是对所使用的人出现不同意见。出现这种情况是完全正常的，但解决不好是不正常的。那么如何解决呢？我认为要靠公正用人的激励机制和公平的评议考核制度来解决。实践证明，用人公，企业兴；用人歪，企业衰。公正用人关键是在两个方面下功夫：一方面以公开求公正。着重从民主推荐、选拔考评、任前公示等环节入手，解决人才任用中的公开公正问题，使人才的选拔使用变"暗箱操作"为"开箱操作"，变注重"相马"为注重"赛马"，变少数人选材为广大群众荐材，使人才有浓厚的群众基础；另一方面以公道求公正。用人要公正，关键是领导要公道。我在济南军区任政委时，军区党委常委在干部调整使用上立了"五个不研究"的规矩，即群众评议通不过不研究、下级党委不推荐不研究、政治机关考核不提名不研究、纪检和审计部门不审计不研究、常委酝酿不充分不研究。通过公开公正用人，真正使那些埋头苦干、思路清晰、政绩突出的得到重用，使那些不思进取、工作平庸、打不开局面的产生危机感，使那些弄虚作假、欺上瞒下、跑官要官的受到抵制，彻底扭转那种"自己提升找关系、别人提升查背景"的不良风气，在全区上下形成"靠素质立身、靠品德做人、靠实干创业、靠政绩进步"的氛围。这两个方面解决好了，在用人上产生了矛盾也就迎刃而解了。

第四，干扰上的矛盾要靠对话沟通的办法化解。干扰来自方方面面，总的来分主要有感情上的干扰、政策理解上的干扰、社会上的干扰。感情上的干扰主要是思想觉悟问题，政策理解上的干扰主要是理解认识上的问题，社会上的干扰主要是来自上下级、同事、朋友等方面的影响。每当遇到类似干部任用、人事调整、人员调动等情况时，这些干扰也就随之而来，想顶也顶不住，顶住的站不住。所以，我们要采取群众评议的办法，看看能否得到群众的认可；采取组织考核的办法，看看是否能过了考评关；采取审计审核的办法，看看经济上有无问题；采取班子个别谈话的办法，看看在成员中有无凝聚力。这样既能在群众中摆平，也能向各种干扰说清，还能有效的防止提错干部。沟通是沁人心脾的无形魅力。作为一名企业的领导，经常与上下级沟通交流，有助于及时吃透上级意图、摸清下面的情况；经常与同事沟通交流，有助于增进了解、相互尊重；经常与亲戚、朋友沟通交流，有助于加深感情、彼此信任；经常与家人进行沟通交流，有助于加强理解，家庭和谐。因此，一但出现矛盾或将要出现矛盾时，就可以达到及时化解或将矛盾防患于未然的目的。就像人们常说的那样：一席好话，胜过巨额奖金；一个行动，就能黏合人心；一种心态，决定事业创新。

　　第五，性格上的矛盾要靠谅解包涵的办法化解。我们常说，一个人的成功与失败与个人性格息息相关。在一个企业里，不同性格的人都具有多面性。他们有的性格好动、率直、进取、爱表现、爱说话、富于挑战性；有的性格比较冷静、稳重、不好争辩、也比较内向。因此，在现实生活和工作中难免会因性格上的差异而产生一些矛盾和分歧。这就需要我们相互之间多谅解、多包涵、多沟通，做到有事无事常来往，大事小事勤商量。设身处地的为对方着想、为别人着想，才能及时消除误会、解除隔阂，人与人之间的关系才会更加和谐，人们的生活才会更加愉快。前段时间我在看央视《艺术人生》专栏节目时，对于乔羽老先生的专题专访，其中他和携手走过半个多世纪的夫人的一段对话令人深受感动："当你真的遇到了你觉得最合适你，你最爱的那个人，你们走到了一起，那就一定要珍惜，一定要非常非常珍惜你们的生活，珍惜你们的爱情。"——这是乔夫人近60年的婚姻经验总结。而这对老夫妻最后总结出五个字——乔羽说："忍！"夫人说："忍无可忍！"可见，"忍"与"忍无可忍"中归根到底还是相互的谅解与包容。还有，唐太宗李世民谅解、重用魏征的故事也被传为佳话。在李建成与李世民的皇位之争中，魏征为李建成出谋划策，多次使李世民陷入困境。玄武门之变后，魏征成了李世民的阶下囚。这时，李世民十分欣赏魏征的才干和人品，于是便谅解并重用了他，让他做了宰相，帮助自己开创了历史上著名的"贞观之治"。这里虽然有李世民作为一代明君尊贤爱才的一面，但我们不能不认识到，这里面更有李世民宽宏大度、谅解他人的另一面。

七、开展批评的艺术——这是战斗力。自我批评是觉悟，相互批评是帮助，群众批评是信任，领导批评是爱护。

胡锦涛同志在党的十七大报告中指出，深入开展党风党纪教育，积极进行批评和自我批评，使领导干部模范遵守党纪国法，继承优良传统，弘扬新风正气，以优良的党风促政风带民风。我们党和国家历来都有开展"批评与自我批评"的优良传统。批评多种多样，其中我认为自我批评是觉悟，相互批评是帮助，群众批评是信任，领导批评是爱护。

第一，自我批评是觉悟——我们必须清醒地认识到，批评与自我批评只有建立在相互尊重、相互平等、真心善意帮助他人进步的基础上，才有可能达到内心彻底地交流与沟通。"批评"与"被批评者"应该是站在同一个界面上，在批评别人的同时也是在反思寻找对照我们自己的问题。实际上，借被批评者的问题正是自我查找有无同样问题的最好参照物，暂时我们可能没有，今后我们是否会出现同样的错误？出现了该怎么办？是"提前预防"，还是"置若罔闻"？是"事不关己、高高挂起"，还是"前车之鉴、引以为戒"？这就要求我们要提高觉悟，通过不断反省认识自我，找出自己存在的问题与不足，进而及时修正与改进，这就是常说的见贤思齐、见不贤而自省。

第二，相互批评是帮助——班子成员之间往往是你的所长、正是我的所短，你的所短、正是我的所长。有成绩时要互相鼓励，增强信心；有问题时要互相提醒，防微杜渐；有缺点时要互相批评，防止铸成大错。这样可在互相批评中学习别人的长处，在互相批评中克服自己的短处，达到互相学习，共同进步的目的。希望别人进步，我们自己岂能落后；希望别人克服短处，我们自己岂能护短。相互批评的最终目的，是要达到改进思想，共同进步的目的。

第三，群众批评是信任——群众是真正的英雄。我们的每个成绩和进步，他们都心中有数和高兴；我们的每个问题和错误，他们也看得清清楚楚，瞒不过他们的眼睛。部队有个说法：你能糊弄了领导，糊弄不了群众；能糊弄了一时，糊弄不了长久；糊弄了自己，糊弄不了别人。因此，群众有意见并不可怕，可怕的是群众不提意见。如果群众当面表扬背后指责，也就证明我们的领导在口头上讲依靠群众，在工作中已经脱离了群众，已经不得民心，走向了危险的边缘，就很有为群众服务、被群众批评的必要了，就很有向群众作自我批评、自我检讨的必要了，以求得群众的谅解、体谅和支持。

第四，领导批评是爱护——作为企业的领导者，当领导批评你的时候，可能有时场合不太得当、语气强硬了一些、态度严厉了一些，但毫无疑问，领导的这些批评是善意的，也是诚恳的，出发点是好的，意在帮助你不断提高、不断进步。有时领导批评确实用心良苦，思前想后，实乃"良药苦口利于病，忠言逆耳利于行"。反之，如果领导一旦感觉到对你的批评已经毫无意义了，不再批评你了，那么也就失去了领导当前对你的信任，进而也就会失去以后对你的重任。因此，经常对我们批评的领导应当看做是帮助我们进步的人，是真正爱护我们的人，是器重我们成才的人。

八、协调落实的艺术——这是目的。要纵向协调抓到底，横向协调抓到边，综合协调形成合力。

作为企业的领导和管理者必须善于协调处理好企业系统内部的各种关系和企业与外部的公共关系，还要协调好企业与上级的关系，如企业与员工、企业与客户、企业与政府、企业与社会的关系，做到人与人之间和谐、人与事相匹配，达到人尽其才、各得其位、形成合力，只有这样，才能内求团结，外求发展。

第一，**要纵向协调抓到底**。企业的领导与领导、领导与部门、部门与部门之间都有不同的关系和各自的分工，管理者要做好上情下达、下情上报的协调落实工作，使各项工作力求出优质产品，出拔尖人才，出科研成果，出管理经验。由此可见，协调落实是最能体现领导的艺术和方法，合理的安排好工作中的人和事，就是要做到"人尽其才、物尽其用"，使领导满意，使员工满意，使社会满意，企业越做越强，品牌越来越硬。

第二，**要横向协调抓到边**。任何工作纵向抓到底不容易，横向抓到边也很难。常说抓而不紧等于空抓，抓不到边等于空抓。比如说，如何既发挥主观的主导作用，又发挥助手的辅助作用？如何既发挥一线技术员工的突击队作用，又发挥管理队伍的协调作用？如何既发挥科研人员的支撑作用，又发挥后勤人员的服务作用？如何既发挥企业内部的活力，又发挥社会的推动力？这些问题作为企业领导都是需要研究、需要总结、需要提高的问题。

第三，**要综合协调形成合力**。管理者要主动加强与各部门的联系，使各方都能各司其职、各负其责、相互配合、形成合力。协调落实的艺术就像"弹钢琴"，10个指头一起按下去，就不成旋律，如果有轻有重，有急有缓，互相配合，才能产生美妙动听的乐曲。企业管理也是这样，要懂得相互协作，建立健全科学的组织结构和岗位职责，要善于统筹兼顾，调动各方面的积极因素，切实把各项工作安排好，把各个环节衔接好，把各种力量利用好，搭建起上通下达、左右联动的和谐沟通桥梁。这方面，唐僧西天取经就是个好例子。唐僧师徒四人历经千难万险获得成功，就是他们形成了互相取长补短，互相信任支持的好班子。唐僧是个有理想、有决心、有号召力的好董事长；孙悟空是个灵活机动、不计得失、不怕委曲、有勇有谋的好员工；沙僧是个任劳任怨、善于团结、大肚能容、化解矛盾的好秘书长；猪八戒是个不怕批评、善于公关、吃苦耐劳、及时保障的好后勤部长。

九、科学管理的艺术——这是保障。用制度管理人，用感情打动人，用利益激励人，用事业成就人。

企业兴旺，以人为本。因为设备、知识、技术都需要人去掌握，改革创新、克服困难、在竞争中站住脚都需要人去谋化。离开了人，企业也就不复存在。所以，都讲管理工作要坚持"以人为本"，用科学的管理来指导企业、发展企业、壮大企业。一个管理混乱的企业不可能做强做大，既没有经济效益更谈不上社会效益。真正有能力的企业家要有依法科学管理的素质，在管理中当好裁判员，配好运动员，调动好观众的积极性，同心协力，谋求发展。要想当一名称职的企业家，就必须懂得管理下属之道，这就是我们这里所说的"管人四道"：

第一，**用制度管理人。**在制度面前人人平等，不能为私情、搞特殊而废制度，不允许出现任何脱离制度而任意所为的"自由员工"。用制度管人实际上体现了"以人为本"的管理方法，以制度为保证，让人在制度范围内创造性地开展工作，得到全面的发展。那种"我说你听从、我管你服从"式的传统管理方法，实际上是把人当做工具，是不符合用制度管人的要求的，应当加以改善和创新，使各项制度既要有约束性，又要保护创造性；既要予之以利，又要晓之以害；既要从实际出发，又要吸收先进经验；既要具体可行，又要防止繁琐指导；既要立足当前，又要着眼发展等。

第二，**用感情打动人。**企业领导者的魅力体现不仅仅需要智商和技能，更需要的是情商和人格。情商意味着能够很好地理解自己和他人的情感，并能够用真挚的情感把下属的积极性调动起来，激励大家朝着目标去努力。决策执行过程中，领导者往往忽视了自己的情商，忽视了下属对上层的不当决策产生抵触心理的认真思考。因此，一席好话，胜过巨额奖金；一个行动，就能黏合人心；一种心态，决定事业成败。正像许多老板体会的那样：笨蛋的老板发脾气，聪明的老板发奖金；笨蛋的老板以权利压服人，聪明的老板用目标激励人。

第三，用利益激励人。古人曰："天下熙熙皆为利来，天下攘攘皆为利往。"因此，利益最能激励人，所谓"重赏之下必有勇夫"。要想工作出成绩，就不能没有兴奋点，一个企业家的最高境界，就是让下属了解本单位的目标，了解完成目标自己可能得到的利益，激发他们的工作热忱，让下属自觉自愿的去完成任务。现在许多企业为调动大家的积极性和创造性，制订了许多行之有效的奖励制度，像科研人员设科技攻关奖、管理人员设实现目标奖、一般员工设完成任务奖、服务人员设优质保障奖、销售人员设提成奖等。

第四，用事业成就人。企业是人才发展的依托，人才是企业发展的保证，二者是不可分割的统一体。企业以人为本，任何人都想选择到有发展前途的企业中去工作，并为企业的发展而自豪。一方面使员工看到企业的发展前途、发展潜力、发展带来的实惠，不但自己的人才不会跳槽、流失，而且有能耐、有才智、有创新的人才也从四面八方汇集而来；另一方面，要使企业成为一个大学校，在这个企业可以学到更多的科学文化、管理知识、创业精神，培养出更多的、新的创业家和企业家。那么如何才能把企业办成大学校呢？我认为应该使他们在这个企业中能够学文化，不断进行学历升级；学科技，不断掌握信息化知识；学业务，不断在本职岗位上成为行家里手；学管理，不断学到组织领导的本领；学作风，不断培养优良的作风；学创新，不断为企业提一些管用的建议。因此，好的企业老扳应该担当起培养人才的校长职责，企业科技队伍应该担当起老师的职责，企业服务人员应该担当起保障学校正常运转的职责。在这样的企业工作可以讲，使每个员工物质上大丰收，有较好的待遇；文化上大提高，能增长本领。在某种意义上讲，员工看自身素质的提高比看物质收入的优厚更重要，因为不管什么人，物质都是暂时的、有限的，素质提高才是终生的、无限的。

十、自我修养的艺术——这是本钱。要有丰富的知识修养、崇高的人格修养、扎实的作风修养、严格的纪律修养、良好的个性修养，说得人家信服、做得人家佩服，才能有知识和人格魅力。

企业的发展主要受到两种力的作用：一种是推力，一种是拉力。推力是指企业运作的80%要靠规范化、制度化、标准化的管理体系来推动，使企业实现良性循环，就是我们说的科学管理；拉力是指20%靠企业领导者本身的素质和领导能力，企业领导是否拥有足够的影响力、凝聚力去带领一个团队，共同完成企业的目标，必须加强自我修养和人格魅力的培养。在实践中恰当的把推力、拉力两种作用结合起来，才能实现企业的长足发展，永续经营，使企业在公开竞争面前占领优势。真正有出息、有发展潜力的企业家，成就越大越要保持忧患意识，防止坦途摔跤；任职越长越要增强公仆意识，防止脱离群众；效益越高越要增强节俭意识，防止奢侈腐化；赞扬越多越要增强责任意识，防止头脑发热。始终保持那么一股劲头，那么一种精神，在商海竞争中破浪前进。因此，企业家要掌握自我修养的艺术。放眼世界，最好的商业领袖决不单是技术的权威、管理的行家，更重要的是有丰富的知识，充满人格魅力的心灵工程师。他像一座耀眼的灯塔，引领着企业甚至行业发展的方向。

第一，要有丰富的知识修养。企业家要成为有知识、懂业务、胜任本职工作的行家里手，必须要有丰富的知识修养做保证。现在很多企业家的综合素质不够高，特别是走下去能干、坐下来能讲、回来能写的领导为数还不多。还有些企业家虽然知识比较丰富、视野比较开阔、思想比较活跃，但是缺乏系统的理论教育、严格的组织管理、艰苦生活的锻炼、优良传统的熏陶。由此可见，只有建立在博学多识的基础上，才能了解整个市场发展的趋势，了解国家的政策要求，了解自己企业发展的潜力，才能迅速预见未来环境的变化，权衡利弊做出反应，制定出相应的战略目标，采取相应的具体措施，使企业立于竞争中的不败之地。而知识能力的培养，不是一蹴而就的，需要下长工夫、狠工夫、硬工夫才能掌握的。既需要认真博览群书，领会精神实质，打牢理论和科学文化的根基，又需要经过长期实践磨练，积累经验教训，善于上升到规律上来思考，把知识变成一种动力；既需要广泛的收集、分析、利用信息，跟上时代的步伐，又需要学习先进同行的经验，结合自己实际创造性的应用，借鉴不照搬，站在巨人的肩膀上，创造出巨人想不到、办不到、干不成的事。做到有见识，行万里路；有学识，读万卷书；有知识，创千秋大业。

第二，要有崇高的人格修养。要把自己个人的利益与整个企业的利益联系在一起。一个成功的企业家无一例外的有着良好的商誉和口碑，做到老实做人、诚信经商、正道赚钱。俗话说，"金杯银杯不如群众的口碑，金奖银奖不如大家的夸奖。"实践证明，小老板靠勤奋吃苦，带头苦干赚钱；中老板靠智慧经验，经营管理赚钱；大老板靠诚信人格，运筹决策赚钱。因此，我们要在修养人格、培养风格上升华自己的境界，提高自己的觉悟，增强自己的魅力。面对成功，不骄不躁、虚心好学、保持清醒的头脑；面对失误，不泄气，反省自己，保持坚定的信心；面对指责批评，不争论，不辩解，不争高低，善于忍让，保持平常的心态；面对对手，不嫉妒，不拆台，见贤思齐，培养一个好的风格。所以说，老实人终究不吃亏，吃亏人终究不老实。

第三，**要有扎实的作风修养**。要做到思想上求实、工作上扎实、生活上朴实。思想上求实就是坚持理论联系实际，解放思想，实事求是，与时俱进，不断形成企业发展的新目标、新思路、新办法。工作上扎实就是目标一旦形成，需要深入下去宣传教育，统一思想，督促检查落实，务求抓出成效来。生活上朴实就是发扬艰苦奋斗的优良传统，保持劳动人民的政治本色，不比富斗阔，不大吃大喝，把辛辛苦苦挣来的钱花在扶贫济困上，花在和谐社会建设上，花在培养人才上，花在企业再发展上。

第四，**要有严格的纪律修养**。要以身作则，学会自我约束，带头遵守各项纪律和规章制度，绝不能既是制度的制定者，又是制度的破坏者，不能独断专行，以"土皇帝"自居；不能对人严对己宽，要下级做到的自己首先做到，要下级做好的自己首先做好，要下级不做的自己首先要禁住，这样制度才有约束力，纪律才有战斗力，工作才有说服力。企业家办任何事情，做任何生意，说任何话都必须坚持"三个底线"不能突破：一不能突破法律底线，依法经营；二不能突破行规底线，信守合同；三不能突破道德底线，诚信做人。

第五，**要有良好的个性修养**。处于顺境时不因受宠而忘乎所以，处于逆境时不因冷遇而郁郁寡欢。能够冷静地对待自己和他人，做到宠辱不惊，不骄不馁。我也见过有的企业家恃才傲物、刚愎自用而导致企业破产、个人倒霉的。古语道："硬则易断，不硬则弯。"其实有时候性格锋芒过露往往会因为与别人政见不同而造成分裂，或者不能虚心接受别人的意见，无法与别人合作或获得别人的支持，正所谓"成也个性，败也个性。"所以要做一个成功的企业家还应该修炼自己的个性，做到柔中带刚，刚柔并济。任何情况下都能容人，不计较；容事，不争论；容物，不重钱。

　　总之，通过不断地学习修养，实践磨练，群众帮助，努力做一个高尚的人，经得起得与失的考验；做一个纯粹的人，经得起成与败的考验；做一个有道德的人，经得起名与利的考验；做一个脱离了低级趣味的人，经得起钱与色的考验；做一个有益于人民的人，经得起进与退的考验。我个人体会，要干成大事，必须立大志、求大知、成大才，唯独不要争大官，做到：与世无争，事业多；与人无怨，朋友多；与事无惑，奉献多；无心无亏，快乐多。

企业家如何站在公务员的角度思考问题*

—— 《企业家的思想道德和领导艺术修养》系列谈之四

在新的历史条件下，企业家如何站在国家公务员的角度思考问题呢？

一、政治上的坚定性；

二、思想上的先进性；

三、道德上的纯洁性；

四、工作上的创造性；

五、作风上的扎实性；

六、方法上的科学性；

七、执行上的有效性；

八、生活上的朴素性；

九、纪律上的严肃性。

---

*这是作者2008年1月26日在清华大学举办的高级工商管理研究生班上为企业家们讲演。

　　一个优秀的企业家不仅是一个经济建设的行家里手，而且还应该是懂得国家发展全局的高手。从而不仅能使企业保持正确的发展方向，而且还能为企业发展做出政策性贡献。为此，应该了解一些国家公务员的基本知识，站在公务员的角度思考问题，运筹工作，把好全局。

　　党的十七大为我们党和国家的发展指明了前进的方向，也对公务员提出了更高的要求。公务员的素质和能力在一定意义上决定着党的执政能力和国家的管理水平。2005年4月27日正式颁布实施的《中华人民共和国公务员法》（以下简称《公务员法》）不仅为我国公务员管理提供了更加广阔的法治框架，而且在我国社会全面转型的关键时期为如何做好公务员提供了依据。这有利于保证广大公务员切实履行义务，正确行使权力，树立和落实科学发展观与正确的政绩观，促进勤政廉洁，提高工作效能，也有利于提高党的执政能力和政府依法行政的能力。

　　在新的历史条件下，如何才能做一个合格的公务员呢？《公务员法》要求公务员要履行义务，概括起来大致有以下九项：一、模范守纪，依法办事；二、履行职责，提高效率；三、牢记宗旨，接受监督；四、国家至上，不辱使命；五、忠于职守，勤勉尽职；六、保守秘密，维护安全；七、恪守道德，为人表率；八、清政廉洁，公道正派；九、情系群众，排忧解难。只有明确了自己必须履行的义务，工作才会有目标和方向，才能摆正好自己的位置和创造性地开展工作。简要地说，判断一名合格的公务员总的标准就是：政治上靠得住、工作上有本事、作风上过得硬、群众上信得过。公务员只有努力提高素质，遵纪守法、清政廉洁、公道正派、爱岗敬业、恪尽职守，才能成为一名合格的国家干部。如何做一个合格的公务员，我认真地读了点书籍并和有经验的同志进行了讨论，结合个人多年来工作实践中一些粗浅的感受和体会，为了好记，我把它概括为"九性"，仅供大家学习修养参考。

一、政治上的坚定性。

大家知道，政治不仅是经济的集中表现，而且是经济的统帅和灵魂。政治不是空的，更不是无所谓的，要在具体工作中体现出来，而且任何人都是回避不了的。在工作中你是非不辨、美丑不分，还是是非清楚、美丑分明；在思想上你是为人民服务、为国家奉献，还是谋取私利、损害国家；在外交上你是维护民族利益、坚持革命气节，还是不顾人民利益、卑躬屈膝；在科研上你是为了祖国的发展、搞自主创新，还是为了个人利益、出卖科技情报；在文化上你是学习先进文化、抵制腐朽思想，还是追求低级趣味、甘当俘虏？因此，作为一名合格的公务员，首先脑子里要有政治，有鲜明的政治观念和政治原则，有坚定的政治立场和政治态度，有敏锐的政治警觉性和政治敏感性，做到有坚定的共产主义理想和信念，经常不断的加强政治理论和党的方针政策的学习，用建设有中国特色的社会主义理论和党章武装头脑，认清当前各种社会政治和经济形势，善于把握正确的前进方向和道路。只有首先解决好方向和道路问题我们才能够走得稳，走得远，而过硬的政治素质，高尚的政治觉悟是我们保持正确方向的根本保证。在错综复杂的国际国内形势面前，我们不管遇到东西南北风，不管有什么大是大非，都要想一想是否符合党的要求，是否符合党员干部的标准，是否符合全面建设小康社会的目标，是否符合社会的和谐发展，是否符合为人民服务的根本宗旨，是否符合各项法律法规。凡是符合的就要支持，凡是不符合的就要纠正，凡是反动的就要抵制。任何时候，任何情况下都不能人云亦云，更不能跟着错误跑，丧失一个公务员的身份，丧失党员的党性原则。头脑中要经常装着国内外形势的变化，善于从政治上观察分析问题，在大是大非面前头脑清醒，立场坚定；要经常装着国家的方针、政策和法律法规，并在实际工作中不折不扣的贯彻执行好，不要另出"小点子"，另立"土政策"；要经常装着我们国家的优良传统，坚持用传统凝聚民心，建设我们的家园；要经常装着人民群众的思想动态，及时解决倾向性问题，保持国家的高度稳定和集中统一。由此可见，保持政治上的坚定性是对一名公务员的基本要求。

二、思想上的先进性。

思想上先进性决定公务员为人民服务的自觉性。按党中央的要求，要坚持立党为公，执政为民，真正情为民所系、权为民所用、利为民所谋，努力解决好广大群众在奔小康中的难事、实事、好事，使广大群众按照党的十七大精神的部署，做到：一是学有所教。十七大报告提出，坚持教育公益性质，加大财政对教育投入，规范教育收费，扶持贫困地区、民族地区教育，健全学生资助制度，保障经济困难家庭、进城务工人员子女平等接受义务教育。特别是广大农民群众从教育改革中得到实实在在的好处。2007年以来，全国5100多万名农村中小学受益，仅免除学杂费一项，平均每个小学生年减负140元，初中生年减负180元；二是老有所养。2005年以来，民政部在全国开展的养老服务社会化示范活动，确立了面向包括"三无"老人在内的为全社会老人开展养老服务的目标。不断满足广大老年人日益增长的养老服务需求的必然选择，促进老年福利服务对象由"三无"特定群体向老年人特殊群体转变，制度安排由补缺型向实惠型转变的重要举措。去年以来，国家调整退休工人工资，提高退休人员的医疗费用，提高下岗职工的补贴标准，提高养老金标准等，都是为老百姓服务的；三是病有所医。拿城市社区医疗卫生服务体系来说，国家提出了发展城市社区卫生服务2010年工作目标，要求建立健全社区卫生服务网络，确定了社区卫生服务机构承担的各项公共卫生和基本医疗服务与任务，截止到2006年11月底，全国开展社区卫生服务的地级以上城市278个，占地级市以上城市总数的98%；市辖区789个，占市辖区总数的93%。全国社区卫生服务中心和站的总数为23000个；四是住有所居、劳有所得。缩小贫富差距，使广大群众过上共同富裕的日子。为了老百姓能买得起房，有房所住，国务院采取了一系列措施，压缩豪华住房，抑制别墅建设，鼓励中低档住房，设购房基金等。以上四个"有"是每个公务员都必须努力去做、且须长期做好的事。做好既为民解忧，又为党争光，还为和谐社会做出了贡献，也提高了自身政治素质。因为，我们的讲政治，在一定意义上讲就是为人民服务，就是推进全面建设小康社会。

三、道德上的纯洁性。

道德上的纯洁性就是要带头坚持社会公德，职业道德，家庭美德，个人品德，在群众中树立良好的形象，说的让人信服，做的让人佩服，批评的让人折服。众所周知，"四德"是公民道德建设的核心内容。"四德"之间有密切联系，是相辅相成的，只有在社会上是一个好公民，在家庭中是一个好成员，在群众中有一个好口碑，才能在职业上是一个好公务员。所以，在抓职业道德素养的同时，还要注重抓社会公德、家庭美德和个人品德的教育，使之互为促进，相得益彰。

在社会公德方面，它是社会生活中最简单、最起码、最普通的行为准则，是维持社会公共生活正常、有序、健康进行的最基本条件。我们每个人都要从小事做起，从我做起，如排队上车、让座位给老弱病残、扶老携幼、讲究卫生、礼貌待人、助人为乐、爱护公物、保护环境、遵纪守法等等，都要自尊自爱，文明公道。有些事情看起来是小事，但却反映出一个人的素质，有时甚至反映出一个国家国民的素质，关系到人格、国格的大事，我们要引起重视，严格要求自己成为一个好公民。

在职业道德方面，公务员应该爱岗敬业、诚实守信、尽职尽责。一个人只有爱岗敬业，才能对自己所从事的工作高度重视，认真负责，精益求精，才能在职业道路上追求完善和提高。而诚实守信是职业道德的基本原则，是一个单位或一个人最大的无形资产。不诚信就等于破坏了自己的无形资产，损害了自身形象，也影响了国家的威望。因此，每一个公务员都应该遵守纪律，恪守职业道德，清正廉洁，公道正派，自觉克服官气、惰性、贪欲，在其位、谋其政、尽其职、成其事，认真履行义务，为党和政府增光添彩。

在家庭美德方面，千千万万家庭家风好，就会促进全社会形成良好的风气，各级领导干部家风很好，就会带动和促进广大党员和群众保持良好的家风。江泽民同志曾经指出："领导干部特别是高级干部，一定要管好自己的配偶，带头树立好的家风。领导干部手中的权力是人民赋予的，必须用来为人民谋取利益，而切不可把它作为自己和家庭成员谋取私利的手段。"这就告诫我们：公务员要管好自己，成为带头人；管好亲属，成为社会的榜样；管好身边，成为社会的表率。能不能一辈子经得起这个考验，这个问题尖锐地摆在每一个共产党员、每一个革命军人、每一个公务员、特别是每一个领导干部面前。要解决好这个问题，就必须始终加强理论学习，加强政治修养，加强实践锻炼，加强全面学习，就必须在改造客观世界的同时始终注意改造自己的主观世界，真正牢固地树立正确的世界观、人生观、价值观。有了正确的世界观和高尚的精神境界及道德情操，才能经得起公与私的考验，就什么香风也刮不进，什么糖弹也击不中，什么引诱也上不了钩，保持党员和干部的气节和形象。

四、工作上的创造性。

列宁曾经指出："生机勃勃的创造性的社会主义是由人民群众自己创立的"。任何一项正确决策的产生、实施和完善，都离不开群众的智慧，离不开群众的积极性和创造性。创新是一个民族进步的灵魂，也是推动各项工作不断前进的不竭动力。每一位公务员都要具有一种敢为人先、不断进取、谋求创新的精神。每一个人的创新能力都有巨大的发展潜力。有研究表明：人的大脑细胞平时只有10％是经常用到的，而剩下的90％经常处于空闲状态。如果我们能充分开发和利用这些空闲细胞的功能，学习创新知识，掌握创新技能，开展创新活动，我们的创新能力就可以大幅度提高。因此，公务员首先要有创新观念，坚信自己的创新能力，然后在工作中注意自身创新能力的培养。要有激情，有干劲，力戒暮气、世故、圆滑。面对新时代新形势，要做一个与时俱进的人，要培养敏捷的思维能力，善于多角度思考问题，出思路解决问题，敢于突破，勇于创新。要注重研究新情况，开拓新思路，探索新方法，推动工作在继承的基础上创新，在创新的基础上发展，在改革发展中突破。办事情，做决策，要善于把上级指示精神同本地实际结合起来，勇于革除因循守旧、故步自封的落后意识，敢于打破条条框框的束缚，创造性的开展工作。要善于推陈出新，掌握新理念，拓宽新视野，运用新思维，总结新经验，提出新思路，研究新方法，构造新模式，形成新机制，开创新局面，取得新成果。

五、作风上的扎实性。

良好的作风是党性的具体体现，是做好工作的根本保证。我们党在革命和建设发展的关键阶段，总是要抓党风、作风、学风、文风整顿，这是一条成功的经验。讲作风主要体现在以下"四风"上：**一是思想作风上要求实，防止主观主义。**坚持解放思想，更新观念，勇于创新，创造性地抓好工作落实，防止和克服说大话套话和空表态的现象；要敢于揭短求实，大力支持那些讲原则、讲真话、报实情的人，对个别单位存在的弄虚作假、报喜藏忧等问题，尤其是近年来发生的多起环境污染、煤矿爆炸等事故案件，要严肃查处并追究有关领导责任。凡是重大事故不断出现的地方，都反映了主管领导的素质问题，一是腐败不敢管，二是无能管不了，三是基础不牢靠不住。**二是工作作风上要务实，防止形式主义。**坚持深入基层，调查研究，扎扎实实为民众办实事、解难题。任何事情都要有调查、有核查、有建议、有检查、有总结，善始善终，做到出成果、出精品、出人才、出经验。好像战场作战，打一次胜仗出一批战斗英雄，出几个优秀的将军。在工作中培养干部、检验干部、评价干部。青年干部要想成就一番事业，要有求真务实的作风，做到"不唯书、不唯上、只唯实"。想干好工作，想多做些事，这无可非议，但出发点和落脚点决不能脱离实际，尊重客观规律，时时处处体现一个"实"字。起草文件和讲话，文风要朴实；做事情，搞活动，要务实；处理问题，解决问题，要唯实；为人处世要老实、诚实。要下决心从文山会海里解脱出来，从迎来送往中摆脱出来。干任何一项工作，都要坚持高标准、严要求，不干则已，干就干好，不抓则已，抓就抓成，以时不我待、重任在肩的紧迫感和责任感，不断推动各项工作上水平。**三是领导作风要扎实，防止官僚主义。**领导作风要体现在正确使用手中权力上。用权为公还是以权谋私，是每个公务员必须回答的一个关键问题。面对利益的诱惑、"人情风"的干扰、各种歪理和腐朽思想的侵蚀，尤其需要经常想一想"权力是谁给的?用权干什么?身后留什么?"

时刻保持公仆之心，常修为官之德，常思贪欲之害，事事出于公心，慎重用权，公正用人。江泽民同志曾经指出，"领导干部要树立正确的权力观，必须正确认识我们手中权力的性质。"坚持正确的权力观，为人民掌好权、用好权，的确是很不容易的。领导干部树立正确的权力观，必须加强学习，提高思想境界和道德修养。领导干部加强学习，不仅可以开阔眼界、增长学识、增强为党和人民工作的本领，而且有利于陶冶情操、提高道德修养。思想境界提高了，道德修养加强了，对个人的名誉、地位、利益等问题就会想得透、看得淡，摆在合适的位置上，就能自觉把精力最大限度的用来为国家富强和人民幸福勤奋工作，而不会去斤斤计较个人得失，更不会利用手中的权力与民争利、谋取私利。领导干部树立正确的权力观，必须破除"官本位"意识，肃清封建主义残余思想。各级领导干部必须明白，我们是共产党人，要立志做大事，不要立志当大官，千万要防止把升官发财作为自己人生的目的。如果你的"官"不是为国家和人民的利益服务干出来的，而是靠"跑"、"要"、"买"得来的，那不仅不光彩，最后还要栽跟头。要把心思用在工作上，用在为人民群众谋利益上，为民尽责，为国竭力，为党分忧。人人都可能有个年龄到杠、职务到顶的问题，但言行上不能过杠、工作上不能封顶。在位工作时间有限，但为党的事业奉献无限。应自觉按照"自重、自省、自警、自励"的要求，严于律己，保持气节，牢牢守住党性原则的防线、思想道德的防线和法规纪律的防线。我的体会：要退而不休，发挥余热；要老而不松，做好样子；要学而不厌，知识更新；要为而不求，多做奉献；要交而不乱，益友遍天。**四是学风要理论联系实际，防止教条主义。**学习是一个人进步成长的阶梯，是终生的工作任务。作为一名公务员只有勤奋学习，才能拥有较高的政治修养，深厚的理论涵养，过硬的业务素养。为此，要勤读有字之书，夯实自身知识基础；善读无字之书，提升自身办事能力。要以学为荣，以学为乐，自觉向书本学，向群众学，向实践学，使自己理论和实践两个翅膀都过硬，才能飞高、飞远。因此，要把理论学习与自己的思想和工作实际结合起来，做到学以致用、用以促学、学用结合，不能学习为了装门面；要把大胆探索的勇气和科学求实的精神结合起来，不断研究新情况，解决新问题，创造性地开展工作；要把学习与改造自身结合起来，始终坚持以党的事业为重，在名利上保持平常之心，在工作上保持进取之心，在生活情趣上保持慎独之心，真正给后人留财富不留包袱，留经验不留遗憾，留风范不留骂名。按照老一代革命家要求，主要是四个字，即："挤"，就是挤时间学起来；"钻"，就是联系实际深下去；"用"，就是更好的学习；"创"，就是形成新的理念。教育家陶行知讲："行动是老子，知识是儿子，创造是孙子。"就是说实践出真知，真知出创新。我的体会是：不怕水平低，就怕不学习；不怕没经验，就怕不实践；不怕脑子笨，就怕不创新。

六、方法上的科学性。

要善于辩证的思考问题，不讲一面理；要善于科学的指导工作，不搞片面性。要研究如何把党的方针原则同我们的具体工作结合起来。多年来，我有一条深切体会，搞好调查研究，必须要吃透上面的精神，摸清下面的情况，了解横向的信息，形成自己的思路，把握好工作的轻重缓急，当好"调节阀"，创造性地抓好落实。吃透上面的精神，就是要坚持议事先议政，认真学习领会上级的有关方针原则、政策规定和指示要求，把握精神实质，不仅要吃透，更要坚决贯彻执行；摸清下面的情况，就是要深入群众、深入实际，切实把有关底数摸清楚，把带倾向性的问题摸清楚，真正把决策建立在亲知、真知、深知的基础上，防止脱离实际；了解横向的信息，就是要大量掌握社会各方面的信息和国外的先进经验，善用他山之石攻己之玉，防止决策缺乏时代性。借鉴历史的，就是既要学习前人的经验，更要注重吸取前人的教训，防止决策犯类似的错误，交不该交的学费；吸取大家的，就是要虚怀若谷、从谏如流，善于集思广益、博采众长，真正把方方面面的意见和智慧集中起来，防止决策主观武断；形成自己的，就是要通过以上环节，最终形成既符合上级精神，又符合本单位实际的正确的思路和决策；变成群众的，就是要把党委的决策变成各级的共识和自觉行动，真正使决策落到实处。战争年代，毛主席就领导作风问题专门做过许多论述，至今也不过时。他指出："我们共产党人无论进行任何工作，有两个方法是必须采用的，一是一般与个别相结合，二是领导与群众相结合。"一般号召，是着眼解决面上的问题，通过会议、文件和讲话等形式，提出的普遍性要求；个别指导，是通过具体帮助、总结点上的经验等方法，逐个层次、逐个方面、逐个环节地抓好一般号召的落实。没有一般号召，就不能把广大群众动员起来，形不成好的工作氛围；没有个别指导，面上工作就缺乏活力，使号召难以落到实处。我们在工作中要善于总结，比如：一要把上级指示和自己的实际结合起来，二要把提出立法建议与执法检查结合起来，三要把抓正面典型的示范性与抓反面典型的警示性结合起来，四要把运用点上的经验指导面上的工作结合起来，五要把自己的积极性与大家的积极性结合起来，六要把抓中心和带一般工作结合起来。

七、执行上的有效性。

2003年，国家人事部印发了《国家公务员通用能力标准框架（试行）》，提出了政治鉴别、依法行政、公共服务、调查研究、学习、沟通协调、创新、应对突发事件、心理调适等公务员的九项通用能力，这是公务员应当具备的基本能力。只有具备这九种能力才能发挥公务员当参谋、抓落实、做表率的作用。当参谋，就是能提出决策的建议来；抓落实，就是能抓出工作的成效来；做表率，就是能做出样子来。勤于实践锻炼是公务员提高执行能力、做好本职工作的重要途径：一要在实践锻炼中提高分析判断能力。科学的管理和有效的服务，建立在对客观实际情况正确把握的基础之上。要成为一名合格的公务员，需要加强基本功的锻炼，经常下基层、跑企业、见群众，搞督察。了解广大群众工作、生活、学习等各个方面的实际情况，了解党和国家的方针政策的贯彻情况，了解社会结构发展变化、社会利益关系发展变化、各种社会矛盾和冲突的发展变化的情况。再认真地进行分析研究，从中得出规律性的结论，从而不断提高行政的前瞻性和科学的指导性。在实际工作中，虚心学习人民群众在实践中创造出来的工作方法和经验，以增强自身解决问题的能力，提高综合分析问题的能力。并且在实际工作中发现典型、总结经验、研究对策、提出解决问题的具体办法，形成一种务实的工作作风；二要在实践锻炼中提高为群众服务的能力。当前，社会和公众的需求日益多样化、复杂化，客观上要求作为履行社会管理和公共服务职能的公务员，必须不断提高管理能力和服务本领。要善于将理论学习与工作实践有机的结合起来，用理论指导自己的工作实践，用实践丰富自己的理论知识。在实践中，要敢于尝试，勇于创新，善于创造性地开展工作，从而在实践锻炼中提高工作本领；三要在实践锻炼中提高解决复杂问题的能力。随着我国社会进入全面转型的关键时期，各种社会矛盾凸显，突发事件时有发生，这就对公务员的素质和应变能力提出了更高的要求，除了要具备较高的文化素质和专业素质外，还需要经历各种复杂局面的磨练。为此，公务员要有昂扬的斗志和强烈的自我磨练意识，克服贪图安逸和享受的惰性，自觉的到基层、到艰苦的地方去锻炼。要敢于挑重担，独当一面，通过应对错综复杂的局面，学会处理实际工作中的各种矛盾，不断提高统揽全局、组织协调和处理各种复杂化问题的能力。

八、生活上的朴素性。

人生活在社会中，食五谷杂粮，有七情六欲，实属正常。在物质生活上必须克制自己过高的欲望，克服拜金主义和享乐主义。最近，我看到了一篇短评，题目是《"吃喝账"更是一笔"政治账"》。吃吃喝喝看似小事，但饭桌上头有政治，很多腐败都是从饭桌上开始的，吃好了"口感"却吃掉了"口碑"，最终只能是让干部与群众的距离越来越远，而"腐败基数"越来越大。因此，我们每一位公务员要发扬艰苦奋斗的光荣传统，在生活上向低标准看齐，在工作上向高标准使劲。希望大家要牢记江泽民同志多年前讲过的，人往往是懒、馋、贪、占和变的道理。这是人生五大害也，希望大家严防受害，做到：不要经常比谁的房子豪华，谁的车子高级，谁的票子多，谁的位子热，谁的权力大，谁的生活条件好。做到：不喝过量之酒，不说过头之话，不要不义之财，不交不益之友，不干违规之事，不当不仁之官。

九、纪律上的严肃性。

要着力培养拒腐防变的自律意识，要依法办事，不违规矩。人事纪律上要公正，不乱拉关系；财务纪律上要公开，不占便宜；工作纪律上要公平，不搞特殊；保密纪律上要严格，不随便泄密；生活纪律上要正派，不能乱来。筑牢拒腐防变的防线，守住廉洁自律的底线，做到一身正气、两袖清风。**一要慎重用权**。"权是双刃剑，荣辱一挥间"。秉公用权、为民用权，可以造福社会，赢得人民的拥戴；以权谋私，必然身败名裂，沦为人民的罪人。我们个别的官员考虑的不是怎么为纳税人服好务，而是琢磨怎么经营好权力，怎么做更大的官，这种观念导致的直接后果就是腐败垮台。这方面惨痛的例子也是不少的，要知道，我们的干部能走上领导岗位，得益于组织的培养和自己的努力，承载着组织的重托和人民的厚望，责任重大，使命光荣，一定要始终怀着对人民群众的敬畏之心和感恩之情，真正把权力用在加快发展、推进事业上，用在为民谋利、造福群众上，以又好又快发展的实际成效赢得人民群众的信赖和支持。**二要慎重小节**。古人云："不虑于微，始贻大患；不防于小，终累大德。"同时，要牢记"慎终如始，百事不败"的名言。公务员要正确识"微"，高度警惕"小节"问题，防止微恙成大疾，避免小问题演化成大问题。一定要在细微之处表现出应有的品德和风格，不以善小而不为，不以恶小而为之，从大处着眼，从小处着手，见微知著，防微杜渐。尤其是要在没有人监督的情况下，在面对各种诱惑的情况下更要慎独，任何时候都不逾规，不越界，踏踏实实做人，认认真真做事，堂堂正正为官。**三要慎重交友**。胡锦涛同志最近强调指出，党员干部特别是党员领导干部要净化社交圈子，严把交友关。益友不可少，损友不可交。因为益友是动力，损友是祸根。何为益友？何为损友？孔子在两千多年前就做了明确的阐述，至今也不过时。他说对自己有益的朋友有三种，有害的朋友也有三种：同正直的人交友，同诚信的人交友，同见多识广的人交友，这是有益的；相反，同善于逢迎谄媚的人交朋友，同善于矫揉造作不讲信用的人交朋友，同善于花言巧语取悦于人的人交朋友，这是有害的。实践中几乎都有这样的体会，以势交友者势倾则绝，以利交友者利穷则散，以色交友者色衰则尽，以权交友者权卸则远。所以，人们常说，千里难寻是益友，益友多了路好走，益友多了创大业，损友多了惹大祸。大家可能都有这样的感受：与学有专长的人交朋友，可以增加科学知识；与经验丰富的人交朋友，可以提高思维层次；与见多识广的人交朋友，可以开阔眼界；与敢于争论的人交朋友，可以保持清醒的头脑等等。交益友可以不断学习新的知识，获取新的信息，得到新的经验，增长新的才干，升华新的境界，开阔新的思路，创造新的奇迹。不交不三不四的人，不收不明不白的礼，不挣不干不净的钱，不说不阴不阳的话，作人办事都要经得起历史的考验，经得起群众的监督，经得起上级的检查。面对形形色色的人和纷繁复杂的事，时刻保持清醒的头脑，在赞扬声中保持清醒，在奉承声中保持自警，在诱惑面前保持坚贞，始终保持清正廉洁的良好形象。

无限的"过去"都以"现在"为归宿，无限的"未来"都以"现在"为渊源。高尔基曾经说过："一个人追求的目标越高，他的才力就发展得越快，对社会就越有益。"同志们，一名称职的企业家要善于站在公务员的角度，用公务员的标准和视角来思考解决问题，就一定会成为一名优秀的企业家。

企业家如何以德带兵*

——《企业家的思想道德和领导艺术修养》系列谈之五

一、以"道"带兵，统一思想，上下同心；

二、以"理"带兵，说服教育，启迪觉悟；

三、以"情"带兵，亲如兄弟，兵识将意；

四、以"义"带兵，坚持原则，正气浩然；

五、以"诚"带兵，爱岗敬业，有所作为；

六、以"信"带兵，说到做到，将无戏言；

七、以"仁"带兵，胸怀开阔，团结协作；

八、以"智"带兵，培养人才，提高素质；

九、以"公"带兵，秉公办事，不徇私情；

十、以"精"带兵，选贤任能，造就精英。

*这是作者受招商银行总行行长马蔚华之邀，为参加招行分行行长及有关领导培训班的同志们讲演准备的提纲之一。

　　自古至今，有个传统的说法：半部《论语》能够治理国家，获得民心；一部《兵法》可以带兵打仗，称霸战场。这就是老子所说的"以正治国，以奇用兵"的道理。也就是说天下一理，大道相通。当然这"理"和"道"是以变化为灵魂，以事实为根据，具体情况具体分析，一切从实际出发。实践证明：有诚信的企业家在商战中常讲"除了老婆和孩子不变，一切都在变"；无信用的企业家直言不讳地说，"除了企业不变，老婆和孩子都在经常变。"正如古训云："水无常态，兵无常势"；治国不一道，便国不法古。运用之妙，存乎一心；致胜之本，在于创新。不论是治国也好、治军也罢，不管是治校也好、治企也罢，都要从古人那里吸取营养，从能人那里学习经验，从自己实践中找出规律，指导企业的工作，预测未来的发展，不断与时俱进。也就是大家常说的：不忘昨天的，学习借鉴；干好今天的，敢于创新；想着明天的，未雨绸缪。

　　在当今世界，不管人们承认与否、拥护与否，兴起了学习孔子热是个铁的事实。据统计仅孔子庙在外国就建了140多所，并还有进一步发展的趋势。前几年诺贝尔颁奖大会上，轮执主席出了道试题——你信什么教？为什么？结果80%多的人回答是信儒教。为什么？学而知之嘛！结合现代战争和商战的实际，研究《孙子兵法》也是当今世界热门，现在许多国家著名军校，把它作为必修课，我接触不少外国高级将领也是言必孙子，特别是影响世界的大企业家把它作为经商谋略来研究，以便更好的驾驭市场，百战不败。可见，我们老祖宗的智慧有多高，贡献有多大。可以毫不夸张地说，他们的哲学思想、为官之术、致胜之策、用人之道、养生之妙，不仅超越了时间，万古长青，而且超越了空间，让世界敬仰。假如，按诺贝尔奖标准来衡量，他们两千五百年以前就应该获取此荣啦！因为现在获得诺贝尔奖的任何人，谁能影响的时间这么长，影响的范围这么广，学习的人这么多呢？肯定毫不夸张地说再无他人了。可惜的是，我们国家致力于发展教育半个多世纪，又有优良的重教兴国传统，还有那么多贡献卓著的各种院士，有那么多教学经验丰富的博士生导师，有那么多在科技上有重大突破的科学家，有那么多德才兼备的名校长，有那么多影响海内外的学之骄子，却没有获得诺贝尔奖金者，我心里经常有两点可能不太正确的想法：一是感到评奖不公；二是感到心里不平。我们应该借国家发展的强大的经济基础、借现代化的科研手段、借世界先进的文明成果、借人才辈出的科技队伍，选准突破口，同心协力，加油拼搏，获此殊荣，为国家争光，为民族争气，向世人展示我们有自立于世界先进之林的自主创新能力，用实际行动落实党中央提出的科教兴国、人才强国战略。

马蔚华行长是我多年的老朋友，好朋友！我们既有一见如故、亲如兄弟之感；也有听君一席话，胜读十年书之悟；还有互相帮助，共创业绩之勉。尽管我们年龄都不算小了，但在祖国发展一日千里的大好形势下，还真有点像曹操叙志诗所说的那样："老骥伏枥，志在千里；烈士暮年，壮心不已。"

春节前，我们在深圳拜年时，他说："三月份全国人大换完届之后，要办招行分行行长及有关领导培训班，你来讲一讲企业家如何带兵。"这是个大题目，也是个好题目，还是个成功企业家必须经常思考、认真解决的问题。因为任何企业，无论是大是小，是强是弱，在商战中要想取得成功，卓有效益，都要像打仗一样，运筹帷幄，善于决断，带兵用兵，会抓落实。

马蔚华同志可谓老马识途，很会发挥我的长处，调动我的积极性。

因为，我从青年时期起戎马生涯五十余载，从来没有离开过兵。我这大半辈子可以分为三个阶段，都是与兵有缘：一是青年阶段当兵，积累知识，磨炼意志，培养作风打下带兵的基础。我感到没有当过兵的人，不知兵之苦，也不知兵之乐，更不知兵之求，是没有资格带兵的，肯定也是带不好兵的；二是中年阶段用兵，在战区和总部当领导，组织指挥部队打仗、抗洪、救灾、援建和整编、整党等应急任务，为党分忧，为国尽忠，为民效力；三是老年阶段为兵，也就是党的十六大之前，中央和中央军委又决定调我到总后勤部任政治委员，也就是为兵服务，主要是服务兵的吃穿用，服务兵的医疗健康，服务兵的经费物资，努力实践邓小平生前教导，"领导就是服务吗！"所以，我体会作为解放军的一名高级将领，必须有当兵之经历，有用兵之经验，有为兵之境界，否则带兵就有缺陷，用兵就有危险，为兵也没有感情！

既然老朋友邀请，是对我的信任，不能糊弄，也是一种期望，不能简单应付了事。正好赶上春节放假，我除了必须参加党中央、国务院、中央军委和总后组织的团拜晚会和座谈会外，认真地阅读了一些古代圣贤之作，收集了老一代将帅们带兵打仗的经验，翻阅了一些世界著名商业家研究运用兵法谋略取胜的案例，反思了自己当兵用兵大半个多世纪的体会，吸收了我在清华大学教育学院讲课的一些初步感受，形成了企业家带兵"二十法"，前十法是以"德"带兵，后十法是以"才"带兵。二十法中我想以山东老乡墨子的一段论述为指导思想，即："能说能干为国之宝，能干不能说为国之器，能说不能干为国之贼，不能说也不能干为国之废。"当然，德和才是互相依存和互相参透的，没有离开德的才，也没有离开才的德，为了讲起来方便，记起来容易，我才把它分成两课来讲，希望大家联系起来听和联系起来想，不要截然分开。因为实践反复证明，有德无才带出来的是败兵，不能打胜仗；有才无德带出来的是坏兵，还要把事业搞坏；德才兼备带出来的兵才是能兵强将，无敌于天下，称雄于战场，驰骋于市场，永远立于不败之地。确保把企业做好、做大、做强，自己也才能真正成为治学有方，事业有成，为人有德，养生有道，立言有名的合格的传世的人民爱戴的企业家。

下面我先说说"以德带兵十法"：

德乃当兵之基，带兵之魂。古往今来，选兵必重德，带兵必有德。立身做人道德为先，身正令行品质当头。以德带兵，要求带兵人必须加强道德品质修养，既用真理的力量征服人，又以人格的魅力打动人；既要用坚定的信念筑牢思想防线，又要爱岗敬业具有强烈的事业心责任感，做到身先士卒，为人师表。

一、以"道"带兵，统一思想，上下同欲。

"道"上面是一个"首"，"首"是什么？"首"就是人的头脑，而走之底在古汉字中是一个十字路口的形状。这就说明，"道"是人在十字路口时的思考。所谓以"道"带兵，就是要用思考出来的道理来提高人们的觉悟、统一人们的思想、指导人们的行为，达到天下一理，大道相通，百事可成的目的。我认为不管你是什么人，忠忠厚厚做人是一样的；不管你搞什么研究，老老实实治学是一样的；不管你做什么领导，清清白白为官是一样的；不管你干什么事业，诚诚信信干事是一样的；不管你指挥多少部队，智勇双全要求是一样的；不管你是什么名人，生老病死是一样的。所以，忠厚做人，勤奋治学，扎实干好，清正为官，诚信经商，勇谋作战都是一样的道理。为此，我体会在实践中要坚持做到"六个不得"：理想信念丢不得，党的宗旨忘不得，思想改造松不得，党纪国法违不得，纪律观念淡不得，监督管理软不得。

毛泽东同志为什么能带领我们的军队从胜利不断地走向胜利，主要就是靠"大道"统一人们的思想，靠战略凝聚人们的力量。大家知道，在土地革命战争时期，他提出"打土豪分田地的号召"，主要是解决广大群众和士兵的生存问题，把思想动员起来；抗日战争时期，他制定了"各民族团结起来，一致对外"这个方略，主要是解决民族的存亡问题，把全国人民和士兵的力量凝聚起来；解放战争时期，蒋介石要下山摘桃子，抢夺抗战胜利果实，他提出"打倒蒋介石，解放全中国"的口号，动员一切力量为解放祖国而奋斗；抗美援朝时期，他提出"抗美援朝，保家卫国"这个理念，主要是解决保护我们自己家园的安全问题，动员了一切力量在艰难的情况下打败了美帝国主义，取得了轰动世界的胜利；最后全国解放了，国家也逐步安定了，进入了社会主义建设时期，他又阐述了"无产阶级只有解放全人类，才能最后解放自己"这个大道理，现在，我们还在为此而奋斗。邓小平同志为走强国富民之路，尽快走出穷过渡的阴影，创造性地提出了中国特色社会主义理论，并制定了分三步走建设小康社会的战略目标，提出了一系列实现伟大复兴的方针政策措施，把全国人民的积极性和创造性调动起来了，把全世界的先进科学技术和卓越管理办法利用起来了，使我国出现了史无前例的大经济、大发展，综合国力大提高，人民生活大改善。

我们党领导全国人民经过几十年的艰苦奋斗和曲折道路，形成了不少规律性的东西，也可以讲是我们取之不竭用之不尽的精神财富，也就是我们根本的制度和政治优势，我们要结合实际不断地运用和发展，形成自己独特的企业管理的套路。如坚持实事求是的思想路线，一切从实际出发，不照抄照搬；坚定正确的政治方向，一切要服务于经济建设的中心任务，不能分散力量；坚持艰苦奋斗的工作作风，一切要从俭朴办事，不能奢侈腐化；坚持走群众路线的工作方法，一切为了人民和依靠人民，不能脱离群众；坚持灵活机动的战略战术，一切都要着眼解决问题，不能固执死板；坚定与时俱进的指导思想，一切要科学发展，不能盲目自满；坚持民主集中制的组织制度，一切都要把两者科学的结合起来，不能个人专断；坚定改革开放的发展道路，一切先进的东西都要为我所用，不能夜郎自大等。所谓以"道"带兵，就是要经常引导官兵弄清这些大道理，任何一种行为，要看是不是符合党的全局利益和国家的发展方向；任何一个决策，是不是符合党的方针政策和法律法规；任何一种做法，是不是符合人民的根本利益。这些问题搞清楚了，才能耳聪目明，智慧高超，运筹帷幄，决胜千里。

二、以"理"带兵，说服教育，启迪觉悟。

明确了"大道"之后，要把道理给员工们讲清，启发大家的觉悟，围绕大的目标努力奋斗，这就需要强有力的思想教育工作，使之不断入心入脑。当前，我们企业为什么条件越来越好，发展却更加艰难了？为什么现在挣钱越来越多，大家干劲却越来越不足了？为什么现在条件越来越好，大家意见却越来越多了？为什么现在人的文化素质越来越高，可心理状态却越来越差、危机感越来越大呢？等等这些，关键原因是放松了思想教育，放松了政治工作，丢掉了优良传统。所以，企业家应做到"五真"："真学"就是埋下头来学、下苦功夫学；"真懂"就是基本观点弄懂、精神实质要抓住；"真信"就是在思想深处真正坚信创新理论的正确性和科学性；"真用"就是联系实际用，创造性地指导工作；"真创"就是与时俱进，改革创新，不断形成新的理念。

如何做到以"理"带兵呢？我认为应该是围绕着怎么样调查研究，把大道理讲实；联系实际，把老道理讲新；着眼全局，把小道理讲好；

有的放矢，把歪道理批倒；与时俱进，把新道理讲透。使大家正确对待荣誉，正确对待挫折，正确对待权力，正确对待金钱，正确对待婚姻，正确对待家庭，正确对待交友，正确对待前途，正确对待疾病，让真理之光入心入脑，成为成才的指路灯，工作的助推器。

俗话说："好话一句三冬暖，恶言一句三伏寒。"鲁迅先生说："语言有三美，意美以感心，音美以感观，形美以感目。"在这"三美"中，语言使人在冷清中感到温暖，酷暑中感到凉爽，苦涩中感到甘甜，绝望中看到希望。作为带兵人，一是要有尊重的心态，看到部属可爱、可学、可敬；二是要有平等的意识，与部属平等相处，以礼相待；三是要有礼貌的言行，严禁辱骂、嘲讽。在以礼貌相待中维护部属的尊严和人格，增进领导与员工之间的团结和友爱。

三、以"情"带兵，亲如兄弟，兵识将意。

"感人心者，莫先乎情"，讲的是以情感人，以心换心。《孙子兵法》中的"视卒如爱子"、"视卒如婴儿"，讲的也是这个道理。"爱"具有双向性，是互动的。深怀爱兵之心可以聚兵心、励兵志、催兵进；反过来，下属也会爱集体、爱岗位、爱同事。有的员工讲领导把我们当成人，我们就把自己当成牛，埋头干活；领导把我们当成牛，我们就把自己当成人，珍爱生命。对带兵人来讲，要像慈母，对下属充满浓厚的感情；像严父，用爱心纠正下属身上的缺点和毛病；像老师，尽到传道、授业、解惑的责任；像兄长，真诚地给予关心爱护和帮助；像挚友，与下属推心置腹，肝胆相照。因此，以"情"带兵既要关心下属的成长进步，还要关心他们的利益追求；既要关爱表现好的下属，更要关爱有"毛病"的员工。罗荣桓元帅讲过，"带兵就是爱兵，政治上爱，生活上爱，真心的爱。"真正做到像部队常说的"五同"那样，即：同吃，体验生活好不好；同住，体验睡觉安不安；同学习，体验他们对所学内容感不感兴趣；同训练，体验大家能不能承受得了；同战斗，体验牺牲精神强不强。这样我们才能形成强大的号召力和凝聚力，企业发展才能有希望和前途。

对于如何以"情"带兵，我的体会如下——

第一，要了解下属的六种"需求"：一要了解下属的成才需求，关心他们的学习和成长；二要了解下属的思想需求，善于谈心化解矛盾；三要了解下属的民主需求，发挥他们的智慧力量；四要了解下属的物质需求，不侵占他们的利益及不收受他们的钱物；五要了解下属的生活需求，关心他们的吃穿住和身体健康；六要了解下属的心理需求，对他们一视同仁和不分亲疏。

第二，要对下属做到"三有"：一要有爱兵之情，亲如兄弟，才能使他们在企业危难之时与你同生死，共患难；二要有知兵之心，了如指掌，经常了解下属在哪里，在干什么，想什么，需要什么，及时跟上去帮助，才能在激烈的市场竞争中越战越勇敢，越打越顽强，使他们真正成为企业不可多得的人才，甚至是帅才；三要有学兵之意，集思广益，发扬民主，才能在企业经营过程中不断地弥补自己的不足。毛泽东同志在战争年代创造了治军的"三大民主"，就是政治民主，经常听取下级意见建议；军事民主，打仗之前要充分讨论，周密安排；打仗之后要评功评奖，还要评组织指挥。打一次胜仗不但要出一批战斗英雄，而且还要出几个善于组织指挥的名将。所以还是毛泽东同志讲得对，我是靠总结经验吃饭的，把别人的经验集中到自己身上，我的本事就大了。这就是高明之处，也是英明之处啊！

第三，我认为企业领导要切实做到：一要爱下属爱的深，真诚爱护，亲如兄弟；二要想下属想得远，培养成才，终身受益；三要帮下属帮得细，细微深处，体现温暖；四要学下属学得诚，虚心求教，智慧无穷；五要救下属救得科学，保护自己，减少牺牲。这样就能在情感的感召下，使自己在下属面前真正做到：成为首长，可敬；成为兄长，可亲；成为师长，可学；成为家长，可畏。

四、以"义"带兵，坚持原则，正气浩然。

何谓"义"？就是要有公正的道理，讲正义；有正直的行为，讲道义。一个企业家，如何做到公正、正直的带兵呢？

第一，一定要有坚定不移的志气。毛泽东同志说："人总要有一点精神的"，为全人类的解放事业，为国家、民族的兴旺发达，为人民大众的利益而奋斗不息的精神，这种"志气"是值得称颂和学习的。这种人即使牺牲了，也是"重于泰山"的，是"死得其所"的，永远是值得纪念和学习的。一定要有永不松懈的士气。士气就是要有旺盛的斗志，要有干不好事业决不罢休的劲头，有积极向上的心态。只有这样，你才可以和你的企业一道，一起站在成功的大道上，不断地前进，不断地发展。一定要有不变节的骨气。要不为利益所动摇，不为压力所屈服，不为金钱所诱惑，不为人情所拉拢。骨气作为一种人格力量和坚定信念，它可以使一个人自立、自主、自强，在任何情况下都保持高尚的操守。就会像孟子说的那样："富贵不能淫，贫贱不能移，威武不能屈。"一定要有钢铁般的血气。主要是对同志要忠实，不糊弄；对事业要忠于，不马虎；对祖国要忠心，不动摇。一定要有永流不断的才气。在具备综合能力上，体现在要能够正确的判断形势，头脑清醒；掌握历史的走势，认清规律；把握发展的趋势，引导未来。

第二，作为现代企业家还要经得起"六种考验"：经得起金钱的考验，不能腐化堕落；经得起地位的考验，不能乱用权力；经得起顺境的考验，不能骄傲自满；经得起挫折的考验，不能灰心丧气；经得起寂寞的考验，不能追名逐利；经得起喧嚣的考验，不能心浮气躁。

第三，要看企业家能不能坚持原则，敢不敢坚持原则。这既有水平问题，也有觉悟问题，水平起重要作用，觉悟起决定作用。在实践中，有的分不清什么是原则和非原则性的问题，常常有拿着鸡毛当令箭，结果干扰了对原则的坚持。为此要善于分析比较，划清原则与非原则的界限，如要分清是方向原则问题、还是具体业务问题，是执行制度不严问题、还是破坏规章问题，是为企业发展提出积极建议、还是为个人私利而搞政治上的自由主义，是在改革中缺少经验出现的失误问题、还是不听群众意见盲目蛮干而造成的损失，是积极的进行企业升级、还是盲目扩张而拖垮企业，是积极的为国家纳税、还是合理避税，是依法按民主决策、还是个人主观武断，一般情况下前者是重大原则问题，后者是是非原则问题。前者要坚定不移地去坚持，后者则不要干预过多。不然抓不住主要矛盾，工作必然没有秩序，必然是乱哄哄，没有主心骨；抓不住主要矛盾，就抓不住全局有决定作用的事情，必然辛辛苦苦，稀里糊涂；抓不住主要矛盾，必然不能形成切实的统一的一股劲，眉毛胡子一把抓，捡了芝麻丢了西瓜。

当然，多数情况下不是不知道什么是原则问题，如何坚持原则，而是不敢坚持原则，不愿坚持原则，担心顶住站不住，站住顶不住，考虑个人得失问题多。主要体现在五种"驱动"上：一是受利益驱动，不愿坚持原则；二是受感情驱动，不想坚持原则；三是受压力驱动，不敢坚持原则；四是受群众驱动，不好坚持原则；五是受进退驱动，不必坚持原则。他们的处世哲学就是：看到问题，不开口；遇到矛盾，绕道走。

他们信奉的是：你好我好，归根结底为自己好；你讲你的马列主义，他讲他的好好主义。在工作中搞等价交换，你给我方便，我给你好处；在人际关系上互相利用，投之以李，抱之以桃等。这些不良的风气，丧失基本原则的行为，既给我们的事业带来消极的影响和危害，更给领导干部自身带来水平的滑坡和威信的下降。

坚持原则往往讲起来容易做起来难，一般情况下容易特殊情况下难。这里既有自身水平和觉悟问题，又有社会环境和人的影响问题。现在生活中往往有些人错误的东西他相信，正确的东西他不相信；大道的东西他听不进去，小道的东西他很感兴趣。比如：你给他讲理想，他说这是空的；你给他讲信仰，他说这是迷信；你给他讲长远，他说看不见；你给他讲奉献，他说那是假的；你给他讲守法，他说是给别人看的；你给他讲实际，他说那就给钱等等。这说明他们缺少必要的理论和历史修养，精神上缺少支柱与寄托，行动上就像失去航向的船早晚要触礁。

五、以"诚"带兵，爱岗敬业，有所作为。

"诚"，即真诚、诚实、讲信用。通俗地讲，就是要说老实话，办老实事，做老实人。诚实守信对一般人来讲，是为人处事的基本准则；对带兵人来讲，是赢得信任的基本要求。因为，天无诚不大，地无诚不载，人无诚不为，兵无诚不胜。孔子的"人而无信，不知其可"，就是对诚信在调节人际关系中的重要性的集中概括。因此，作为企业领导要想带好兵必须诚实守信，这样才能加强官兵之间的交流、交往和沟通。所以，诚实乃可信兵，乃可爱兵，乃可管兵，乃可学兵，乃可用兵。为此，要常修"五心"：坚持学习有恒心，爱岗敬业常用心，昂扬向上进取心，公道正派公允心，不计丢失平常心。

治军之道，以勤学为先。因为，身勤则强，逸则病；家勤则兴，懒则衰；国勤则治，怠则乱；军勤则胜，惰则败。未有平日不早起，而临敌忽能早起者；未有平日不劳苦，而临敌忽能吃苦者；未有平日不能忍饥寒，而临敌忽能忍饥寒者；未有平日要求不严，而临敌能步调一致取胜者；未有平日不严格训练，而临敌能敢打敢冲者。

诸葛亮是个非常敬业，名垂千古的好主官。有诗为证："拨乱扶危主，殷勤受托孤。英才如管乐，妙策胜孙武。澶澶出师表，堂堂八阵图。如公存盛德，应叹古今无！"他敬业的自我写照就是："鞠躬尽瘁，死而后已。"从他身上我们体会三个敬业的基本问题，至今依然不过时。**一是主官为什么要敬业？**无论是对公共管理机构、社会事业单位、军队指挥，还是企业组织来说，敬业是社会发展的动力，是社会财富积累的源泉，也是社会文明程度的标志之一，还是个人成才创业的必然途径。**二是主官敬业敬什么？**诸葛亮敬业主要表现在"五敬"上，即：第一他敬主。忠心耿耿，任劳任怨，无私奉献，整天寝不安席，食不甘味，如履薄冰，如临深渊；第二他敬才。重用人才，分工明确，调度有方，该自己干的事以身作则，让别人干的检查督促，主而管之；第三他敬事。他勤劳办事，周密细致，无一懈怠，从不临机生事，讨价还价；第四他敬术。他善于思考，长于总结，精通术业，无论是拜军师，还是任丞相，职责范围内的种种事务，他无不精通。放眼魏、蜀、吴三国，像他这样有卓越才能的人，只有因大意而丧命"落凤坡"的凤雏庞统；五是他敬职。坚持职守，兢兢业业，数十年如一日，直到临终而不怨不惑。**三是主官如何敬业？**一要主动。不用别人督促，他总是想在前，料在先；二要勤劳。不论是团结，还是分裂，不论是顺利，还是挫折，他都任劳任怨，不怨天不怨地，反省自己找教训；三要精业。他勤学善思，集百家之长，继古今之智，成一家之见；四要坚持。他任何时候都坚信下属是忠诚的，任何时候都坚信君主是英明的，从没有动摇过信念，丧失过信任，连俘虏都敬佩他的大智大慧，大仁大德；五要表率。他要人家做的自己先做好，要人家不做的自己坚决不做，用错人挥泪斩马谡，做错了事当众自我批评，他从来不把自己当成神，而是把自己当成人，后人把他当成神，不是他的过错，更不是他自己吹的。

曾国藩还讲过："对人要铁诚。"就是说以诚做人，肯定是个好人；以诚经商，肯定是个儒商；以诚做官，肯定是个清官；以诚带兵，肯定是个强将。所以说干大事的人，必须从"诚"字出发，对人要铁诚，对国要赤诚，对领导要忠诚。不然都从自己的利益出发，都从自己的家庭出发，就是家必小乱，企必中乱，国必大乱，祸国殃民。古代商经中早已讲到，真正历史有名的儒商，第一为国家，第二为大家，第三为自家。这三个家的顺序不能颠倒过来，否则不是真正的功垂千古的名商。

六、以"信"带兵，说到做到，将无戏言。

"信"：体现在号令可行上，不提过高的指标，不朝令夕改；体现在信守合同上，任何情况下都要守信用，不能只顾眼前利益而不顾长远利益；体现在分配方式上，要说到做到不能糊弄员工，即使企业一时负担重一些也要对员工待遇兑现；体现在单位合作上，要彼此相信，互相支持，共同进步，双赢发展，不能只为了本单位利益而损害别人利益，做一次生意丢一帮朋友。

企业领导作为企业的带头人，其良好的自身形象是一种导向，是无声的命令，具有很强的感召力。"其身正，不令而行；其身不正，虽令不从。"无论哪一级管理者，欲正他人，首先要修己身。员工对老板既听其言，更观其行。老板的一言一行，尽在员工的视野之内，其德行具有很强的渗透力和示范性，个人形象强烈影响着他们的行为。因此，作为企业领导要时刻注重行为修养，坚决做到"八防"：一防投其所好"糊弄人"，二防迎合迁就"安抚人"，三防不管不问"老好人"，四防吃吃喝喝"拉拢人"，五防封官许愿"刺激人"，六防连蒙带骗"吓唬人"，七防弄虚作假"欺骗人"，八防出了问题"埋怨人"。

孔子曾讲：君子不用空话来赞誉人，这样人们才会兴起忠实的风气。所以，君子询问别人是否寒冷时，就会送衣服给他穿；问别人是否饥饿时，就会给食物他吃；赞扬别人美德时，就要给别人爵位。口头上说的好听，但实际上办不到，这样怨恨和灾祸就一定会降临到他的身上。所以，君子如果许下诺言不能实现，就不要轻易答复别人。我们之所以强调注重实际，因为现在脱离实际的东西太多；之所以强调诚信为本，因为现在弄虚作假的东西太多。假情况、假数字、假政绩、假产品、假广告到处都有，假典型、假干部、假关系、假夫妻时有发生。不少同志对这种现象深恶痛绝，把它概括六条：一是假政绩可恶，败坏党风，劳民伤财；二是假典型可耻，蒙混过关，害人害己；三是假商品可恨，骗取钱财，坑人害命；四是假关系可怕，招摇撞骗，损公肥私；五是假情况可气，干扰决策，误国误民；六是假广告可怕，助纣为虐，扰乱人心。

因此，要理论联系实际，说到做到这是为人成事之道，也是为官带兵之本。确实说的让人佩服，做的让人信服，为人让民折服。要严格遵纪守法，带头遵守企业的规章制度，带头执行国家法律政策，要下级为企业着想自己首先爱岗敬业，带头接受监督，把好政治关、经济关、生活关和交往关，以自身形象干好企业，影响员工。让有理想的人讲理想，才有号召力；让守纪律的人讲纪律，才有约束力；让艰苦奋斗的人讲创业，才有感染力。现在许多事情难办不是说得不对，而是做得不好；许多法规落实不了，不是法本身有何问题，而是领导带头守法不够。你明明知道权力是责任，你却使劲地"争"；你明明知道金钱是包袱，你却不断地"捞"；你明明知道情妇如祸水，你却拼命地"找"；你明明知道要正派为官，你却拼命地"跑"；你明明知道高处不胜寒，你却拼命地"爬"。这样不但没有说服力，而且严重影响团队的形象，甚至台上你讲人，台下人讲你；台上你骂人，台下人骂你。所以说：以身作则是最大的号召力，喊破嗓子不如做出样子，一个行动胜似一打纲领。

七、以"仁"带兵，胸怀开阔，团结协作。

团结和谐，既是我们国家古老文化的传统观点，也是现在搞好企业的现实需要。正像《团结就是力量》这首歌词里唱的："团结就是力量，这力量是铁，这力量是钢，比铁还硬，比钢还强！"只有团结才能出战斗力，出人才，出政绩，出经验，出品牌，出效益。因此，顾全团结是大局，搞好团结是本事，维护团结是觉悟，发展团结是政绩。一定要在团结问题上克服你议论我，我议论你的自由主义；在工作上，你猜疑我，我猜疑你的主观主义；在组织上，你亲我疏的小团体主义；在利益上，克服你多我少的个人主义。只有这样才能使企业不断发展进步。

领导者的工作，既要用真理的说服力，更要靠人格的感召力。因此，做好企业领导工作，主要是靠政策和靠能力水平，一定程度上人品比政策和能力更重要。因此，要在世一日，则做一日好人；居官一日，则做一日好事。努力做到：思想上要艰苦，努力学习，经常思考，多做日记，不断有所进步；工作上要艰苦，干一行，爱一行，精一行，出政绩，出经验，出思想；生活上要艰苦，不比吃喝比贡献，不比职务比能力，不比豪气比威信。

任何成功者都要根据实际情况办事，任何时候都要安然自得。处在上面的，不欺负下边的；处在下边的，不攀附上面的；处在中层的，不玩弄同级的。总是堂堂正正做人，老老实实处世，清清白白为官，本本分分办事，自我超越，追求卓越，勇于跨越，顺其自然，复合大道。真正像孔子讲的那样："大德必得其位，必得其禄，必得其名，必得其寿。"这是毕生最好的座右铭，要永远牢记之，理解之，信仰之，身行之！

领导的威信从哪里来？靠上封不出来，靠权力压不出来，靠自己吹不出来，靠耍小聪明骗不出来，只有靠集中群众智慧，做出符合需要的决策来，才能有号召力；只有靠为群众办实事，解决问题做出成效来，才能有说服力；只有在艰苦锻炼中，在解决各种困难中展示才能，才有感召力；只有团结大家共同奋斗，善于容人容事，把大家积极性发挥好，才有凝聚力。选拔干部要看德才，考核干部要看实效，锻炼干部要靠实践。

希腊哲学家苏格拉底说："谁想转动世界，必须首先转动他自己"；中国古代圣贤们也讲过："要想战胜别人，首先要战胜自己。"无数国内外的案例表明，企业家与企业的命运是不可分的，甚至连企业家身上的某种性格，也会给他的企业在其运营中打下深刻的烙印。所以，企业家不断完善自己，不仅关系自身有无威信，更重要的是关系企业有无竞争能力。大家知道，美国零售大王沃尔顿，正是用他那阿肯色州农民般的质朴及节俭创下了沃尔玛薄利经营的理念和仓储式的经营方式；松下幸之助性格上的忍耐与信念上的执著，也是促使松下企业有了今天的荣耀；倪润峰老总果断与大胆的性格，更是促成了"长虹"当年率先降价的奋臂一举；当然，也正是因为史玉柱性格上的孤注一掷，才会有当年巨人集团的轰然倒塌……

八、以"智"带兵，培养人才，提高素质。

古今中外的著名军事家都有许多精辟的论述和成功的经验，同样适合企业家。常言说："兵熊熊一个，将熊熊一窝"；"强将手下无弱兵，熊将手下无好汉"；"千军易得，一将难求"；"选能兵强将，渡危难之关。"有人讲雄狮带着一群绵羊作战，最终绵羊会变成雄狮，称雄于战场，所向无敌；相反，一头绵羊带领着一群雄师作战，最终雄狮也变成绵羊，任人宰割，必败无疑；也有人讲一只雄鹰带着一群小鸡，小鸡总有一天会变成雄鹰，翱翔万里长空；相反，一只老母鸡带着一群小鹰，小鹰总有一天也就不会飞了，只好在地上找点食吃。这不是夸大个人的作用，正说明在群众中必然会产生自己的雄鹰，在实践中会造就自己的领袖人物。

毛泽东同志曾经说过："没有文化的军队是愚蠢的军队。"同样也可以说，没有智慧的企业家也是不可能在竞争中取得胜利的。从某种程度上讲，智慧也是影响力和战斗力。谁掌握的智慧多，谁的影响力就大。人们经常讲善于思考的人是最有力量的人，集思广益的人是最聪明的人，用知识不断武装头脑的人是不可战胜的人。以智慧带兵不仅是企业的需求，更重要的是职责的要求，是做好工作的基本前提。对于成长在知识经济时代的青年人，他们竞争意识强烈，求知欲望高涨，不但尊重博学多才者，而且希望从他们那学到知识，增长本事，未来当好领导者。当前特别要看到，随着知识更新速度加快，员工文化水平不断提高，企业领导者要胜任教育人、引导人、培养人、管理人的职责，就要积极适应形势和任务的需要，树立学习的观念，切实丰富知识，增长才干，真正做到用智慧为员工解疑释惑，用智慧教兵育人。

学习不是为了当官，但当官必须要学习。一个能力素质强的企业家，往往对员工有一种很强的吸引力。作为企业家必须紧跟时代的步伐，不断学习新知识，了解新情况，不断增强理论水平、政治素养和综合能力。提高能力素质，既要勤奋学习，拓展思想视野，提高思维层次，又要注重岗位磨练，善于在实践中学习，在落实中提高；既要勇于借鉴，学他人之长，补己之短，又要善于总结探索，在反思中进步，在研究中成长，以自己的高素质促进员工素质的整体提升。努力在学习和实践中升华自己的境界和知识，牢记：欣赏别人是一种境界，善待别人是一种品质，关心别人是一种胸怀，理解别人是一种涵养，帮助别人是一种快乐，学习别人是一种智慧，团结别人是一种能力，借鉴别人是一种收获。

九、以"公"带兵，秉公办事，不徇私情。

人们常说：大公无私为圣人，公而忘私为贤人，先公后私为善人，先人后己为良人，公私兼顾为常人，损公肥私为恶人。作为一个企业家，一个企业的带兵人，就应该多做圣人、贤人、善人、良人，少做常人，不做恶人。在工作中要正确行使手中的权力，坚持秉公办事，公正用权，公平的使用干部，公平的评价工作，公平的实施奖惩，在群众反映的热点问题上加大透明度，以公开求公正，不利用职务之便为自己谋取私利，也不利用权力之便为亲属捞好处。判断工作好坏是以群众拥护不拥护、赞成不赞成、高兴不高兴为标准，具体讲有四条：一看他的出发点是不是为了大多数人服务；二看在工作过程中是不是依靠大多数人；三看他工作成果是不是大多数人分享；四看他工作政绩是不是群众评议满意。

在我们工作实践中，往往有这样"四种人"：一种是顺着捧的，一种是顶着干的，一种是旁边看的，一种是乱加评论的。一般来说，对顶着干的，我们比较注意；对顺着捧的，我们常常吃亏；对旁边看的，我们容易容纳；对乱加评论的，往往感到难为情。这就要求我们要正确的处理好同这几种人的关系。如何待人处事，既是个水平问题，更是个意识问题。一个人能否正确待人，往往可以看出一个人的能力，更能反映一个人的品德。那么应该如何对人呢？我体会有以下五点：**一要公道待人**。有句俗话，"要想公道，打个颠倒"，说的是为人处世不能只从一个方面着想，更要为对方着想，就是常讲的换位思考。只要设身处地的看问题，为别人难处多想一想，就容易增进了解，消除误解，加深理解，达到谅解，形成思想上的统一，工作上的合力。**二要平等待人**。尊重别人的人格，就是尊重自己的人格，平等待人，人家才能平等的对待你，一碗水端不平，有亲有疏，人家怎么对你公平？你欺软怕硬，人家怎么说你公平？对强者不低三下四，对弱者不盛气凌人，对权贵不阿谀奉承，对群众不小瞧慢殆，大家才能信服你，你才能在群众中有威信。**三要诚恳待人**。就是君子要胸怀坦坦荡荡，讲话实实在在。表扬人不华丽过头，批评人不刻薄难听；听取意见要认真虚心，发表意见要切实可行；策略灵活不圆滑，内外有别不世故，以诚意换诚心，才能有信心。**四要宽厚待人**。求同真心实意，存异体谅包容；一时分歧不争论，无伤大体不计较；大智若愚不真糊涂，善解人意永不吃亏。常说的"心底无私天地宽"，就是这个意思。有个部下叫我题词，我就写了"腹中天地阔，常有渡船人。"**五要依理待人**。坚持原则不简单生硬，以理服人不强加于人；批谬误有理有据，讲真理结合实际；晓之以理，动之以情，绳之以规。

"公生明，廉生威。"企业家只要做到清正廉洁、公道正派，才能凝聚人心。因此，要做到常思贪欲之害，常弃非分之想，常怀律己之心，常修为官之德；在利益面前不贪心，在诱惑面前不动心。慎独慎微，慎终如始，时刻绷紧廉洁自律这根弦。一身正气，两袖清风，坚持原则，才能使部属心悦诚服。

十、以"精"带兵，选贤任能，拴心留人。

俗话说："兵不在多而在精，将不在大而在强。"强将手下无弱兵嘛！要想使企业做强、做大，只有从自身做起，从强将抓起，才能带出精兵来。所谓以"精"带兵，首先要技术精，有一技之长，成为本行的尖子；战术上要精，要运筹帷幄，筹划好自己的工作，赢得客户的赞誉；处事上要精，要处事精明，运用大智慧，不要耍小心眼；说话上要精，要说到点子上，说到要害处，为企业外树形象、内立威信。

如何选出强将、带出精兵来呢？我认为最重要的是选贤任能。曾国藩说："人才无大小，关键是推诚以相识。"在决策时征求他的意见，观察他是否有识谋；告诉他困难临头，观察他是否勇敢；在公私面前，观察他是否廉洁；放手让他干事，观察他是否守信；处理人际关系，观察他是否诚实。知人用人无非就这些。一个企业团队能取得多大的成功，创造什么样的品牌，关键在于这个团队的领导者会不会带兵，善不善用兵。有过硬的团队领导才能创一流业绩，有一流的业绩才能留住一流的人才。经济学家有个著名的"二八法则"，即：占企业20%的领导力量决定了企业80%的结果，而被领导的80%的人的力量决定了20%的结果。因此，团队的命运如何，就是看领导层是否有坚强、卓越的领导能力。正像诸葛亮讲过的那样，授权是将帅统领三军的权力，如果失去了这个权力，或运用不好这个权力，就像鱼儿离开了江河湖海，若想在海洋中自由遨游，在浪涛中奔驰嬉戏，那是根本不可能的。

用人为政事之本。能者任能，贤者荐贤。能人有用不好用，为了企业效益，不好用也要用，容人之短，用人之长嘛！庸人好用不管用，为了人民利益，坚决不能用，否则会坏事，什么事也办不成。在用人上我有三条不成熟的体会：一是重用能人干大事，二是帮助常人干实事，三是团结小人别坏事。用人跟木匠选用材料是一个道理，决不能把大梁当成檩条，也不能把檩条当成大梁，否则，什么样的大厦都得垮塌。好领导是人尽其才，没有没用的人，只有没用得当的人。好木匠没有没用的材料，只有用错位的材料。正如一位名人讲过的那样，"垃圾是放错位置的宝贝。"

美国为了吸引外国人才多次修改《移民法》，仅20世纪80年代就有150万受过高等教育的移民加入美国人才大军。专家们对此做出分析，这些高级人才并不是不爱自己的国家，也不仅仅是美国的待遇优厚，更重要的是美国能够为其充分施展自己的才华提供足够的条件。可见，高级的人才，选择职业谋生求富时不必说，但其第一推动力往往不是物质待遇而是事业成就感，英雄有用武之地。所以说，以实际待遇聚才固然重要，以软待遇聚才也不可忽视，这样，才能使真正的人才有用武之地，有成才之路，无后顾之忧。

努力营造拴心留人的良好环境，我体会要做好以下"四大工程"，这样才能真正把人才留住：

第一，建好"希望工程"，用事业留人。企业发展了，事业红火了，既能吸引人，又能留住人。你在企业有干头，有奔头，他们就不可能产生走的念头，而且会越干越有劲头。因为，任何人的需求是有层次的，是由低级向高级升华的。真正的人才最大的苦恼是无事可做，怀才不遇，虚度年华，而不仅仅是赚几个钱养家糊口，满足自己享受，给后代留下点财富。在革命战争年代，延安条件比不上南京，但一批有志的青年人，源源不断地奔赴延安，重要的原因之一是他们看到我们党代表民族的未来，只有跟他干革命，才能对国家和民族有所作为。现在许多代表未来的企业，往往创业艰苦，待遇也不高，个别的生活条件也不行，但是，有识之士还是愿意来，原因也是企业代表未来，有发展的希望，只有到这样的企业来才能发挥作用，实现自己的价值。实践证明，企业不断开拓进取，壮大事业，不断创造出与高端人才相匹配的责、权、义、利，对于吸纳人才和稳定人才尤为重要。

第二，建好"温暖工程"，用环境留人。要为高层人员提供良好的物质条件和生活环境，起码两个方面要经常关注：一是提供良好的工作条件，使他们办公有设施，科研有条件，活动有资金，学习有场所。领导要当好他们的后勤部长，为他们做一些"端盘子"、"搭梯子"、"铺路子"的事，主动为他们服务，主动提供工作方便，主动排忧解难；二是提供良好的生活条件，对高层人员的需求要心中有数，优先解决他们的家属就业，优先安排他们的住房，优先安排他们的子女入托入学，解决他们的后顾之忧，让他们全身心地投入到事业中去。

第三，建好"舒心工程"，用感情留人。也就是对高层人员必须在工作上支持他们，在生活上关怀他们，在人格上尊重他们，在心理上满足他们。敢于赋予他们重任，使他们有信任感和使命感，敢于对他们取得的重点成果实施重奖，使他们有成就感和光荣感；敢于发扬民主，对他们正确的意见和建议，及时采纳并形成新的决策，使他们有智囊愿意发挥，有智慧愿意献出来；敢于帮助他们在实践中总结经验，克服不足，善于帮助他们，使他们不断的完善自己。总之，要关爱善待人才，让他们随时随地都能感受到组织的温馨，领导的关心，群众的帮助，单位的亲和力，心情舒畅的工作。

第四，建好"文化工程"，用知识留人。企业文化是企业世代传承的载体，也是培养人才的摇篮。因此，企业的领导应当成为培养人才的校长，技术人员应该成为培养人才的老师，管理人员应该成为培养人才的"后勤部长"。员工们想学历升级，为他们提供学习的条件；员工们想搞技术创新，给他们提供科研条件；员工们想学业务，给他们提供岗位成才的条件；员工们想学管理，给他们提供实习的条件。这样，才能使员工们学有所教，学有所成。因为，成才是每个有上进心的员工的希望，培养人才是整个企业领导义不容辞的责任。所以，任何企业要想搞好，第一是打品牌的旗帜，另一个是打人才的旗帜。要出好的名牌产品，要出优秀的拔尖人才，才能在竞争中有所作为，有所创造，有所前进，有所贡献。

总之，要带好精兵必须要做到：学习上先于人，政治上强于人，业务上精于人，创新上优于人，风气上正于人，形象上好于人。防止学习上"猴子屁股——坐不住"；工作上"大象屁股——推不动"；批评上"老虎屁股——摸不得"。要下大功夫培养八种人才，即：复合型的指挥人才；智囊型的参谋人才；科技型的专业人才；管理型的服务人才；灵活型的销售人才；机智型的攻关人才；发展型的后备人才；忠诚型的监督人才。

企业家如何以才带兵*

——《企业家的思想道德和领导艺术修养》系列谈之六

一、以"谋"带兵，运筹帷幄，善于策划；

二、以"势"带兵，善于判断，抓住机遇；

三、以"度"带兵，把握火候，有舍有得；

四、以"算"带兵，知己知彼，百战不殆；

五、以"变"带兵，机动灵活，攻关破难；

六、以"奇"带兵，以退为进，意外制胜；

七、以"严"带兵，令行禁止，步调一致；

八、以"合"带兵，取长补短，双赢发展；

九、以"利"带兵，奖功罚过，激励斗志；

十、以"勇"带兵，身先士卒，开拓创新。

---

*这是作者受招商银行总行行长马蔚华之邀，为参加招行分行行长及有关领导培训班的同志们讲演准备的提纲之二。

一、以"谋"带兵，运筹帷幄，善于策划。

世上之大事，皆出于一个"谋"字。无谋不成局，无谋不成器。凡用兵打仗，无不强调以谋取胜，制人而不受制于人。学会以谋布局，则能减少许多不必要的"硬伤"；反之，就会被动挨打，其结果轻则受制于人，重则全军覆没，输个干干净净。因此，作为企业家善用谋略是立身之本，想做到"运筹帷幄之中，决胜千里之外"——离不开它，想做到"临危而不乱，处变而不惊"——更是离不开它。

我认为，"谋"就是要向古人谋，多读圣贤之书，学习古人的用谋之例；向今人谋，多调查研究，学习现代人的用谋之法；向洋人谋，走出国门，学外国人的好经验；向对手谋，知己知彼，百战不殆；向班子谋，发扬民主，集思广益。因此，企业领导水平最主要的是体现在决策上，决策失误是最大的错误，决策浪费是最大的浪费，决策错误是最大的犯罪。

我认为要"谋"好，拿出符合规律的决策来，最根本的是要学懂、弄通。也就是说，应该以工作任务为中心，进行"应用式"学习；以难点重点为牵引，进行"研究式"学习；以实践锻炼为基础，进行"体验式"学习；以改革创新为重点，进行"拓展式"学习。总之，要不断学习，谋划水平不断提高，精神境界不断升华，决策水平也才能不断进步，不断完善。因此，企业家既不能缺少资金，更不能缺少知识，还不能缺少有知识的带兵人。我们要坚持全面的学习，深入的学习，系统的学习，长期的、坚持不断的学习。坚持理论武装头脑，用理论上的清醒，保持政治上的坚定和道德上的纯洁；坚持用科学武装头脑，保持商战中的真正优势和质量；坚持用法律武装头脑，办事不出轨，自觉用法律武器保护自己；坚持用文化武装头脑，打牢自己发展的精神根基；坚持用专业知识武装头脑，成为本职工作的行家里手。通过认真学习，长期实践，逐步克服"五个缺乏"的问题：第一缺乏马克思主义基本理论修养，对创新理论理解不深，不善于从理论上分析问题，工作中跟着感觉走，照着大多数人的办法干；第二缺乏基本科学知识修养，对决定现在和影响未来的信息学、材料学、生物学等新科学一知半解，难以抓住引导未来的新的科技核心，照搬国外的多；第三缺乏法律武装，既不会以法管理企业，又不会以法维护企业利益，只是靠律师办事，他办错了也不知道，往往吃亏上当；第四缺乏文化武装，特别是我国的文化了解甚少，研究的更少，基本的治国治企的传统经验不够丰富，为人处事没有根基；第五缺乏必备的业务知识和相关知识，干具体事还可以，但研究起来就底气不足，工作上创新和发展就更难了。因此，我们要把学习当成责任，成为动力，终生学习不懈。按照我们党和军队的传统学习方法，一要挤时间认真学，二要钻进去深入学，三要应用中升华学，四要交流心得促进学，五要专题系统学，六要领导带头学，七要形成制度学，八要奖励学习好的引导学，真正使学习形成制度，养成习惯，尝到甜头，提高自觉，升华境界，不断使人从自然境界走上功利境界，从功利境界走上天人境界，也就是掌握大智慧，开阔大视野，干成大事情。

二、以"势"带兵，善于判断，抓住机遇。

古人讲："善弈者，谋势；不善弈者，谋子。"善谋势者，一子失着，全盘可以弥补；而谋子者，却常常顾此失彼，一着不慎，全盘皆输。所谓"谋势"，就是统揽、驾驭全局。一个精明、成熟的领导应当善于"谋势"而疏于"谋子"，把主要精力放在全局、大事、方向上。江泽民同志也经常引用古语"不谋全局者，不足以谋一域"来教育我们，也是这个道理。作为企业领导人如何谋好全局以"势"来带兵呢？**我体会：首先要做到正确地判断形势**。遇事经常想一想是否符合党的路线方针政策，保持正确的指导原则；想一想是否符合大局的需要，自觉做到在大局下行动；想一想是否体现了国家的根本宗旨，坚持了人民的利益高于一切的原则；想一想是否体现了落实科学发展观的方针要求，以提高企业的战斗力为出发点和落脚点。概括起来就是，想政治、想大局、想宗旨、想战斗力。**其次，要及时的抓住机遇。**在我国经济快速、健康发展的今天，我们的企业面临着千载难逢的发展机遇，当然，也面临着前所未有的挑战。如何抓住这一机遇，迎接挑战，是摆在各位企业家面前的一项重大课题。"善战者，求之于势，不责于人，故能择人而任势。"意思是说，要取得胜利，善战的指挥员首先要抓住和创造有利于己方的胜利态势，而不是依赖下属的能力。在有利自己的胜利态势下，下属智勇双全，他就能选择合适的人才去执行任务和顺应有利的作战态势；在不利自己的失败态势下，下属无能胆怯，指挥员就找不出人来扭转败局。我们可以回顾战争史，无论美国军队还是中国军队或是其他军队，都有"战无不胜"和"溃不成军"的时候，这就是：态势决定将士的智勇。结合我们的企业也是这样，在我们战胜弱小对手、竞争顺利时，你是否发现手下个个智勇双全？在遭遇强大对手、竞争局面不利时，你是否发现手下突然束手无策、畏难、士气低落？由此可见，与指挥作战一样，第一要解放思想，抓住机遇，创造有利的竞争局面和态势；第二才是如何利用下属的能力带领他们去顺应去争取形势。在具体实践中，要做到三个"善于"：一要善于把宏观决策与具体指导结合起来，集中精力抓主要矛盾，研究和解决重大问题，并通过强有力的组织工作，经常性的思想工作，实现统揽的决心；二要善于把上级指示同本单位实际结合起来，吃透上面的精神，摸清下面的情况，了解横向的信息，形成自己的思路，把握好工作的轻重缓急，当好"调节阀"，创造性地抓好落实；三要善于把中心工作与一般性工作结合起来，通过抓大事带动全盘，大权独揽揽得住——把握好方向和全局，小权分散散得开——防止和摆脱事务主义。

通过以上分析，我们可知兴企必先谋势。势荣则兴，势竭则衰。企业竞争，在于顺势，顺势而行，事半功倍。商场如战场，能够审时度势，先于别人审视出发展态势，锐步先行，必定占领先机，无往不胜。善谋者必有胜局！

三、以"度"带兵，把握火候，有舍有得。

凡事要把握好火候，不要到时候愣干，或是蛮干，甚或是到时候不知道干而丧失机遇。作为一个企业家，一个企业的带兵人，要做到知古知今、知己知彼、知天知地、知胜知败，才能提高把握好火候的本领，才能真正在企业发展当中把握好"度"。要把握好"度"，我体会：一是解决问题的强度。当前影响、制约、阻碍企业发展的难题很多，要卓有成效地解决好，决不能遇到困难绕道走，碰到矛盾就回头，那是干不出什么成效来的；二是观察问题的高度。要站到战略的高度去观察、思考、解决问题；三是改革的力度。也就是把握好时机，既不能慢了丧失机遇，也不能快了引出乱子；四是发展的速度。发展是硬道理，社会不发展不行，但是硬发展没道理，也就是说太快了也不行。因此，要在结合中发展，在发展中结合。正像大家经常讲的那样，"结合好，大有益"。因为，结合就是坚持，不能丢；结合就是应用，要管用；结合就是发展，讲创新。具体讲要做到以下七点：一要在指导思想上，把继承与创新结合起来，在继承中创新，在创新中继承；二要在运筹决策上，把干好当前工作与着眼长远工作结合起来，干当前，想长远；三要在组织落实上，把各级领导和广大员工的积极性结合起来，发挥干部的骨干作用，群众的基础作用；四要在方法上，把完善法规管理与加强员工自我管理结合起来，有约束力，更有凝聚力；五要在分配方式上，把发展企业和改善生活结合起来，使企业有后劲，员工有干劲；六要在科学研究上，把发挥自己的优势与借用别人的优势结合起来，借船出海，弥补自己的不足；七要在人才培养上，把造就自己的人才与引进外来的人才结合起来，不为我所有，但为我所用。这样才能统筹兼顾，突出重点，分步实施，着眼实效，才能在改革中思想不乱，工作不断，队伍不散，不断进取。

四、以"算"带兵，知己知彼，百战不殆。

大家知道，天下事并非皆可手到擒来，更多的是需要与之不断地"较量"，才能有所成就。治企也是这样，在企业里你所掌握的算道多少，往往起决定性的作用——善用之，则无坚不摧；不善用之，则百试不灵。那么，又如何运用算道来治企带兵呢？翻一翻《三十六计》和《孙子兵法》就会发现，它们讲尽了算道对于致胜的决定性作用，真可谓"小算小胜、大算大胜、有算则胜、无算不胜"的成败之道。我认为，实际上就是几个对比，即：要进行战略上的对比，经济实力上的对比，科技含量的对比，文化力量的对比，品牌质量的对比。通过这些对比之后，进行评估预测，精打细算，最后才能发挥我们的优势，避免自己的劣势，无往而不胜。

我们许多搞企业的同志，年龄差不多，经历差不多，天赋差不多，实干精神也差不多，为什么进步快慢却差别很大呢？原因可以找出很多，其中一条就是不善于总结经验。有的同志每干完一件事，都要琢磨琢磨，找出对的在哪里，错的在哪里，这叫做吃一堑长一智，打一仗进一步，而也有的同志叫干就干，干完就算，稀里糊涂，马马虎虎，知其然，不知其所以然，因而进步就慢。因此，我们在实践中要不断有新的进步，就必须在干中探索，在干中总结，靠实干解决问题，靠经验推动工作。

一个企业要想不断地发展，一个人要想不断地进步，就要经常地检查工作，反思自己，总结经验，吸取教训，既要看到取得的成绩，创造的成功经验，又要看到出现的失误，吸取用沉痛代价换来的教训，切实改正错误，不要老付学费，改进工作，不要使错误重复犯，真正做到知己知彼，百战不殆。实践反复证明，成功有其内在的因素，失败存在必然的根据，总结经验，就是找出这些内在的必然的东西，指导其规律，上升为理论，指导新的实践。也就是说，对成功的经验，要从理论高度进行概括使其具有普遍意义，借以指导其他，不能占糊涂便宜；对错误的东西，要以辩证的态度，找出内在的原因，使之成为成功的先导，不能吃糊涂亏；不仅要总结自己的经验，还要借鉴别人的经验，把别人经验变成自己的经验，自己本事也就自然大了，不能再吃别人吃过的糊涂亏。

五、以"变"带兵，机动灵活，攻关破难。

任何事物都是变中有不变，不变中有变。我们企业家要以不变应万变，心中有数干工作。不论形势和任务怎么变，不论方针和政策怎么变，不论体制和机制怎么变，不论工作内容重点和要求条件怎么变，不论你职务和地位怎么变，全心全意为人民服务的宗旨不能变，为人民办实事解难题的原则不能变，艰苦奋斗的优良传统不能变，与时俱进的精神壮志不能变，一切依靠群众的路线不能变，理论联系实际的学风不能变。有人说，世界上唯一不变的东西是"变"。也就是说，唯一不变的是事物的不断变化，唯一不变的是企业的兴旺衰竭，唯一不变的是人的生老病死，唯一不变的是空间的无边无际，唯一不变的是时间的无始无终，唯一不变的是知识的无穷无尽。

一个企业要发展就不可能一成不变，社会在变，环境在变，人员在变，具体解决问题的方法也应随之发生变化，要因时而动，因地而变，机动灵活，随机应变。企业要想在竞争中站住脚，不可能总抱住那些传统的、过了时的东西，必须开拓创新，工作观念要改变，工作内容要创新，只有这样，才可以从一个成功走向另一个成功。

任何工作成就的取得都是克服了困难取得的，在一定意义上讲困难和成就是一对孪生兄弟。正如大家常讲的那样，大企业大困难，中企业中困难，小企业小困难，没有企业终生困难。困难是培养人才的"大学校"，是增进意志的磨刀石，是检验才能的"试金石"。

六、以"奇"带兵，以退为进，意外制胜。

老子说："以正治国，以奇用兵"。"兵不厌诈"、"兵以诈立"就是说的奇，"出敌意外制胜"也是说奇，"变幻莫测"是奇，"将计就计"也是奇。打仗时要知天时，知地利，知人和，只有做到天时、地利、人和，才能在实际作战中，使以"奇兵"，用兵要建立在一定预测的基础上，不可一味出奇，否则，会被敌人识破和利用。所以，正兵与奇兵要结合，它们之间相辅相成，互相转化。李世民就曾说："吾之正，使敌视以为奇；吾之奇，使敌视以为正。"

作为企业家也要善于以"奇"带兵。兵法中说，"善出奇者，无穷如天地，不竭如江河。"我们知道，蒋介石手下不乏很多天才军官，但是，国民党的士兵们就是不能实现他们的战略战术，而解放军的士兵们不仅兵识将意，往往是创造性地完成各项战斗任务。淮海战役结束后，毛泽东就对指战员们十分高兴地说："没想到一锅'夹生饭'被你们煮熟了。"可见，领导出奇制胜的智力，创造性完成任务的能力是多么重要、多么可贵啊！有研究表明，一个企业成功30%靠战略，50%靠执行，20%靠机遇、环境等客观因素。联想集团有个著名的口号就是要把"5%的希望变成100%的现实"，虽然这是一个奇迹，但公司目标已经确定，他们就努力拼搏，不完成任务决不罢休。就凭这种精神，他们渡过了一道道难关，创造了一个个奇迹。同样，蒙牛创造了中国崛起的奇迹，十几个人集资近千万，用了不到5年时间，到2003年已经成为一个产值五十亿、企业资产超过百亿的大型民营企业。董事长牛根生解释创造了这一奇迹的奥秘是："为了完成蒙牛人'强乳兴农'的这个光荣任务，全体员工都在不懈地努力，自动自发地工作，不找任何借口地执行，克服了各种难以想像的困难，所以事业才能得到超常的发展壮大。"没有以退为进的意识，没有出奇制胜的能力，打仗就没有战斗力，企业就没有生产力，教育也就没有说服力。

七、以"严"带兵，令行禁止，步调一致。

列宁说过："战争就是战争，它要求铁的纪律。"同样，商战也是战争，也需要铁的纪律。只有严格管理，才能培养出令行禁止，严守纪律的作风。反之，管理不严，必然会导致作风松散，战斗力下降。"假如你不执行和维护纪律，你就是潜在的杀人犯。"这是二次世界大战的将星巴顿从严治军的体会。他还经常讲："纪律是保证战斗力的重要因素，也是士兵们发挥最大战斗潜力的关键，它甚至比战斗激烈程度和死亡的可怕性还要强烈。"可见在巴顿统帅打仗的"字典"里，"纪律"一词是备受推崇的，这也可能是他所向无敌、百战不殆的奥秘吧！松是害，严是爱，不管不问就变坏。所以，古有"慈不掌兵"之说。一个不能严于律己，从严带兵的企业家，肯定不称职。称职的企业家必须做到：思想上要严管理，落实规章制度要体现高要求、高标准、高效益的原则；管理工作要到位，就是把各项管理措施落实到位，责任到人，奖惩到家；目标责任要明确，一级抓一级，一级对一级负责，各司其职，上下联动，不得出现中间薄弱环节。这样才能带出有觉悟、有纪律、有秩序、有团结、有战斗力的过硬团队。从诸葛亮挥泪斩马谡，到岳家军"冻死不拆屋，饿死不掠夺"；从曾国藩的"号令严明"、"一尘不染"，到解放军的办事和气，不拿群众一针一线等，都靠纪律统一意志，靠纪律统一行动，靠纪律所向无敌。

作为企业家怎样做到从"严"带兵呢？我认为：应该要有坚定的政治纪律，严格的工作纪律，规范的生活纪律，良好的财务纪律，公正的人事纪律，周密的保密纪律。要做到五个"严格"：严格教育，不松懈；严格要求，不马虎；严格管理，不放任；严格追究，不手软；严格养成，不突击。日积月累，点滴养成，形成风气，变成行动。"六个一样"：领导在与不在一个样，台上和台下一个样，说的和干的一个样，对上和对下一个样，平时和评时一个样，人前和人后一个样。只有这样，企业家才能带出有纪律、能战斗的团队。

八、以"合"带兵，取长补短，双赢发展。

当今社会是政治多元化，经济一体化社会。企业要走合作联营、双赢发展的路子，就必须要做到以"合"带兵。就是说要有联合致胜的意识、不能闭关自守，要有联合的项目、不能空手套白狼，要有联合的策略、扬长避短，才能把独特的政治优势继承好，把自己的资源优势优化好，把创新的管理优势配套好，把专业的技术优势转化好，把能干的人才优势使用好，把精干的领导优势发挥好，把社会的整合优势利用好。

为此：一要靠认识来联合。确实明确企业在现代商战中没有联合的力量，不形成统一的舰队，就很难取胜，很难形成统一的思想认识和增强联合创业的自觉性和主动性；二要靠项目来联合。就是用利益联合起来，一荣共荣，一败同败，大家绑在一条船上，不能三心二意，增强共同创业的责任感和承受能力；三要靠契约来联合。就是说不管共同干什么事都要签订合同，进行公证，在法律上生效，不能一发生问题，互相扯皮和埋怨；四要用体制来联合。要组织联合的领导班子，联合的专业人才，联合的办公方式，确保联合创业的效能和促进力。

九、以"利"带兵，奖功罚过，激励斗志。

以"利"带兵，就是在"益"的基础上，善于以利益激励人。古人曰："天下熙熙皆为利来，天下攘攘皆为利往。"因此，利益最能激励人。锦上添花易，雪中送炭难。要想工作出成绩，就不能没有兴奋点，一个企业家的最高境界，就是让下属了解本单位的目标，了解完成目标自己可能得到的利益，激发他们的工作热忱，让下属自觉自愿地去完成任务。就是所说的：聪明的领导用能人干，笨蛋的领导自己干；聪明的领导当裁判员，笨蛋的领导当运动员；聪明的领导用脑子干，笨蛋的领导用体力干；聪明的领导发奖金，笨蛋的领导发脾气。"重奖之下必有勇夫"这句话虽然有一定的道理，但不完全是真理，而要具体情况具体分析。可以仔细想一想，如果命没有了，重奖又有何意义？古今名将带兵都懂得重奖是有效的，但也是有限的，只要得兵心，力量就能超过金钱。只要懂得为民当兵，为己打仗，就能英勇战斗，哪怕只剩下一个人也要战斗下去。有不少企业单纯靠增加工资待遇来调动员工的积极性，结果企业人员士气不断下降，企业高成本运营也难以维持，一旦遇到经济波动，就会进退两难，不降低员工待遇，是等死，而降低员工待遇，则是找死。这就是"华为"公司总裁任正非在企业形势一片大好的情况下，再三强调的"华为的冬天"的主要原因之一。为此，要强化激励约束机制，使人人心中有目标，个个肩上有压力。一是责任要分明。本着对上负责，对下负责，对工作负责，对同志负责的原则，对干部职责做出规范的规定，把任务区分到人，把责任明确到人，人人都管事，事事有人管，形成横向到边，纵向到底的合力；二是考评要科学。采取个人自评，群众测评，领导讲评，综合考评的方法，结合半年和年终总结，对干部的事业心责任感及完成任务情况，做出客观公正的评价；三是奖惩要兑现。切实把目标考评作为干部使用和奖惩的依据，对成绩突出的给予表彰，优先提拔使用，对工作消极出问题的，要追究责任，严格处理。

十、以"勇"带兵，身先士卒，开拓创新。

所谓"勇"，就是勇气。对于企业家来说，就是在艰难的时候，能够打开局面；在遇到险情的时候，能够带领部属挽回损失；需要牺牲的时候，要敢于豁出去。

前面我们所说的以"利"带兵固然重要，但人们的思想觉悟更重要。斯大林讲过："一个懂得为什么而战的部队是不可战胜的"；毛主席讲过："一个懂得为人民而战的部队，就是剩自己一个人也能继续战斗下去。"解放战争时期，我军能在装备落后、兵力悬殊的情况下战胜国民党军队，靠的肯定不是一个"利"字，而是我们勇猛作战、顽强拼搏的作风。我军当时有一个"三猛"战术，即：猛打——就是清除前进中的各种障碍；猛攻——就是找准突破口，不攻下来誓不罢休；猛追——就是要彻底歼灭，不留后患。要想让自己的队伍能够打硬仗，打胜仗，领导者首先要身先士卒。

解放战争时期，解放军与国民党有两个截然不同的冲锋口号。解放军指挥官的口号是："同志们，跟我冲"；国民党军队指挥官的口号是："兄弟们，给我冲。"一个"跟我冲"，一个"给我冲"，两者虽然一字之差，产生的效果却天壤之别。可以讲是解放军能够越战越勇的法宝，是国民党愈战愈败的原因。喊破嗓子，不如做出样子，榜样的力量是无穷的。它可以使广大下属自觉地产生敬佩与信赖，产生强大的凝聚力和感召力，从而产生无穷的向心力和战斗力。古人云："人不率则不从，身不先则不信。"孔子讲："政者正也，其身不正虽令难从，其身正不令则行。"冲锋在前，退却在后；艰苦在前，享受在后，百事可成，万难可胜。邓小平也讲过："连长指导员不以身作则，就带不出好兵来；领导干部不做出好样子，部队就出不了战斗力。"

　　领导带头示范，这是无声的命令，对下属最有说服力和感染力。领导干部要在刻苦学习上作表率，带头学理论，学科技，学管理，能力素质上比别人高一筹；要在勤奋工作上作表率，聚精会神抓工作，一心一意建企业，在敬业奉献上要靠前一点；要在淡泊名利上做表率，不为功名所累，不为利禄所动，在道德情操上优胜一分；要在求真务实上作表率，带头讲实话，办实事，求实效，在转变工作作风上先行一步。做到严于治人，更严于律己；严于治企，更严于治家。叫人家做的自己带头做好，叫人家不做的，自己坚决禁止，讲的让人信服，做的让人佩服，以自身人格魅力去影响人，激励人，教育人，凝聚人。

　　除了要严于律己，还要身先士卒，"勇"表现在敢于开拓创新。我们这一代企业家既是改革的开拓者，又是改革利益的既得者，还是继续改革的维护者，所以说，不能满足于既得利益，更不能成为继续改革的阻力，改革没有止尽，思想不能停顿。我们所处的这个时代日新月异，要想能够跟得上时代的发展，就要时刻保持一种求新求变的活力。思路决定出路，品牌决定命运；观念一新，遍地黄金；思想僵化，没有办法。要创新工作思路，完善工作机制，破解工作难题，提高工作效率。把改革的推动力、教育的说服力、制度的约束力、典型的带动力、人格的感召力结合起来，使工作更具有整体性、协调性、系统性、实效性，努力实现思想观念和思想方法，工作思路和工作方式，人员素质与领导作风的与时俱进，不断提高工作的质量和水平。

　　总之，以德带兵要做到"六德"：信念坚定、听众指挥的忠诚之德；公道正派、不循私情的仁爱之德；任人唯贤、唯才是举的聚人之德；刻苦学习、奋发有为的勤政之德；与时俱进、崇尚真理的求实之德；遵纪守法、清正廉洁的慎独之德。

企业家如何用辩证方法指导工作*

——《企业家的思想道德和领导艺术修养》系列谈之七

如何用辩证的思想方法去思考问题、指导工作呢？应该正确处理好以下九个关系：

一、正确处理务虚与务实的关系；

二、正确处理给钱给物与给思路的关系；

三、正确处理一般号召与个别指导的关系；

四、正确处理革命热情与科学方法的关系；

五、正确处理原则性与灵活性的关系；

六、正确处理连续性与创造性的关系；

七、正确处理局部利益与全局利益的关系；

八、正确处理改革开放与维护稳定的关系；

九、正确处理承认差距与缩小差距的关系。

---

*这是作者受招商银行总行行长马蔚华之邀，为参加招行分行行长及有关领导培训班的同志们讲演准备的提纲之三。

用辩证的思想方法指导工作，在工作中体现辩证法，使理论不断进入实践，在实践中检验发展理论，又形成新的企业观念，这是搞好企业不可逾越的重要途径，也是企业领导不断探索，找准规律，提高领导能力，争取有更大作为的重要条件。我们知道世界上的任何问题都是对立统一的。我们应该在对立中把握统一，在统一中把握对立，在承认矛盾中统一认识，在解决矛盾中谋求发展。企业家有这样的大智慧、大谋略，企业才能有大手笔、大发展。如何用辩证的思想方法去思考问题、指导工作呢？我认为应正确处理好以下九个关系：

一、正确处理务虚与务实的关系。

务虚和务实是领导工作的两个基本环节。毛泽东同志早就说过，领导干部每个月都要拿出几天时间好好的务务虚，对一些重大问题从理性的高度进行研究思考，一旦定下决心，就要全力以赴抓落实。作为企业领导也应如此，因为，不务虚就吃不透上级精神，形不成科学思路，就难以按客观规律指导工作；形成了思路、决策，不狠抓落实，务虚也是白务。大家经常讲江山是打出来的，成绩是干出来的，不干没有半点马克思主义的味道。因为干才能出新的思路，出新的经验，出新的人才，出新的典型，出新的成果。因此，我们**一是思想上要求实**。调查研究摸实情，发动群众想实招，一切工作求实效，使企业谋发展，员工得实惠。**二是作风上要务实**。执行上级的指示要务实，着眼解决自己的问题；学习别人经验时要务实，着眼找准自己的不足；改革创新也要务实，着眼于提高自己的竞争能力，使务实形成一种风气，养成一种习惯。**三是工作上要落实**。要抓具体、具体抓，反复抓、抓反复，不抓出成效来不放手。强调具体抓，抓落实，不是不要原则，而是因为离开具体，原则必然流于空谈；不是不讲设想、规划的重要，而是因为离开了落实，一切都会成为空转；不是忽视思想政治工作，而是要结合实际一道做，不然就会成为空话。

务虚务实是二位一体，搞得不好就容易脱节。务虚与务实脱节，要么是议论的多，做出的决策多，抓落实不够；要么是缺乏理论思考，就事论事抓工作，事务主义突出。另一个是理论与实际脱节，务虚时不注重研究解决企业突出的矛盾和问题，不能有的放矢，上下一般粗，常常是说空话、说大话；务实时凭经验办事，不善于从理性的高度上找出规律性的东西，抓工作的层次不高。部分同志存在的思路不够清楚，指示朝令夕改，工作被动应付等，都同务虚与务实没有很好的统一起来有关，也就是对上情没有吃透，对下情没有摸清，结合点没有找准。多年的实践证明，把务虚与务实有机地结合起来，在上情和下情中找准结合点，是企业领导成熟的一个重要标志，是做好工作的根本途径。务虚必须联系实际，着力研究解决重点难点问题，不能搞空对空；务实必须注重理论指导，提高抓落实的层次，不能搞事务主义。一次理论的提高、观念的转变，往往是工作效益的一次提高；一次新的实践，解决一个新的矛盾，又往往是检验理论、推动理论学习和研究的一次新的动力。由此形成一个良性循环，实现由理论向实践、由实践向理论的不断飞跃，每飞跃一次，领导水平就提高一步，工作就上一个新的台阶。这些年，我们在理论学习中总结的"调查研究找准问题、学习讨论领会精神、进入决策形成思路、狠抓落实变成实践"的做法，就是理论联系实际的好路子，务虚与务实相结合的好办法，可供大家学习借鉴。

二、正确处理给钱给物与给思路的关系。

给钱给物与给政策思路，是企业机关指导和服务下属的两种基本方式。一个企业发展中往往就会经常存在缺钱缺物的问题，也有个政策思路不清的问题。我在调查时曾听到一些同志讲，"部队建设遇到的实际问题很棘手，思路不清也很困惑"，就说明了这一点。物质的东西必须用物质的力量来解决，思路的问题要靠集中上下的智慧来解决。我们抓企业建设，既要给钱给物，又要帮助下面理清思路，两者不可偏废。也就是说，该解决的实际问题不解决，会影响企业的经济建设，是领导失职；该理清思路的不帮助理清，单靠给钱给物，这样的领导也没有远见。给钱给物与给政策思路，在一定意义上讲给政策思路更重要。我感到，给钱给物不如给个好政策思路。因为，思路决定出路，政策惠及长远，观念一新遍地黄金，观念僵化没有办法。一些长期困扰企业发展建设的问题，之所以得不到解决，很重要的是缺乏好的思路和有效政策。关键时候给个政策思路，比给钱给物作用更大，在面上的效应会更广。为什么同样的物质条件，企业建设的质量差距很大？关键在于政策思路清不清，作风实不实。给政策思路是个理论指导，是高层次的指导，也是最有价值的指导。毛主席和小平同志之所以能够带领我们夺取革命的胜利、取得改革和建设的巨大成就，最重要的就是给我们指明了一条符合中国实际的革命和建设的路子。如果说给钱给物要受客观条件的限制的话，给思路则有着广阔的空间。只要我们不断探索总结企业发展建设的规律和经验，善于集中群众智慧，就能帮助企业拿出更多更好的思路。作为企业领导，不能一提为下属服务就是给钱给物，应该是提供理论指导、政策指导、法规指导、思路指导和典型指导，在帮助理清思路、完善政策、树立样子上下功夫，见成效。

三、正确处理一般号召与个别指导的关系。

一般和个别相结合，是共性与个性的辩证关系在领导工作中的具体运用，是领导艺术的一个重要方面。毛主席在《关于领导方法的若干问题》中开篇就指出："我们共产党人无论进行任何工作，有两个方法是必须采用的，一是一般与个别相结合，二是领导与群众相结合。"一般号召，是着眼解决面上问题，通过会议、文件和讲话等形式，提出以普遍性要求；个别指导，是通过具体帮助、总结点上经验等方法，逐个层次、逐个方面、逐个环节地抓好一般号召的落实。没有一般号召，就不能把广大群众动员起来，形不成好的工作氛围；没有个别指导，面上工作就缺乏活力，使号召难以落到实处。善于运用个别指导推动一般，是我党的一个优良传统，我们许多好的制度、做法大都是个别指导的结果。毛主席就是善于运用个别指导推动一般的大师，无论是战争年代我军各项制度的确定、各种战法的形成、地方政权建设，还是建国后抓"一化三改"、"两弹一星"，等等，都闪耀着用个别指导一般领导艺术的光辉。小平同志也是善于运用个别指导一般的巨匠。国际友人称赞他是中国改革开放的总设计师，小平同志说："我个人做了一点事，但不能说都是我发明的。其实很多事是别人发明的，群众发明的，我只不过把它们概括起来，提出了方针政策。"可以说，一部党史军史和人民共和国史，就是运用个别指导一般，推动革命和建设不断发展的历史。据我多年观察，凡是层次较高的领导，都很善于运用个别指导一般，把个别上升为一般。要进一步加大个别指导的力度，**一是认识要到位**。充分认清运用个别指导一般在领导工作中的重要地位和作用，不能认为企业领导机关主要是宏观控制、宏观指导，个别指导是各级部门的事；不能认为下去的次数多就体现了个别指导，关键是下去会不会把一般号召具体化，是不是真正解决问题，总结的经验和提出的要求有没有普遍的指导意义；**二是作风要深入**。搞好个别指导，没有深入扎实的作风是不行的。我们部队一位老领导说过这样一句话：情况不明人不走，问题不解决不撒手。强调的就是个别指导上的韧劲和标准；**三是境界要高尚。**就是要重事业，淡名利，不图出名挂号，耐得住寂寞，默默无闻地抓好工作落实。不能赶浪头、出风头、争彩头。但是不能不承认，我们的工作中还是存在一般号召多、个别指导少的问题。上级为了搞好一般号召，在调查论证、部署指导上下了很大的功夫，但有些到了下面就中断了，根本原因是个别指导不够。个别单位工作中出现了一些问题，原因固然是多方面的，但是有其共性，往往是认识统一的不够，规章制度落实的不严，工作指导思想不端正，领导自律意识不强等。这些教训，充分暴露了由于个别领导指导不力，导致一般号召不能落实的问题。

四、正确处理革命热情与科学方法的关系。

革命热情是做好工作的动力和保证，科学方法是做好工作的有效途径和桥梁。抓企业建设，二者缺一不可。现在，各个企业积极性很高，都想把工作干好，这是个好事。问题是有些同志方法不够科学，往往事与愿违。比如，有的对本单位实际研究不透，把握不准，作决策、办事情存有盲目性；有的安排工作过满，要求过急，变化过快，使得下面疲于应付；有的抓工作分不清轻重缓急，眉毛胡子一把抓；有的包办代替，束缚下面手脚，影响下面积极性和创造性等等。这些问题，造成了下属忙乱，挫伤了员工热情，影响了领导威信。这说明，在领导工作中，既有一个进一步保护热情、激发热情的问题，更有一个讲求科学方法、提高领导效能的问题。掌握科学方法，最根本的是要牢固树立实事求是的思想路线，自觉按客观规律办事。具体说，应把握好以下几点：一是要把决策真正建立在客观实际的基础上。作决策、订计划、抓指导，要广泛征求群众意见，处理好需要与可能的关系，真正做到既尽力而为，又量力而行。要在工作指导上把握好"度"。企业领导层部署工作一定要考虑下面的承受能力和实际情况，安排工作不能过满，节奏不能过快，也不能"一刀切"。不然，就会出现上面越积极下面越忙乱，上面节奏越快下面越不落实，还容易助长形式主义。正像群众讲的：老板忙，部门乱，员工没法办。尤其是我们的一些企业家，抓工作不坚持按级负责，不注意层次领导，分类指导，以法督导，结果好心不出好结果；二是要善于抓主要矛盾。这反映的是一种思想深度，是一种较高的境界和层次。作为企业领导，就是要善于抓大事，抓关键环节，抓重点工作落实。啥也想抓，啥也不想丢，抓了芝麻丢了西瓜，势必啥也抓不好。正像刘伯承元帅说过的，五个手指按五个跳蚤，哪个也抓不住。重点一突破，全盘工作就能带动起来；三是要转变思想观念，打破旧的思维方式，探索新的工作方法，能用电话会议解决的问题就不要上来开会，能用电传解决的问题就不要发放文件，能个别解决的问题就不要叫大家陪会，不断提高工作效率。

五、正确处理原则性与灵活性的关系。

从哲学的角度看，原则性是由事物的本质决定的，灵活性是由矛盾的特殊性决定的。把原则性与灵活性结合起来，是坚持正确领导必须遵循的一个重要方法，也是在实践中较难把握的一个问题。原则是观察处理问题的准绳，灵活性是在原则许可范围内的变通。违反原则讲灵活，就是不讲政治、不讲政策。有政策、有法规的要按政策法规办，没有政策法规的要按党性办，不能八面玲珑，一味地讲灵活。把原则性与灵活性有机地统一起来，是我们党的优良传统。许多老一辈无产阶级革命家为我们做出了很好的榜样。毛泽东同志评价小平同志："人才难得，绵里藏针，柔中有刚。"就是称赞他具有原则的坚定性和策略的灵活性，有驾驭全局的能力。现在我们有些同志原则性不足、灵活性有余。这种

讲堂 文思录

现象必须认真加以克服。坚持原则，各级有各级的责任，要克服依赖情绪和攀比心理，守好本企业的阵地，做到：看好自己的门，管好自己的人，办好自己的事。对不正之风不能随波逐流，对跑官要官的不能听之任之，对违反原则的人和事不能姑息迁就，对棘手问题不能上推下卸，对热点敏感问题不能乱开口子。特别是在用人问题上，一定要按程序办，不越级插手；要听公论，不违民心；要看政绩，不看来头；要看发展，不迁就照顾。做到提准一个干部鼓舞一片，处理一个人警示一批。讲原则必须牢固树立立党为公的思想。作为企业领导在处理问题时，首先要想一想是否符合政策规定，是否符合企业发展的宗旨，是否有利于调动员工的积极性，把坚持原则建立在高度自觉的基础上。讲原则就不能怕得罪人，伤和气。在班子内部和同志之间，要勇于拿起批评与自我批评的武器，开展正确的思想斗争，在一些重大原则问题上，一定要态度鲜明，立场坚定，是就是是，非就是非，决不能模棱两可，当老好人。我多年体会，自我批评是觉悟，互相批评是帮助，下级批评是监督，领导批评是爱护，正确对待批评就是进步。

六、正确处理连续性与创造性的关系。

坚持连续性与创造性的统一，是辩证法在领导工作中的具体体现。处理好连续性与创造性的关系，往往突出表现在上届班子与下届班子的承接上。我从军半个世纪，可以说当了大半辈子党委书记，经常遇到这类问题，有时班子调整面比较大，处理好这一关系显得尤其重要。新班子调整之前，各级党委在加强部队建设上都有一些得意之笔、成功之作。新一届班子如果忽视连续性，就会使一些工作半途而废，影响部队的基础和稳定。同时，形势任务是不断发展变化的，如果不注意研究新情况、解决新问题，部队建设就难以发展提高，班子就难以有大的作为。处理好连续性与创造性的关系，我的体会主要表现在以下三个方面：

首先，要对前任班子的工作有一个客观公正的评价。这是把工作连续性与创造性结合起来的前提。要实事求是地分析前任班子的工作，找出哪些是应该继续坚持的，哪些是应该进一步完善的，哪些是应该加以改进的。尤其要注意多看成绩，多看长处，对需要改进的问题，也应积极稳妥地解决。我调动单位比较多，感受最深的就是，每到一个单位都要当好"续柴工"，忌烧"三把火"，防止工作大起大落，防止挫伤群众的积极性。

其次，要对创造性有全面的理解。针对形势任务的发展变化，提出一些新要求、新办法，总结一些新经验，是创新。对原来的好思路、好做法、好经验，根据新的情况，进一步深化提高，也是创新。我们讲创造性地开展工作，应该从这两个方面加以努力。不要把创新当成出花花点子，而应当按照规律办，增加新内容。要有求实之意，去图名之心。我历来反对一个将军一个令，认为前任创造的经验，提出的办法，不是自己的，只有拿出新的一套，才显得自己有水平的做法，通过否定别人来提高自己，实际上是没水平，是不成熟的表现，不是共产党人应有的品德；不是对单位建设真正负责，各级领导干部应注意防止和克服这种不良行为。

最后，总而言之，在处理连续性和创造性的关系上，要承前启后谋发展，一代接着一代干，上任后先想一想与上届班子怎么接，该继承的要继承；想一想本届班子怎么干，该创新的要创新；想一想给下届班子交什么，该留下的要留下。切实按照小平同志提出的"对了的就坚持，不能中断；不足的加把劲，不能满足；不对的就赶快改，不能固执；新问题一出来抓紧解决，不能停止不前。"

七、正确处理局部利益与全局利益的关系。

胡锦涛同志指出，各级领导干部要牢固确立全局观念，全面贯彻党的路线、方针、政策，正确处理全局利益和局部利益的关系。全局利益就是全党的利益，全国的利益，全民族的利益。局部利益就是地方的利益，部门的利益，群体的利益。全局利益是由局部利益构成的，是通过局部利益来实现的，离开了局部利益就无所谓全局利益。同时，全局利益又不是局部利益的简单相加，全局利益制约和决定着局部利益，局部利益只有在全局利益的"统领"和"支撑"下才有意义，才能最终实现。毛泽东同志早就提出，"无产阶级只有解放全人类，才能最后解放无产阶级自己"，说的正是这个道理。改革开放以来，我们党实行的让一部分人和地区先富起来的政策，通过发挥这部分人和地区的带动、示范和辐射作用，逐步达到共同富裕的目的，以及划分不同发展区域，实行东部率先发展、振兴东北等老工业基地、中部崛起、西部大开发等不同的政策，也是基于这样一种考虑。因此，发展县域经济也好，发展跨行政区划的区域经济也好，考虑部门发展也好，都不能只考虑自身的局部利益，而不顾全局利益，不顾"左邻右舍"，更不能"以邻为壑"。只有全局发展的更快了，更强大了，对局部的支持才会更有能力，才能带动各个局部持续快速健康地向前发展。作为一名企业家，特别是我们在座的手中掌握一定权力的党员领导干部，要自觉站在全局的角度思考问题，统筹安排，合理兼顾国家和企业、部门的关系，服从和服务于全党、全国工作的大局，不能片面强调企业、部门利益，更不能搞企业保护主义。

能否正确处理全局利益和局部利益的关系，是衡量一个企业家政治素质如何、工作水平高低的基本标准。每一个企业家所经营的企业或所从事的工作，都是全局的一部分。凡是从全局看是可行的，局部看是不可行的，就服从全局，不能打擦边球；凡是局部看是可行的，全局看有危害，还是要服从全局，不能搞上有政策下有对策。不然不但损害了全局利益，而且局部利益最终也保不住。由此可见，只有牢固树立全局意识，才能在思想和行动上与中央保持一致，自觉维护党和国家的集中统一，主动推动全局的发展，带动企业的发展；才能在看待问题时，既能把自己所承担的责任与全局联系起来，又能把本单位的工作作为实现全局总目标的必要步骤和环节努力完成好，使企业有明确的方向；才能提高分析和处理复杂问题的能力，明确本单位在全局中所处的位置作用，在错综复杂的社会现象中找出主要矛盾和矛盾的主要方面，分清轻重缓急，突出重点地抓好工作，使各种努力和行动符合客观实际，与社会发展大势相一致，从而收到更好的经济效益，社会效益，长远效益。

八、正确处理改革开放与维护稳定的关系。

当前，我国正处于全面建设小康社会、构建社会主义和谐社会的关键时期。坚持改革开放、推动科学发展、促进社会和谐、维护安定团结，需要包括广大企业家在内的全国人民的共同努力。同时，也进一步要求我们要坚定改革的信心和决心，毫不动摇地坚持正确的改革方向，突出工作重点，分清轻重缓急，认真研究新形势下维护稳定工作的特点和规律。

始终保持社会稳定，是我国现代化建设的一条极其重要的经验。稳定是改革发展的前提和基础，更是促进社会和谐的条件和保障。改革开放以来，我国经济持续、快速、健康地发展，综合国力显著增强，人民生活逐步改善，各项事业生机勃勃，国际影响力不断提高，这一切都同我们的社会始终保持稳定局面密不可分。当然这种稳定是在改革中解决矛盾的稳定，是在发展中解决民生问题的稳定，没有改革发展也不会有长期的稳定。实践证明，凡是领导观念新、思路清，在人才建设、经济建设、文化建设、制度建设、基础设施建设等方面改革力度大的企业，员工的思想就稳定，凝聚力、战斗力就强，企业发展也就更快，职工得实惠也就更多，对国家的贡献也会更大。反之，企业领导者如果故步自封、观念保守、不思进取，单位建设长期处于落后状态，在商战中丧失竞争能力，不但人心涣散，问题多多，稳定也无从谈起，而且会导致企业倒闭，自己难堪，员工丧失饭碗，国家也受损失。在这里我给大家讲一个部队的小例子：过去部队搞的生活服务中心副食品采购，往往都是"暗箱操作"，官兵反映很大，被一些同志称作是"意见中心"。为解决这一问题，某部引进市场竞价机制和群众监督机制，对主要副食品实行"阳光采购"，既有效地堵塞了副食品采购中的漏洞，提高了标准经费的使用效益，又找到了新形势下基层发扬经济民主的实现形式，增强了官兵的主人翁意识和对领导的信任度，取得了经济、政治双重效益。据当时统计，实行"阳光采购"后，这个部队每天节约伙食费3000多元，一年可达上百万元。这就给我们以启示：改革创新与保持稳定并不矛盾，越是求稳怕乱、不思改革，问题和矛盾就会越积越多，不稳定的因素和出问题的概率就会越大；只有以与时俱进为前提，以改革开放为动力，以谋求发展为目的，才能从根本上奠定稳定的基础，确保一个企业乃至整个社会的高度稳定和集中统一。

九、正确处理承认差距与缩小差距的关系。

邓小平同志曾经明确指出："承认落后才能改变落后"，也就是说承认差距才能缩小差距。有人跟我讲：广东人眼睛盯着自己的钱包，就是看自己能赚多少钱；上海人眼睛盯着别人的钱包，就是看自己有多大差距。不管是褒是贬，也不管是对是错，反正讲了一点真理，承认自己的差距本身就是想办法消除差距的开始；承认企业的问题，本身就是改变现状的先导。这就是常言说的，"知耻而后勇、知短而后长"嘛！

我们解放思想，首先就要正视差距，克服盲目乐观、自我感觉良好的心态。承认差距是一种胸怀，找出差距是一种境界，缩小差距是一种本领。然后针对问题确定新的目标，启用新的队伍，采取新的科技手段打开新局面，创造新的成就，获得新的荣誉。当然任何发展都离不开客观条件和主观努力两个方面的有机统一。因此，我们齐心协力，创造个好条件，营造个好环境，培养个好素质。从客观条件上看，我们要向有关部门争取一个好政策，可能惠及企业长远发展；向科研单位争取个好项目，可能使企业发展上个新台阶；向金融部门争取一笔好贷款，可能会给企业发展注入新的血液和活力；向好的合作单位携手共建双赢，可能打造新的企业航母，提高市场竞争能力；你把握好信息，放开胆子走出国门，可能会拓宽新的市场，使企业如鱼得水等。这些有利的外在条件我们有的要充分利用，没有的要创造条件利用。

但是，这些条件不是天上掉下来的，也不是上级给的，而是靠自己创造的，靠内涵发展的力量争取来的。也就是常说的，打铁先得自身硬。实践反复证明，企业好不好，关键看领导；领导行不行，就看头两名。一个企业在国家经济建设中能不能起到领衔作用，主要看企业的领军人物能不能起好统帅作用。他们应该民主决策讲大气，谁说得对就照谁的办，不固执己见；他们揭露矛盾有胆气，在找准问题中想对策，在解决矛盾中求发展，不一好遮百丑；在改革创新中有勇气，善于用改革的办法解决企业发展中的问题，在解决问题中形成新的理念，不断与时俱进，不能墨守成规；在科学研究中有才气，善于发挥自己特长，集中社会精英，在自主创新中有突破，给企业寻找新的支撑，不能用手工业的办法解决现代化企业发展中的问题；在为人处世中讲和气，善于和谐相处，会调动上级的积极性，有人支持；会调动下级的积极性，有人拼搏；会调动班子的积极性，有人出主意抓落实。要在正视差距中解放思想，就要认真查找我们在经济社会发展上、精神状态上、工作措施上的差距，通过正视差距，来破除自我满足感，增强进取意识；破除畏难情绪，勇于、善于破解难题；破除低标准，树立追求大作为的信心。差距是压力，差距是动力，差距是潜力。面对差距，我们就要有一种永不服输的精神，有一种不甘人后的劲头，有一种改革创新的思路，以只争朝夕的精神，以雷厉风行的作风，在经济又快又好的发展浪潮中赢得主动权。

企业家如何抓好基层*

——《企业家的思想道德和领导艺术修养》系列谈之八

企业家抓好基层工作，重点要有"四抓"：

第一，抓反复，反复抓；

第二，经常抓，抓经常；

第三，基本抓，抓基本；

第四，头头抓，抓头头。

---

*这是作者受招商银行总行行长马蔚华之邀，为参加招行分行行长及有关领导培训班的同志们讲演准备的提纲之四。

万丈高楼平地起，一切工作在基层。常言说基础不牢，地动山摇。但是，现在往往讲起来基层重要，抓起来基础忘掉。有的把基层当成宣传自己的橱窗，带着私心下基层；有的把基层当成镀金炉，要提升到基层去锻炼；有的把基层当成自留地，发放钱物就去遛一圈；有的把基层当成出气筒，有了成绩是机关的，有了问题是基层的；有的把基层当成挡箭牌，有了好处自己留下，有了包袱甩给基层；有的把基层当成头上一朵花，为装潢自己的门面抓个典型，自己出了名基层流了脓。所以，干部愿意到机关，不愿意到基层工作，有的讲："基层苦，基层累，基层干部光受罪；机关写写字，跑跑腿，动动嘴，随时随地有好事。"不是机关围绕基层转，而是基层围绕机关转，弄得机关忙，首长乱，基层没法办。基层反映："汇报应付不了，吃住招待不了，迎送陪同不了，跳舞唱歌忍受不了！"因此，抓基层要遵循规律抓，各司其职；首长重视靠上去抓，向基层倾斜；机关合作形成合力抓，各司其职解决问题；发动基层提高素质自己抓，有内在动力和能力。具体讲有以下四个基本问题：

第一，抓反复，反复抓。

因为人员是流动的，任务是变化的，机制是调整的，形势是发展的，政策是创新的。因此基层要年年抓，基础要年年打，养成传统，形成合力，整体推进，全面跨越。做到：建设一个好支部，培养一对好主官，带出一支好队伍，形成一套好传统，养成一种好风气，留下一支好队伍。要坚持新老交接制度，把好的经验一代一代传下去，这本身就是一笔很好的精神财富；要坚持新官培训制度，每当有新领导上任都要有针对性地搞好培训，使他们一上任就知道干什么，怎么才能干好，少走弯路；要坚持争创先进制度，每个企业都有一套激励机制，调动积极因素，开展比学赶帮超，这是强有力的思想政治工作，也是企业发展的强大动力；要坚持双向评议制度，就是每年年终或半年总结时，要发动基层评机关、看服务得好不好，发动机关评基层、看完成任务突出不突出，形成双向激励和监督机制。

第二，经常抓，抓经常。

这是由基层青年人成人成才特点决定的。他们年龄不一样，文化不一样，个性不一样，家庭背景不一样，经验教训不一样，价值观念不一样，但是，他们渴求成人成才是共同的愿望。因此，要经常解决他们如何做人、如何成才、如何创业这个平台，经常抓，抓经常。做到勤奋学习之风要经常吹，治懒的鞭子要经常挥，团结的道理要经常讲，反腐败的警钟要经常敲，法律约束的"紧箍咒"要经常念，使他们求大知、立大志、成大才、干大事，防止犯大罪、倒大霉！

第三，基本抓，抓基本。

这是单位像"家"的特点决定的。五湖四海到一起，单位就是我的家，以单位为家，单位像家，爱单位如家。正像大家常讲的一句话，"进了单位不想家，到了食堂不想妈"，他就会把自己当成主人，把工作当成自己的事情做。我当兵时在海岛上，1958年开展歌咏大赛，有个战士写了首《爱家》诗，至今难忘："岛是我的家，党是我的妈，我爱我的家，我听妈的话！"搞好基层教育，建设基本队伍，落实基本制度，完善基本设施，是建"家"的基本要求，也是员工的基本福气，还是检验老板德才能绩的基本标准。

首先，基本教育抓质量。一个企业几十号人甚至上千上万号人，不抓教育，思想统一不好，就很难步调一致，去争取市场竞争的胜利。只有抓好经常教育，才能坚定政治信念，爱岗敬业，乐于奉献，走好人生之路。因此，要调查研究、把大道理讲实，要联系实际、把老道理讲新，要着眼全局、把小道理讲好，要有的放矢、把歪道理批倒，要领会精神、把新道理讲透。使大家正确对待荣誉，正确对待挫折，正确对待金钱，正确对待权力，正确对待婚姻，正确对待家庭，正确对待交友，正确对待前途，让真理真正入心入脑，成为成才的指路灯。

其次，基本队伍抓素质。这是企业的骨干，也是大家庭的支柱。队伍好不好，关键看领导，领导行不行，就看头两名。选贤任能，优胜劣汰，做到：一要选拔好，注重文化素质高，思想品德好，发展潜力大，有培养前途的拔尖人才；二要培养好，对选出来的人才，要有计划、有组织、有针对性地送校培养，或者是短期集训，或者集中培训，或者是岗位培训，或者个别培训，使他们打牢人才成长的科学文化基础，政治思想基础，作风纪律基础，业务能力基础，领导素质基础；三要使用好，干任何工作，为了使他们少走弯路，多出成就，应该做到"三个交待"，即交待任务、交待方法、交待标准，使他们明确干什么，怎么干，达到什么标准，发挥他们的积极性和创造性，冲得上去，干得漂亮，领导放心，群众佩服，个人满意；四是管理好，做到：推荐权要真有权、不能糊弄群众，教育权要高起点、不能姑息迁就，管理权要常严格、不能随便松懈，监督权要到位、不能放任自流。越是放心的人越要严格管理，思想上关心，政治上关怀，生活上关爱，有成绩及时表扬，使他们受到鼓舞，有问题及时提醒，使他们不走歪道，使骨干真正成为协助决策的高手，攻关破难的强手，协调落实的硬手，总结经验的好手，领导工作的助手。

再次，基本制度抓落实。没有规矩不成方圆，制度带有根本性、长期性、稳定性。落实制度才能保持良好的学习秩序、工作秩序、生活秩序，使大家齐心协力，步调一致地干工作。如：企业多年形成的政治思想制度，发扬集思广益的民主制度、总结表扬制度、评比先进制度、审计评议制度、经验交流制度、培养人才制度、学历升级制度等都应该长期坚持，注重实效，共同提高，领导受益。当然，制度再好，不落实等于零，落实执行制度关键在人。一靠学习引导，明确制度的重要性，确立制度的法规性，提高严格按制度办事的自觉性，维护制度的权威性；二靠监督约束，要明确监督的内容，监督的责任，监督的办法，做到好人好事有人夸，坏人坏事有人抓；三靠典型带动，各行各业都要有自己的样板，发挥他们的示范引路作用，激励大家跟着典型学，照着样板做，起到"一花引来春满园"的效果；四靠奖惩激励，在落实制度上有功者必奖，有过者必惩，奖惩严明，制度通行；五靠分类指导，针对不同的层次，不同的业务，不同的人员，有针对性地提出不同的要求，不能一把尺子量长短，一把刀都切平；六靠领导带头，领导一个带领，二个指导，不然再好的制度也只能靠吹。领导不按制度办，一切都不算，领导不按法规行，一切等于零。领导要人做到的自己首先要做到，要人不做的自己坚决不做，做到上行下效，下行上好。不然就会上梁不正下梁歪，中梁不正垮下来。

最后，**基本设施抓功效**。我们企业的家底往往体现在基本设施上，如：基本办公设施、基本培训设施、基本文化设施、基本生活设施等，是企业发展的运行载体，也是企业发展的物质基础，还是企业对外的形象标志。因而，要不断加强企业基础设施的建设和管理，充分发挥其基本功效。具体讲要在"三抓"上下功夫：一抓配套。任何设施都处于一个动态的过程，由于企业的发展而处于一种不配套、不完善、不断更新之中，必须常抓不懈，随缺随补，随坏随修，随旧随更新，当然要纠正不讲功效讲排场、不讲适用讲高档的倾向；二抓管理。提高经济效益靠管理，管理跟不上，一边建设一边坏，一边配套一边丢，不但浪费钱财，而且败坏作风。所以，要建管结合，以管促建，以建促用，以用带管；三抓使用。建设的目的在应用，不然建了干什么，还有什么功效可言？文化活动场所要乐起来，工作场所要用起来，生活场所要发挥起来，学习场所要学起来，不然用不坏，放坏了，是典型的形式主义。

第四，头头抓，抓头头。

抓基层，打基础各有各的责任，各有各的要求，因而要一级抓一级，一级带一级，一级帮一级，这样才能级级尽责任，级级抓落实。领导既有自身抓基层的素质，又有一批基层的干将，使他们爱基层，建基层，成为基层的骨干。部队有个说法，给钱给物，不如建设一个好支部；给物给钱，不如配上个好连长指导员。他们具有深厚的理论功底，高尚的人品官德，过硬的业务技能，丰富的科学知识和扎实的工作作风。具体讲要具备以下五个方面的素质：

一是调查研究的素质。炼好知情功，使工作具有针对性、时代性、有效性、预见性、主动性、创造性。调查研究最主要是吃透上头的，切实掌握精神实质、政策方法，把握好大方向；摸清下头的，弄清单位的实际情况，有什么问题，有什么要求，有什么办法，达到什么目的，使工作有的放矢；掌握横向的，就是要了解兄弟单位的情况，了解世界的发展，各方面有什么新信息、新经验、新突破使自己有先进的参照系；形成自己的，就是要经过调查研究，综合分析，找准结合点，形成自己的思路，做出明确的决策，深入宣传教育，抓好落实，变成大家的行动，变成实践的效果。

二是言传身教的素质。任何企业都要选好人，育好才，带好兵，用好兵。能够用自己的知识，结合实际，把大道理讲实，把老道理讲新，把小道理讲好，使大家愿意听、受启发、提高觉悟；同时要严以律己，以身作则，喊破嗓子不如做出样子，形象教育比语言教育更重要。道理很简单，让没有理想的人讲理想，谁信？让不守纪律的人讲纪律，谁服？让不守法规的人讲管理，谁听？让跑官要官的人讲奉献，谁服？让简单粗暴的人讲管理，谁理？让包二奶的人讲正派，谁听？既要讲道理，更要做样子。

三是服务群众的素质。小平同志讲过，领导就是服务，服务是领导的天职。不服务要机关干什么，不服务要领导干什么。可以说服务就是觉悟，服务就是水平，服务就是形象，服务就是本钱，当然，只有服务热情是不够的，还要有服务的本领，要熟悉本职业务，有协调办事的能力。熟悉服务的对象要求，善于帮助他们排忧解难，使他们感到你既是个好领导，更是个好帮手，还是个好朋友。再就是作风要正派，办事出以公心，公平的评价工作，公平的实施奖惩，公平的使用干部，不能门难进、脸难看、事难办，更不能不给好处不办事，给了好处乱办事，违法乱纪办坏事。

四是抓落实的素质。任何工作最终要看落实的效果，当然，也不能一劳永逸，需要一代一代付出艰辛的劳动，也需要一件一件抓好全过程。抓好落实一般来讲，要抓好先行，探索路子；要宣传鼓动，营造氛围；要树立典型，积极引导；要检查督促，及时纠偏；要总结讲评，奖惩严明。

五是改革创新的素质。思想与时俱进，工作一齐奋进。观念一新，遍地黄金；观念僵化，没有办法。因此，对任何事情我们要善于看出新问题，找出新规律，提出新办法，力求新突破，培养新典型，总结新经验，做到年年新、月月新、日日新。当然，创新最终要用实践来检验，凡是有力于解放和发展生产力的，就要大胆地试，大胆地闯，大胆地干；不利于提高和解放生产力的就要及时纠正，坚决摒弃；凡是新出现的问题及时提出，及时解决。

总之，看准了的就大胆干，不足的加把劲，错了赶快改正，新的问题及时解决，永不停止，永不僵化，永不满足，永远前进。

企业家如何保持与群众血肉相连的优良作风*

——《企业家的思想道德和领导艺术修养》系列谈之九

一、切实强化群众观念，打牢改进领导作风的思想基础；

二、下大力解决群众反映强烈的问题，增强改进领导作风的实效；

三、充分发挥制度的制约作用，确保改进领导作风的规范化；

四、坚持领导带头，以良好的自身形象带动领导作风的改进。

---

*这是作者2008年5月20日受江苏江南电缆股份有限公司总经理芮一平之邀，在江苏宜兴为公司领导和员工们讲演。

怎样才能从根本上带动领导作风的改进，更好地适应新的形势任务要求，增强领导工作的科学性和有效性，推动企业建设跨越式发展，为国家建设做出贡献，尽一个企业家的责任呢？我认为主要应从以下四个方面入手：

一、切实强化群众观念，打牢改进领导作风的思想基础。

江泽民同志曾经说过："在任何时候任何情况下，与人民群众同呼吸共命运的立场不能变，全心全意为人民服务的宗旨不能忘，坚信群众是真正英雄的历史唯物主义观点不能丢。"这"三个不能"，从讲政治的高度、实践宗旨的高度、改造世界观的高度，深刻阐明了密切联系群众的极端重要性。这些年，我们在改进领导作风上下的功夫不小，之所以效果不够理想，根本原因就在于没有很好地从强化群众观念这个核心问题抓起，往往就事论事，致使一些问题得不到根治，甚至"按下葫芦浮起瓢"。群众观念是企业领导干部应具有的基本观念，是对企业领导干部的根本政治要求，也是改进企业领导作风的重要思想基础。强化群众观念，当前有几个带根本性的问题，需要进一步统一思想，认真加以解决。

一是正确认识对上负责与对下负责的关系问题，牢固树立对群众负责从根本上讲就是对上级负责的思想。 坚持对上负责与对下负责的统一，是做好领导工作的根本出发点。这个问题说起来似乎明白，做起来往往错位。有的想问题、抓工作不是从企业建设需要出发，而是一味地投领导所好，总琢磨怎样在领导那里留个好印象，"不怕群众不满意，就怕上面不注意"；有的为了赢得上级的赏识，片面追求快出政绩，不惜花过头钱、办过头事，结果是前任班子得虚名，后任班子背包袱；有的为了显示自己的工作热情，不顾企业的承受能力，工作安排过满，要求过高，节奏过快，使员工疲于应付，经常休不成假，过不了双休日；有的为了在领导那里得个好评价，不是把功夫下在抓好工作落实上，而是把更多的精力放在怎么搞好汇报、招待和迎送上，等等。这些现象，看起来是对上级负责，实质上是对个人名利负责。在这些同志的思想深处，总觉得上面能够决定自己的升迁，而群众的意见无关紧要。其实，上级考查任命干部是看政绩、重公论的，政绩不突出、群众通不过的干部，上级也不会认可。一个领导干部只把眼睛盯着上面，缺乏群众基础，企业建设上不去，凭什么提拔你、使用你？个别的即使职务上去了，但名声和人格下去了，这个官当得又有什么意思呢？特别是随着干部任用制度改革的深化，群众公论在干部使用中的作用越来越大，那种顾上不顾下、严重脱离群众、指导思想不端正的干部越来越没有市场。我们一定要认清对群众负责就是对上级真正负责，也是对自己最好负责的道理，既要得到上级的肯定，更要看重群众的评价。正像一些同志讲的："金杯银杯不如群众的口碑"、"这奖那奖不如群众的夸奖。""上不愧党，下不愧兵"，应当成为每个领导干部为官从政的座右铭。切实把工作标准放在群众拥护不拥护、高兴不高兴、满意不满意为上来自我衡量，自我警示，以此成为表率。

二是正确认识领导与群众究竟谁高明的问题，牢固树立群众是真正英雄的思想。有的领导同志总觉得自己是从群众中成长起来的，经历广，经验多，站得也比较高，因而想问题、做决策、抓落实，不大注意倾听群众的呼声、集中群众的意见、调动群众的积极性，自觉不自觉地把自己摆在主宰的位置，没有真正把群众当成企业建设的主人；把自己摆在先生的位置，很少虚心向群众学习；甚至把自己摆在"家长"的位置，要么对群众不放心、不放手，要么一看到点问题就指责埋怨。实践证明，越是自视高明，自己越不聪明；越是摆架子，群众越不买账。我们讲群众高明，就是因为领导的智慧要从群众中汲取，领导的经验要在带领群众改造客观世界的实践中积累，领导的才干要在与群众共同奋斗中锻炼提高。多年来我有一个体会：领导的智慧再高也高不过群众，领导的经验再多也多不过群众，领导的能力再强也强不过群众。回顾近几年企业建设与改革的实践，真正管用的经验是群众创造的，许多棘手问题是依靠群众解决的，一些成功的决策也是集中群众智慧的结果。

三是正确认识领导与群众究竟谁为谁服务的问题，牢固树立领导就是服务的思想。小平同志反复告诫我们，领导就是服务。不少同志并没有很好地领会这一思想、贯彻这一要求。有的对员工们缺乏应有的感情，对他们的急难问题没有真正放在心上，不能积极主动地解决；有的不是把为员工办实事、解难题当成义务和责任，而是当成施舍和恩赐，办事总想落个好；有的让下面围着自己转，搞倒服务，随意改变工作计划，打乱企业正常秩序，随意借调干部，超占员工，这不是解决问题而是添忙加乱；有的在改善机关办公、生活条件上舍得花钱，而对改善员工的物质文化生活投入不够，等等。这些问题说明，要真正把领导就是服务的思想扎下根来，还需要下很大功夫。我们企业的领导同志讲服务，主要应体现在为员工和企业服务上。只有想员工之所想，急员工之所急，办员工之所需，把为员工服务的工作做好了，企业的凝聚力、战斗力提高了，才能真正维护国家和民族的利益，实践全心全意为人民服务的宗旨。有一位部队的英模指导员，他忠诚实践党的宗旨，这种"视战士高于自己、爱战士胜过自己、学战士提高自己、为战士不顾自己"的精神，就体现了很强的服务意识和宗旨意识，值得我们认真学习和躬行。要努力形成"领导为企业服务、机关为员工服务、上级为下级服务、党员为群众服务"的浓厚氛围，自觉把群众情绪作为第一信号，把群众需要作为第一选择，把群众满意作为第一标准，把群众称赞作为第一荣誉，使我们的政绩体现在服务上，威信建立在服务上。

强化群众观念，说到底要靠世界观改造。只有解决了世界观这个总开关问题，才能真正端正对群众的根本态度。要把强化群众观念作为改造世界观的核心问题，作为领导工作实践的永恒课题，坚持不懈地做到"两个深入"：一个是在理论上求深入，就是要从历史唯物主义的高度，深刻理解群众观点是最根本的政治观点、群众路线是最根本的工作路线、"科学发展观"最根本的是代表群众利益的思想，用理论上的清醒保证行动上的自觉；另一个是在实践上求深入，就是要不断地深入群众，切实认清群众在推动企业建设中的巨大作用，感受群众的可敬可亲可爱，加深对群众的感情，从群众中汲取改造世界观的政治营养。两条加在一起才能实践历史唯物主义的观点：一条是群众创造历史的观点，另一条是生产力发展推动社会变革的观点，是永恒的真理，结合实践创造性的应用才是大智慧，这样才能干成大事业。

二、下大力解决群众反映强烈的问题，增强改进领导作风的实效。

近几年，各级在立项解决群众反映强烈的问题上取得了明显成效，但也应该清醒地看到，无论是在企业的物质文化生活、求知成才上，还是在文明管理、风气建设上，都还存在一些亟待解决的问题。解决好这些问题，是保持企业稳定发展的一项实际举措，是抓员工、打基础的一项重要任务，也是改进领导作风的一个基本落脚点。

要深入一线，体察实情，增强解决问题的紧迫性。对群众迫切要求解决的问题，有的同志不够重视，一个重要原因是缺乏切身感受。最近我听几位企业家跟我讲，经常和员工们生活在一起，深深感到他们工作生活中确实有不少疾苦，有些问题仅靠员工自身确实难以解决，下去为员工们办点实事对员工的鼓舞确实很大。这说明，只有设身处地体验一下员工们的疾苦，感受一下员工们的难处，才能增强解决问题的紧迫感。各级领导一定要将"抓员工、打基础、解难题"作为领导工作的基本着力点，把为员工解决问题的好与差作为衡量领导工作实不实的重要标志。深入一线重在解决问题。领导和机关的同志下企业，要变跑面调查为更多的蹲点解剖，变一般了解情况为深入掌握实情，变满足于带回问题为切实帮助解决问题。做到常怀爱企之心，善谋经营之道，多做为民之事。领导干部应在企业建立联系点，认真解剖麻雀，深入了解员工所思、所需、所盼，帮助他们排忧解难，还要通过调研、蹲点、代职等途径，摸清基层的真实情况，促进急难问题的解决。

要不等不靠，立足自身，增强解决问题的能动性。企业急难问题的解决，要靠上下共同努力，靠一定的物质基础，更要靠各级充分发挥主观能动性，创造性地开展工作。为什么类似的单位、相近的条件，有的单位问题解决得好，有的单位问题却长期得不到解决？差距就在于主观能动性发挥得不一样。帮助企业解决急难问题，要有决心、有计划、有措施。各单位要在深入调查的基础上，把问题好好理一理，分清轻重缓急，按级负责，创造条件，逐项解决。我认为总的思路应该是：重点难点问题要集中解决，热点敏感问题要立项解决，容易反弹的问题要反复解决，新出现的问题要探索解决。集中解决重点难点问题，就是要集中财力、物力、精力办大事，每年重点解决一两个牵动企业建设全局、事关员工利益的急难问题，像员工的住房问题、治病问题、夫妻分居问题、子女教育问题、自学成才、学历升级问题等，都需要各级拿出切实的解决办法，力争抓一件成一件；立项解决热点敏感问题，就是对经费物资下拨变相截留、违反规定购车、招工违纪、收受礼物等影响员工情绪和企业风气的问题，要形成共识，上下联动，专项治理，一个一个地攻克；反复解决容易反弹的问题，就是对那些带有周期性、顽固性的问题，像经常性的管理服务工作中的"五多"、效益不高的问题等，要扭住不放，常抓不懈，不断巩固成果；探索解决新出现的问题，就是对企业建设面临的新情况、新问题，像员工家庭涉法问题增多、心理疾病增多以及婚恋管理难等，要适应新情况，探索新路子，拿出新对策，总结新经验。

要转变观念，拓展思路，增强解决问题的科学性。 解决企业的急难问题，需要解放思想，开阔视野，打破传统思维定式和习惯性做法，寻求新的途径。比如，不能一提为员工解决问题，就只想着给钱给物。实际上，制定一个好政策，能够惠及广大员工；提供一个好思路，能够使许多单位的难题找到解决的出路；配备一个好班子，能够立体性地解决一个单位的问题；宣扬一个好典型，能够激发各方面的积极性和主动性。又比如，不能一提关心爱护员工，就只想着解决眼前的、表面的几个具体问题。为员工服务也要与时俱进，问寒问暖是服务，关心他们成才是更大的服务。现在员工的一个普遍愿望是学习成才，我们对员工要爱在根本处、帮在成才上，做到想员工想得远，爱员工爱得深，帮员工帮得实，为员工一辈子负责。再比如，不能一提解决问题，就只局限于传统的方法和企业自身的条件。有的问题像伤病残员工安置、老干部移交和住房问题等，多年来一直解决得不够好，就需要我们进一步拓宽渠道，改进方法，凡牵扯到地方的，要商请地方政府帮助解决；凡需要法律支持的，要拿出建议，争取通过人大立法解决；这样才能从更高层次、更大范围、更加有效地解决长期困扰企业建设的问题。

要敢于较真，不徇私情，增强解决问题的原则性。现在，有的领导和机关在处理热点敏感问题上，原则性不强，搞好人主义。对上面"交办"的事、关系单位托办的事、亲朋好友找上门的事，往往患得患失，抹不开面子，明知不妥也去办；尤其是对部属的"跑"和"找"，不仅不批评制止，反而带着跑、帮着找；明知有的干部素质不强，为了好做工作，也一个劲地往上推荐，好人他做了，矛盾上交了，等等。这样做的实质是怕得罪上级、朋友和部属，就是不怕得罪广大群众；怕影响个人利益，就是不怕损害群众利益。我下部队调研时，经常听到基层官兵反映，每到战士考学、士官选取、技术学兵选调的时候，"千不怕万不怕，就怕上面来电话"，本来基层按照组织考核、民主评议、支部推荐、党委研究的程序，认认真真忙乎了一阵子，上面一个电话就给否了，结果不仅剥夺了官兵的正当利益，冷了大家的心，更严重的是官兵会对组织失去信任，对领导机关失去信赖，对端正风气失去信心。实事求是地讲，我们当领导的都会遇到找你办这事、办那事的情况，我看关键是要按政策规定办事、按组织程序办事，对不符合条件的解释说明一下，人家是会理解的。如果一味迁就照顾，啥事都办，势必是照顾了几个人，得罪了一大片。哪头轻，哪头重，我们当领导的心里一定要有个数。应下大力对插手员工热点问题进行专项治理，有什么问题就解决什么问题，什么问题突出就治理什么问题。本着对维护党的形象、对企业建设、对员工们利益高度负责的精神，坚持立党为公，自觉做到感情服从政策，面子服从程序，关系服从原则，坚决遏制对员工"乱插手"的现象。

三、充分发挥制度的制约作用，确保改进领导作风的规范化。

从这些年的实践看，我们改进领导作风的成效在很大程度上得益于坚持了制度，而存在的问题也与落实制度不好和缺乏制度约束有着直接关系。只有高度重视制度的规范作用，对领导方式和领导行为约之以典章，规之以准则，才能从根本和全局上解决领导作风方面的问题，维护好群众的利益。发挥制度的制约作用，要从以下三个方面努力：

一是强化法规意识。这几年，党中央、军委和国务院在改进领导作风方面出台了一系列规章制度，为我们提供了明确具体的行为规范。现在看，领导作风上存在的不少问题，不是因为缺少规定，而是因为没有严格去照办。为什么反复强调人命关天，要安全生产，而事故不断，一年死亡20余万，伤200多万人？为什么反复强调要秉公用权，反对以权谋私，五年来侦破贪污受贿案件处以上的干部就有13929人，比前五年上升58.3%？为什么反复强调司法为公，不准贪赃枉法，五年来国家仅司法队伍就有涉嫌犯罪的达1193人，还有上升趋势？为什么国家反复强调要实事求是，不要弄虚作假，搞假政绩、假工程、假产品，而弄虚作假之风比比皆是呢？为什么国家三令五申强调不准公费旅游，不准到风景区召开会议，不准大吃大喝，而此风有增无减呢？等等。这充分说明，解决有章不循的问题，必须增强法规意识，坚持按规矩办事，反复抓落实。如果我们的领导和机关有法不依，搞随意性，规章制度再多也发挥不了作用，等于一张废纸。各级领导和机关决不能忽视对各种制度的学习掌握，把行之有效的制度束之高阁；决不能把制度只当成是规范员工的条件，把自己划在圈外；决不能把不按制度办事视为有魄力和开拓精神，把守规矩当成思想不解放；决不能以实用主义的态度对待制度规定，把是否符合自己意愿作为取舍标准。切实做到领导依法决策、机关依法办事、老总依法带兵、工作依法运转，确保企业建设的正规秩序和扎实有效。

二是注重制度创新。我们在制度创新上，责任统一，决策与监督的结合，就是阳光政策，使各项工作在阳光下运作。这几年形成的政务公开，财务公开，厂务公开等让广大群众有参与权、决策权、管理权、监督权等，不仅充分体现了群众的利益和愿望，拓展了民主的渠道，也推进了领导作风的改进，防止腐败。事实证明，创新一个好的制度，就能使广大群众得到应有的实惠，使困扰我们的老大难问题得到有效的解决，使新鲜的经验得到推广和巩固。目前，在改进领导作风、密切联系群众上，还有许多问题需要通过完善制度来加以解决。比如，如何完善领导干部深入企业调研、亲自处理来信来访、与部属谈心交心，以及机关定期听取员工代表意见等制度，拓宽领导与群众联系的渠道？如何完善在重大问题决策前进行专题调研、组织专家论证、进行可行性评估等制度，增强领导决策的民主化、科学化？如何完善扩大群众的知情权、选择权、参与权和监督权等制度，使员工的主体地位和意愿得到更好地体现？如何完善下级对上级、员工对机关、纪委对党委、党委对书记等监督制度，确保领导权力的运行置于有效制约之下？我们领导同志一定要视制度创新为己任，坚持以新的理论为指导，以新的视角来审视，以新的方法来探索，以新的经验来丰富，把没有的建立起来，不完善的健全起来，过时的及时修改，"土政策"坚决废除，逐步形成一套便利、管用、有效等受群众欢迎的制度。

三是加强监督制约。现在一些制度得不到落实，有我们领导同志法规意识不强的问题，也有个监督制约不力的问题。维护制度的权威性和严肃性，必须从加强监督制约入手，形成"使法必行之法"。加强监督制约，主要是强化上级对下级的监督制约，强化横向间的监督制约，强化下级对上级的监督制约，形成上下配合、立体制约的机制。拿企业活动过多，效益不高的问题来说，就要认真抓好党委统筹、经理把关、部门协调、群众评议、严明奖惩等环节，保证有关制度规定的落实。党委统筹，就是年初对各项大的会议、活动和评比表彰等，党委会要通盘考虑、逐项审议，该减的坚决减下来，能合并的尽量合并，计划一旦确定要严格落实，没有特殊情况不得擅自增加。经理把关，就是经理对分管部门部署的工作、安排的活动、制发的文电、派出的工作组等，要根据党委意图、员工需要和有关制度规定把住管好，防止有的部门争时间、争位置、争彩头。部门协调，就是有关机关的综合部门要充分发挥职能作用，及时了解各业务部门的工作情况，主动协调矛盾，积极提出建议，帮助经理做好统筹把关的工作，防止政出多门。群众评议，就是要结合半年和年终工作总结，对领导作风方面的情况，组织员工评议机关、下级机关评议上级机关、机关评议经理，充分发挥群众的监督作用。严明奖惩，就是对那些超出企业承受能力的工作安排，违反制度规定的各种活动要加以纠正，尤其是对那些下面看成是问题、自己却当成成绩的，要严肃批评，切实把落实制度规定的情况作为评价机关工作、衡量领导政绩的重要尺度。

四、坚持领导带头，以良好的自身形象带动领导作风的改进。

改进领导作风，既要抓思想引导、制度规范，更要坚持领导带头、以身作则。群众说得好："改进作风不用愁，就怕领导不带头。"只要我们领导干部按照群众满意的要求塑造自己，负好责，带好头，当好表率，就能以良好的形象取信员工、带动部属，使领导作风、企业风气、干群关系大为改观，更加融洽。

一要塑造顾全大局、稳心尽责的形象。目前，随着企业改革的深化，随着企业的重组兼并，一些经理思想已经产生了波动，接下来，对经理们思想上的影响将会更为明显。如何正确对待进、退、去、留问题，是我们面临的一个很现实的课题，也是一个很严峻的考验。在这种形势下，作为领导干部能不能顾全大局、稳心尽责、振奋精神、自觉奉献，不仅关系到自身的形象，也关系到员工稳定和各项工作落实。我们一定要站在党的事业和企业建设长远发展的高度，正确认识和对待干部的交替和调整问题，经常想一想"当年办企业是为什么?现在当老总应该做什么?将来身后应该留点什么?"做到讲党性、顾大局、守纪律，像有的同志讲的那样，"年龄到杠，言行不能过杠；职务到顶，工作不能封顶；时间有限，奉献应当无限"，真正珍惜自己的岗位，无愧于人民的重托，并且珍惜自己的荣誉，无愧于组织的培养。防止出现心态浮躁、静不下心来干工作的现象；防止出现因看到自己使用希望不大而降低工作标准、松懈革命斗志的现象；防止出现过多考虑个人问题、跑官要官的现象。要正确对待事业、正确对待组织、正确对待自己、正确对待别人。领导同志既要抓好教育落实，又要率先垂范，以昂扬的精神状态、饱满的工作热情和科学求实的态度，高标准，严要求，做一流工作，创一流佳绩。我们都是教育人的人，经常教育部属要正确对待名利职位，自己讲的道理，要自觉躬行，不能事情到了自己头上就说做不一。员工们说得好，现在最受群众拥护的是说做一致、埋头实干的干部，可以原谅的是身上有缺点、但也能干事的干部，不受欢迎的是说得好、做得少的干部，最反感的是光说不做、言行背离的干部。我们应当从群众这番话里受到启迪和警示。

二要塑造公道处事、公正用人的形象。现在，领导干部在群众当中最得分的是公正用权，最失威信的是用权不公。许多同志说，在公道正派的领导手下工作，放心舒心，是一大福气。一些单位人心散、问题多，原因也往往在于用权不公、用人不准。公道处事，公正用人，是最有说服力的思想政治工作，是风气建设最好的导向。公道出政绩，公道出正气，公道出人才，公道出战斗力。公道处事，公正用人，是一个很敏感的问题，也是一个很难处理的问题。解决好这个问题，最重要的是心要放得正，水要端得平，腰要挺得直。心要放得正，就是处事用人要出以公心，把党的事业和企业建设的需要作为根本出发点；水要端得平，就是处事用人要一视同仁，不分亲疏，看政绩，重公论，一把尺子量到底；腰要挺得直，就是处事用人要坚持原则，抗得住干扰，抵得住诱惑，顶得住压力。讲人品官德，这是最重要的体现；讲领导水平，这是最重要的标志。

　　三要塑造勇于揭短、求真务实的形象。近年来，各级在揭短报忧上有明显进步，特别是严肃处理了一些隐情不报、弄虚作假的人和事，上下受到触动，"发现问题是水平、汇报问题是党性、解决问题是政绩"已逐步成为大家的共识。但对这方面的进步不能估价过高，对存在的差距应当有清醒的认识，对潜在的问题应当高度重视。现在，个别单位发生了问题，仍然是上面不查不报、群众不告不报、认为能捂住的不报；有的汇报工作，讲成绩具体生动，讲问题原则抽象；有的分析企业形势自我感觉良好，不能正视薄弱环节和问题。这样往往会使小问题变成大问题，使本来容易解决的问题变成老大难问题，带坏企业风气，损害员工利益，影响企业建设。我们应当明确，有问题并不可怕，可怕的是不能正视问题，不敢揭露问题，不去解决问题。护短藏忧，糊弄了一时，糊弄不了长久；糊弄了领导，糊弄不了群众；糊弄了平时，糊弄不了关键时刻。只有敢于揭短，才能使短变长；只有勇于报忧，才能使忧变喜。我们一定要坚持求真务实，在"虚"字上开刀，往"实"上用劲，做到反映问题要真实，研究问题要务实，解决问题要扎实，坚决不搞虚报浮夸的假政绩，坚决不搞劳民伤财的达标活动，坚决不搞沽名钓誉的形象工程，使各项工作真正经得起上级的检查、群众的监督、历史的检验。

四要塑造严于律己、清正廉洁的形象。我们经理们经常面临着如何用权的考验、亲情友情的考验、职位待遇的考验、金钱物质的考验、灯红酒绿的考验。如果放松对自己的约束，稍有不慎就可能做出有损形象的事，甚至走上违法犯罪的道路。应当说，我们绝大多数企业领导者们较好地经受住了各种诱惑和考验，但在少数同志中有几种不良心态应引起高度警觉：一种是从众心理。总觉得人家都这样，自己随大流，法不责众，太认真了反而吃不开；一种是攀比心理。处理问题不是看政策规定，而是看别的单位和别人是怎么做的，横攀竖比，盲目效仿；一种是补偿心理。有的感到职务上不去了、就想在其他方面弥补，有的感到过去辛辛苦苦几十年、现在该好好享受一下了，有的感到子女们跟着自己东奔西走不容易、现在即使违反点规定也要安排好一些；再一种是侥幸心理。总认为办点出格的事别人不知道，就是知道了也没什么大不了的。这些心态是很危险的，也是十分有害的，如果任其发展下去，就会"千里之堤，溃于蚁穴"。要筑牢拒腐防变的思想防线，就要注重道德修养，培养健康的生活情趣。要在实践中养成高雅的志趣、高品位的文化素养和良好的政治风范，尤其是在八小时以外，在家庭以外，在没有人监督情况下，更要慎微、慎独、自重、自省、自警、自励，真正把自己管住管好，把亲属和身边人员管住管好。要注重知识熏陶，把积累知识作为人生的第一要务，养成刻苦学习的习惯，善于思考的习惯，积累资料的习惯，亲自动手的习惯。不断用党的理论创新成果武装头脑，在增强政治坚定性和工作科学性的同时，为德性修养提供系统的世界观指导和慎思高远的人生信念，树立良好的自身形象。

企业家如何加强自我保健*

——《企业家的思想道德和领导艺术修养》系列谈之十

一、节制金钱欲，切忌乱捞乱贪，烧出病来；

二、节制当官欲，切忌乱跑乱要，难出病来；

三、节制权力欲，切忌乱争乱用，吓出病来；

四、节制扩张欲，切忌乱投乱贿，压出病来；

五、节制攀比欲，切忌乱攀乱比，气出病来；

六、节制表现欲，切忌乱吹乱嗙，惹出病来；

七、节制应酬欲，切忌乱吃乱喝，撑出病来；

八、节制情感欲，切忌乱搞乱包，累出病来；

九、节制保健欲，切忌乱医乱药，治出病来；

十、节制娱乐欲，切忌乱唱乱跳，玩出病来。

---

*这是作者2008年6月29日受全国总工会和《工人日报》的领导之邀，在北京延庆为参加全国疗休养事业发展改革研讨会的与会人员讲演。

　　所谓人们的健康应该是心理健康、生理健康和性理健康的统一。单方面健康不但不能算健康之人，而且还往往因心理不健康影响生理健康，由于生理不健康又影响性理健康，又由于性理不健康影响全身健康，如此恶性循环，使自己遭罪，家庭受累，同事着急，业绩滑坡，有心无力干着急。更有甚者，出师未捷身先死，常使英雄泪满襟。可见，健康不仅是个人幸福、家庭欢乐的问题，也是企业发展、国富民强的问题。正如一些同志所讲的那样，要想奔小康必须保健康，身体不健康怎么奔小康。这个问题在改革开放之初许多企业家重视不够，正如一些同志深有体会地说："老首长啊！我们过去是日夜赚钱无人知，现在是提着钱治病无人替，真是后悔莫及啊！"这是多么值得深省和吸取的沉痛教训啊！现在这个问题已经引起了企业家们的重视，他们由挣钱治病，逐步向挣钱与保健康的统一而转变了。今年元月15日，我在深圳到北京的飞机上，看了《生命时报》刊登的一篇消息，对800多名本科以上企业工作人员问卷调查，就是在新的一年里你最大的愿望是什么？结果71%的人选择的是全家健康，74%的人表示决不会因为赚钱而透支健康，21%的人表示要挣更多的钱，只有8%的人想得到提升职务。可见，多数同志已经清醒地认识到了竞争压力影响健康、盲目攀比损害健康、忙于应酬破坏健康、生活奢侈摧残健康的严重性。正如一些同志形象地讲到健康是个"一"，而名、利、权、钱等身外之物都是"零"，如果"一"没了，一万个"零"还是"零"。更令人可喜的是，大家不但懂得了健康的意义，注意了加强锻炼与自我保健，明白了靠医生不如靠自己，而且还把健康同自己事业的发展、家庭的幸福、国家的强盛联系起来了，表示决不能用牙齿挖掘自己的坟墓，用酒精麻醉自己的神经，用压力摧残自己的健康，用忧愁消耗自己的容颜，做到知足常乐、助人为乐、奉献快乐、自寻其乐，在快乐中干好事业，在健康中竞争拼搏，在幸福中为国争光。这是多么深刻的体会，这是多么发人深省的箴言，这是多么崇高的境界，这是多么科学的方法，值得提倡，值得学习，值得推广，值得效仿。

在这里，不少同志问我的身世，我可以坦诚地告诉大家：我出身贫苦，少年从戎，半个多世纪以来苦事、累事、难事、险事都干过；酸、甜、苦、辣、咸人生五味都尝过，可是没有因病住过院，两次负重伤也无留下终身残疾。我的体会是：要科学工作别累着，累坏了不算本事；加强休养别气着，气坏了不算本事；经常锻炼别闲着，懒坏了不算本事；控制饮食别撑着，撑坏了不算本事。我家人、朋友和战友把我的一生总结了四句话：少年时是苦菜花，花儿在苦水里成长；青年时是月季花，非常忙活月月开；中年时是玉兰花，成为人民的观赏品；老年时是向阳花，无事读书、写书晒太阳嘛！我一辈子没有机会上过名牌大学，但是，我在解放军大学校里读了半个世纪的书，而且，我结合实际读书，结合经验教训思考，不断总结提高，其乐无穷，受益终生。我青少年时立志读书求知识，中老年时认真教书育人才，退休之后发奋写书传经验，努力朝着治学有方、事业有成、为人有德、养生有道、立言传经的目标严格要求自己，既有利于以文会友，又有利于健康长寿，还能为社会发挥余热，对得起我们党和军队半个世纪的培养、改造、锻炼出的大脑，做到滴水之恩，当涌泉相报，这也叫反哺社会，无私奉献吧！不过，我提醒大家一下，我讲企业家如何保健，与别人讲的有不同之处，我虽然有医学的爱好，但是没有专门学过医，我虽然领导过医学科研，但没有个人成果，不然我不就成了医生或者成医学家了，就不是政委了嘛，今天恐怕也不能登台来给大家讲课了。我讲保健既不是医生讲的保健，那是专门的事情；也不是教授讲的保健，那是教授洪绍光等人的事情。我是在研究中国古今名人长寿趣闻秘诀的基础上，针对社会中存在的影响健康的不良现象，结合自己学习医学经典的感受，联系个人切身的一些经验教训，着重从人的七情六欲、品德修养、社会活动的角度来讲，虽然不是专业的保健知识，但是，只要大家认真研究，就会使你们在心理、生理和性理等方面全面健康。一个专家给我讲："只要按着这个办法，健康就不难，是女士的美容院，也是男士的加油站，使女人更美丽，男人更灿烂。"这算是开个玩笑吧，笑一笑十年少嘛！

那么，企业家如何保健呢？我前面说了，我讲的保健主要是从"七情六欲"这个角度来展开的。首先简要地说一下"七情六欲"这个成语的来历。我们成年人大多数都知道，它是《吕氏春秋》一书中首先提出来的，然后东汉哲人高游做了解释，随着实践经验的增多，历朝历代圣贤们又从不同的角度做了不少的论述，哲学家从理论的角度，医学家从健康的角度，文学家从人性的角度，佛学家从宗教的角度，军事家从打仗的角度等都有不少的说法，有些基本一致，也有些很不一致，但是，"七情六欲"的成语没有改变。"七情"就是喜、怒、哀、惧、爱、恶、欲的总称。具体讲："喜"就是喜欢，"怒"就是发火，"哀"就是悲痛，"惧"就是害怕，"爱"就是追求，"恶"就是讨厌，"欲"就是渴望；"六欲"就是见欲、听欲、嗅欲、味欲、触欲和意欲的总称。简单地说，"七情"指的是人的情感表现，大致属于心里活动范畴；"六欲"是指人的生存要求，大致属于行为活动范畴。但是，它们之间又是互相依存、互相补充、互相转化的，有时"七情"转化为"六欲"，有时"六欲"转化为"七情"。"欲"的满足需要"情"的投入，"情"的愉悦往往与"欲"的需求有密切关系。因而生老病死，人生质量的好坏，也往往与"七情六欲"有关，既不能简单地划清，更不能武断地分开，大致明白这个意思就可以了。再复杂的问题那就是专家的事情，不是我们实践需求的东西了。我讲的这些东西决不是空想出来的，也不是从书本上抄来的，那样的话，自己讲得无聊，大家听得无心，回到实践中又无用，不是你们的要求，也不是我的风格。我讲的这些东西，它既有古代圣贤之遗训，又有现代领袖教导；既有名医之论述，又有"儒商"之经验；还有就是我个人从军50多年之体会。为了好记易懂，简明管用，我按毛泽东同志《反对自由主义》一文的格式把它概括为"十个节制"和"十个切忌"。"节制"就是有度，不可能一点没有；"切忌"就是切实避免或防止。

一、节制金钱欲，切忌乱捞乱贪，烧出病来。

去年，清华大学邀请我给经理人培训班学员讲了一课，主题就是企业家的金钱观，对什么是金钱、为什么要赚钱、如何赚钱、如何用钱等问题做了明确的论述，其核心思想就是充分肯定社会主义市场经济是在社会主义制度下，允分运用价值规律，实现资源合理配置，防止铺张浪费；运用竞争规律，实行优胜劣汰，防止恶性竞争；运用物质利益分配规律，承认贫富差距，防止两极分化；运用市场规律，提倡自由竞争，防止垄断经营。这个简单的道理，搞企业这么多年的人听起来并不难懂，但是，真正落实起来也相当困难。因此，我们既不能简单地反对赚钱，也不能看到别人赚钱得红眼病，更不能有仇富心理，不然再回到大锅饭时期大家都受穷。如果没有人来赚钱为国家做贡献，那么，要想实现老有所为、住有所居、学有所教、病有所医就是一句空话。所以，马克思主义认为人们的一切活动，都是为了一定的物质利益，离开物质利益，一切思想就会出丑；当然，一切物质利益创造活动，必须在一定法规范围内进行，离开了这一框框，恐怕要出更大的丑，甚至走歪门邪道，导致犯罪。这已经是被历史事实反复证明了的，希望大家永远不要忘记。但是，君子爱才，取之有道；君子赚钱，取之有度；君子有钱，花之有方。这还是我们老祖宗早就讲过的，一是不能贪占，就是收取不义之财；二是不能白捞，就是投机倒把；三是不能奢侈，就是铺张浪费；四是不能诈骗，就是以假乱真。有人说得很形象，这种现象我们的孔老夫子2500年前就讲过了，我再重复念叨念叨，就是"智者乐、仁者寿"，我理解就是大智常乐，大德者必长寿。希望大家作为做人、为官和经商的座右铭。

二、节制当官欲，切忌乱跑乱要，难出病来。

自古至今当官是人们向往的，但是当官之难也是人们所熟悉的。历史上当个正派公道的官相当难，今天，当一个好官更是难上加难。因为，你利用职务干坏事，迟早会被打倒，锒铛入狱，遗臭万年，还不如不当这个官。你在其位、谋其政、负其责，干好职权范围内的事业让上级放心，群众拥护，班子满意，也相当难。这需要有魄力、有能力，真正要顶住压力、顶住阻力、顶住惰力，使尽全力啊！因为，任何有本事的官，任何有名气的官，任何清正守法的官，有"四难"不可避免：一是管天难。天有不测风云，我们一会抗洪，一会抗冻，大家看做个领导多么的不容易；二是管地难。地有地震灾害，火山爆发，生态失衡，森林失火等，领导都要带领群众站在一线抵御；三是管人难。人有七情六欲，真正识别使用好，学习培养好，管理约束好，也是十分不容易的，往往选错了对不起组织，选对了也有不同怨言啊！四是管己难。因为，知人者智、知己者明，胜人者力、胜己者强。任何时候都要严以律己，贵而不骄，富而不奢，老而不懈，为而不求，做到治学有方，事业有成，为人有德，养生有道，立言有名，那可不是任何一般官员能够做到的。正如河南豫剧《七品芝麻官》徐九经在唱词中唱道的："没有当官想当官，当了官来处处难。"但是，他决心扶正压邪，发誓做到："当官不为民做主，不如回家卖红薯！"我认为有这样一种心态，才能顺其自然，不瞧着位子干、看着脸色办、顺着竿子爬，不唯书、不唯上、不唯富，只唯实、只唯正、只唯民，才能心理健康，工作顺当。

三、节制权力欲，切忌乱争乱用，吓出病来。

哲人讲过权力是把"双刃剑"，用好了可以砍掉歪风邪气，为人民办更多的好事，甚至名垂千古，后人效仿；用不好可以斩掉自己的脑袋，成为历史罪人，粉身碎骨，遗臭万年。因此，我们要清醒地看到"一分权利，十分责任"，顺其自然，组织上给权时不要推辞，当好演员，演好角色不违规；组织上不给权时，当好观众别抱怨。因为，任何时候我们共产党人，或者称职的企业领导者，都要弄清我们的权力是从哪里来的，是人民给的；我们有权干什么，是为人民服务的；我们交权时留什么，使后人敬佩。但是，现在确有少数人把人民赋予的权力当成盘剥人民的手段，说话时以权压人脱离群众；用权时以权谋私危害人民。他们得意之时，正是犯罪之日；他们认为无人知晓之事，正是他们变质之始。俗话说，"要想人不知，除非己莫为。"因为，任何好事坏事，总是天知，组织了解；地知，群众了解；己知，家人明白。因而总是做了亏心事，夜半害怕鬼叫门。上怕组织审查，中怕班子揭发，下怕群众监督，总是在担惊受怕中过日子，心理能健康吗？心理不健康能有好身体吗？更有甚者，违法犯罪，极端者走向断头台，这样的教训自古至今还少吗？为什么屡禁不止，顶风而上呢？主要是争权者一旦得逞，忘乎所以，为所欲为，丧失信念，竟然出现了信歪理不信真理，信个人不信组织，信小道不信大道，信迷信不信科学，信金钱不信德才，信权力不信法律，直至走上违法犯罪的道路，越陷越深，无法自拔。

四、节制扩张欲，切忌乱投乱贿，压出病来。

有所为有所不为，才能真正有所大为；有所舍有所得，才能真正有所大得。如果什么都想有所为，势必造成什么也无所为；什么都想得到，最后什么也得不到。打仗是这个道理，经商也是这个道理，做人做事更是这个道理。这可以说是得与失的辩证法，是创业成功的大道理。有不少人懂得这个道理是一回事，但实行起来确是另一回事，不然为什么有的企业资产规模不大，而贷款数额不小，盲目投资让沉重的利息包袱给压垮了；有的公司自身结构本来就不合理，内部管理混乱，却又急于包装上市融资，让贪婪的大股东给掏垮了；有的企业效益不高，急于扩大领导层分配利润，增加员工收入，使企业发展缺少后续资金，把企业给分垮了，等等。这些同志往往是好心干了坏事，好人成了罪人。这个活生生的历史和现实的教训，应该说屡见不鲜，但是，由于领导急于求成，屡败屡战，前仆后继，其结果使国家受损，员工受害，自己精神压力大。有的压出了忧郁症，百医难治；有的心理承受力差，以死了之。这些沉痛的教训，我们不得不警醒；这种盲目扩张的做法，不得不防止。我们应该走量力而行、逐步发展，把企业做实、做好、做强、做大的正道。

五、节制攀比欲，切忌乱攀乱比，气出病来。

比较是认识事物的方法论，没有比较就难以区分出进步与落后，正确与错误。所以，陈云讲："要全面反复比较，才能把握事物的规律，这是正确的比较方法，是应该发扬的优良传统。"但是，盲目的攀比就走向反面，正如俗话说的那样，"货比货要扔掉，人比人要气死，事比事要难死。"有过分攀比欲的人，心理状态往往是不正常的，如：人家能做好的企业，我为什么不能做好？人家当好领导，我为什么不能当好？人家能管好的事情，我为什么不能管好？人家拿出科研成果，我为什么拿不出？人家工资多，我为什么工资少？人家车子好，我为什么车子差？人家房子大，我为什么房子小等等，这种攀比有一定的积极因素，就是不甘心落后，应该说这种积极因素是可以肯定的。但是，人与人之间的差距是很大的，别人干成的事，你不一定干成；人们干事机遇也是不同的，人家抓住机遇干起来了，你错过机遇再干成恐怕也是很困难的；人家客观基础是好的，有人才和资金能干起来，但你没有人才和资金怎么能干起来呢？人家筹划好、方向明、思路清，有人投资，你缺少思路，也没有规划，谁敢来投资呢？这种不比条件比成果，不比贡献比待遇，不比能力比资历，不比机遇比赌运等的办法，只能越比心理压力越大，越比对别人越嫉妒，越比对别人越不服气，必然是影响了自己的精神健康，破坏了同志关系，损害了社会稳定。相反，正确的比法是，比差距赶上去，比经验学过来，比境界走出去，形成你追我赶的局面，推动社会向前发展，这才是正确的比较。

六、节制表达欲，切忌乱吹乱嗙，惹出病来。

人不是孤立的个人，而是社会的人。不论是什么人，不管你干什么事业，不论你是当官、还是为民，不论你是经商、还是从军，都有个亲朋好友，见面或相聚互相问候，彼此祝福，不是一种很好的鼓励嘛！有苦衷相互倾诉，彼此沟通理解，不是很愉快的嘛！互相交流经验，谈些教训，不是听君一席话胜读十年书嘛！真正的表达应当是讲真理不讲歪理，讲大道不讲小道，讲科学不讲迷信，讲政治不做政客，每句话都要体现企业家的文化和道德修养，为党分忧，为政府解难，为企业发展，为朋友负责，不能讲些低级趣味的话，讲些黄段子，有的人白天文明不精神，晚上精神不文明；白天同男士谈人生，晚上同女士谈生人。这能不有损于党的形象吗？能不有损于政府的威信吗？能不有损于企业家的称号吗？这能算是心理健康吗？正如古人讲的"病从口入，祸从口出"，是有深刻的道理的。有不少人因为乱吃乱嘹失掉威信，丧失合作伙伴；也有不少因为随便说人长短，失去了领导的支持；也有不少人因乱上网发帖违犯政治纪律，触犯法律等。这些沉痛的教训既不利于社会和谐稳定，也不利于事业的发展，还影响了本身的心理和生理健康。

七、节制应酬欲，切忌乱吃乱喝，撑出病来。

从历史上看，我国是文明古国，文明其中也包括吃文化、酒文化和茶文化，这种文化的发展对促进社会的进步是有益的；**从现实上看**，通过一起喝点茶、吃点饭、饮点酒等活动，活跃一下气氛，叙述一下友情，交流一些经验是正当的；**从人类生存规律上看**，无非是生存需求，求知需求，性理需求，也往往是通过文化作为载体表现出来，也就是中央提出的生活更美好的小康目标应有之义，当然是无可非议的；**从发展趋势上看**，这种文化不但有中国传统，而且还正在与世界饮食文化相融合，是任何人压控不住的，也是不必要反对的。这可以不可以说是人类发展中物质文明和精神文明的有机结合？我从来不反对。但是，我们反对的是乱吃乱喝，也就是把吃喝当成摆阔气，争面子，打肿脸装胖子。一些同志跟我说："首长啊！你要好好讲一讲，现在有的大款钱并不多，真正钱多的人没有这么干的。"他们吃顿饭叫"五子登科"，即：浪费了票子；吃大了肚子；喝坏了脑子；撞坏了车子；得罪了妻子。这虽然不是多数人所为，但是，恐怕也大有人在，这不是拿着钱买罪受吗？何苦呢？我在这里给大家讲点文字常识，就是咱们老祖宗造字很有预见性，几千年前造的癌症的"癌"字，就是一个"病"字旁，底下三个"口"一个"山"，意思就是告诫人们病是哪里来的。第一"口"是吃出来的，病从口入嘛；第二"口"是喝出来的，过量饮酒胜毒药嘛；第三"口"是抽出来的，长期抽下去尼古丁肯定中毒嘛。三个"口"都管不住，就疾病如山，成为癌症了，就是不治之症了嘛。所以，真正会保健的人，是少吃一口，不要只长肚子不长脑子；少喝一口，别一天到晚处在半昏半醒状态；少抽一口，别伤害自己再污染别人。我看，这就是最聪明的保健办法了，不然就无药可救，无医可治。

八、节制情感欲，切忌乱搞乱包，累出病来。

人生欲望有很多，上边也讲了不少，但是，最主要的是三大欲，即：食欲，不然无法生存，现在应该说多数人吃不愁，穿无忧了；求知欲，不然无法发展，应该说我国发展教育事业，使大多数人学有所教了；性欲，不然人类无法延续，所以说我们破除了封建残余思想的束缚，法律也逐步人性化了。这是个无法逃避的问题，也是不可回避的问题，是万古不变的真理。过去不应怀疑，只不过是羞羞答答而已；现在不应回避，总归是妇孺皆知的事情；将来不能中断，只不过是更加文明而已。不论什么人，抒发感情是不应该反对的，欲望的满足也是人之常情。但是，情感这个东西必须不出"三个圈"，即：不出道德圈，不然破坏婚姻，有害于他人，别人仇恨，家人反对，又有什么幸福可言呢？但是，我也不赞成"维持会"家庭，为了老子，为了孩子，为了面子，为了位子，在那里貌合神离，长期痛苦，慢性自杀，但必须有德性，不能发野性，打骂杀害；不出法律圈，婚姻这个事情往往是个神秘的圈，没有结婚的想钻进去，结了婚的想钻出来，就是说结婚之前什么都是美好的，结婚之后什么都是后悔的。所以，有人恋爱期间要瞪大双眼，结婚之后要睁一只眼闭一只眼，年龄大了要闭上双眼，不然就容易婚变，即使感情破裂也不是耻辱的事，但是，要按法律办事，正式离婚，不要搞些婚外情和婚外恋，那样既影响自己的声誉，又容易走上犯罪的道路，造成终身悔恨；不出民族习俗圈，就是我们常说的不能在情感问题上伤风败俗，有失大雅。有的在光天化日之下搂搂抱抱，有的在公共场所互相亲昵，有的甚至在荒郊野外做爱，这不是文明发展的需要，而是野性的复原。我们有多少创业先锋因为情感处理不好被唾弃，有多少领导干部因为情感处理不好被打倒，又有多少社会名流因为情感问题处理不好被搞臭，又有多少才华横溢的青年才俊因为情感问题处理不好丧失生命……等等这些，每当看到和听到，我心里总是感到很惋惜、悲痛，也很同情、着急。这也是我斗胆登上大学讲堂的原因之一吧，谈点人生哲理起点作用，尽我一个老党员、老将军、老战士的社会责任，也无愧于党、军队、社会和人民对我多年的培养、教育啊！

九、节制保健欲，切忌乱医乱药，治出病来。

随着我国经济的发展，文明素质的提高，多数人已由过去忙活养家糊口向注重生活质量而转变，由为艰苦创业积劳成疾向自我保健而转变，由过节赚点加班费向旅游休闲而转变，这是社会的一大进步，也是健康的重要保证。但是，现在也出现了一些不太正常、不太科学、有损健康的东西，主要是女士们的减肥风，男士们的壮阳风，各种药疗食品风，还有各种保健药品风。我认为要按毛主席的说法，遇事要问一个为什么，不要盲目跟风跑，不然花钱买罪受，把身体搞坏了。古语说："是药三分毒，假药更是害死人。"什么是好药，对症就是好药；什么是好医生，治好病就是好医生；什么是好食品，有利于健康就是好食品。如何看待补药？我认为补对了是补药，补错了就是毒药。你身体是寒性怕冷，你吃些寒性补药，正好相反，不是越补越寒吗？你身体是热性的怕热，你硬是吃人参和甲鱼，不是越补越燥吗？你身体本来内部生态很平衡，循环很好，你乱输水，乱补各种激素，不是影响健康吗？你略微偏胖，保持好不是很健美吗，为什么要盲目减肥呢？据我了解，吃药减肥是可怕的，饥饿减肥是反弹的，超强度运动减肥也是不能持久的。即使减肥也要通过颠倒饮食程序，改变饮食习惯，调整饮食结构，转换睡眠方式，少吃夜餐等办法才能有效。总之，我观察真正长寿的秘诀是：地瓜、饼子、家常饭，萝卜、白菜保平安。越想多活几年的人反而活短了，越是正常生活的人反而长寿了。你可以询问一下，哪个百岁老人是靠医药长寿的呢？因为，长寿的真谛应该是：生命在于运动，健康在于平衡，长寿在于仁爱，不死在于精神。圣人有训：大智必健，大德必寿！

十、节制娱乐欲，切忌乱唱乱跳，玩出病来。

娱乐也是我们的传统文化之一，古今圣贤有若干论述，也是人之常情，无可置疑。孔夫子就曾把"乐"作为教学的内容之一，并深有体会地说："学习知识，然后按时去温习它，不也是很高兴吗？有朋友从远方来，不是也很快乐吗？不被别人理解而不怨恨，不也是有修养的君子吗？"这是对快乐高层次的理解，也是我们加强娱乐修养值得借鉴的原则。这样的娱乐才能出知识、出友谊、出健康、出效益。这样的人一定会得到应有的尊重，一定会有好的名声，一定会有高质量的生活，一定会有健康的身体，也一定会有成功的事业。相反，借娱乐之名，搞些歪门邪道，低级庸俗，乱打乱闹，破坏名声；狂欢乱跳，瞎喊瞎叫，损害健康；黄话连篇，不堪入耳，有违文明；愚昧无知，打架斗殴，伤害人命，破坏和谐等。这样的所谓娱乐有百害而无一利，不是真正企业家的风格，更不是真正意义上的娱乐，真乃乐极生悲，悲极生祸，后悔无穷。人生真正的快乐应该是把生老病死看得透一点，把功名利禄看得淡一点，节制过高欲望。那么，就会进入超凡脱俗的境界：知足常乐，以善为乐；近山似水，大德必寿。积智修品，做到四个忘记：一要忘记烦恼，快乐人生；二要忘记磨难，成为财富；三要忘记疾病，自我康复；四要忘记年龄，永葆青春。我因为身份特殊，有幸研究了中国古今名人长寿趣闻秘诀，也有幸拜访了不少百岁老人，使我恍然大悟，人生老与不老，固然要以年龄而论，这是不可抗拒的自然规律，但还要以健康而论，这也是不可否认的事实。我看到的事实是不论多大年龄，只要他腿不老，健步如风；只要他手不老，龙飞凤舞；只要他脑不老，记忆犹刻；只要他心不老，异想天开；只要他眼不老，耳聪目明；只要他胃不老，馋涎欲滴，我看这样就不能算是真正意义上的"老"。我访问一位百岁名人，问他长寿经验，他开玩笑地说，人各有各的秘诀，也各有各的活法，但我体会人长寿就是要有乐观主义精神，见了好的就想吃，见了美的就动心，见了错的就批评，见了好的就支持，见了新的就学习，见了弱的就帮助，见了恶的就抵制。并告诫我：人生是偶然的，死是必然的；生是有限的，死是无限的；生是辛劳的，死是安息的。所以，生不是喜，死不是悲。因为，生老病死是个陈旧的游戏，正确面对就会超然自乐。这是多么宽大的胸怀，这是多么崇高的境界，这是多么仁厚的品质，怎么能不活百岁有余啊！

《红楼梦》第一回中有首《好了歌》，说的是甄士隐家破人亡，贫疾交迫，光景难熬，在街上散心，遇一跛足疯道人口念此歌，甄士隐便问道："你满口说些什么？只听到些'好''了''好''了'。"那道人笑道："你若果真听见'好''了'二字，还算你明白。可知世上万般，好便是了，了便是好。若不了，便不好；若是好，须是了。我这歌儿，便名《好了歌》。"这首《好了歌》对人生的功名利禄，妻子儿女说得很明白，值得我们深省。我在这里给大家背诵一下，作为今天讲演的结束语："世人都晓神仙好，惟有功名忘不了；古今将相在何方，荒冢一堆草没了；世人都晓神仙好，只有金银忘不了；终朝只恨聚无多，及到多时眼闭了；世人都晓神仙好，只有娇妻忘不了；君生日日说恩情，君死又随人去了；世人都晓神仙好，只有儿孙忘不了；痴心父母古来多，孝顺儿孙谁见了！"

企业家如何坚持诚信为本*

——《企业家的思想道德和领导艺术修养》系列谈之十一

企业家诚信为本的具体体现，可概括为"仁、义、礼、智、信、德、慎、清、正、友"十个字，具体来讲：

一曰"仁"，仁者爱人、仁者利人；

二曰"义"，爱财有道、见利思义；

三曰"礼"，尊礼守法、非礼勿动；

四曰"智"，敏而好学、知行天下；

五曰"信"，信念为引、诚信为本；

六曰"德"，以公为基、以德服人；

七曰"慎"，谨言慎行、修己慎独；

八曰"清"，清廉经商、赚钱为民；

九曰"正"，子率以正、孰敢不正；

十曰"友"，团结友爱、善交益友。

---

*作者是中华儒商协会名誉会长，这是作者受本协会之邀，为外国300余名侨商在祭孔2541年大会准备的讲演稿。

学校的领导同志要我来给大家讲一讲企业家如何坚持中华儒商诚信为本，也就是企业家在道德品质方面的自我教育、自我反省、自我改造等问题，为什么要讲这个问题呢？我考虑有以下三点意义：

首先，有长远的终身意义。古人云："修身齐家治国平天下"，将修身作为事业成功的必要前提和基础，强调从自我做起，以修身为本，为官先为人；而且还强调"吾日三省吾身"，"学而后知不足"。从企业家这个角度来讲，要经常反省自己，修炼自己的品质，侧重在人品商德方面的修养，注重活到老、学到老、改造到老，坚持为商以德，为富而仁，从而达到知行合一的境界，为企业、社会、国家做出更大的贡献。

其次，有紧迫的现实意义。当前市场经济中各种诱惑不断增多，有名的"胡润富豪排行榜"被企业界戏称为"黑名单"，一些企业家出名之时就是犯罪之日的教训接连不断地出现，尽管原因是多方面的，但是，最主要的是自我品德修养没跟上，自觉不自觉地做了坏事，党纪国法难容。这不能不引起我们现代企业家的反思，不能不引起我们的警觉，因此，加强品德修养成为企业家们必须解决的紧迫现实问题。

最后，有青史留名的意义。历史上产业巨大的商人无数，但大浪淘沙，真正留下足迹的，无一不是严格修养，正派做人，诚信为本，奉献社会的人。拿"商圣"范蠡来讲，他不可能是中华民族第一个商人，也不一定就是当时最有钱的商人，但为何公认他为"商圣"呢？我想，其"十九年中三致千金，再分散与贫交疏昆弟"，不遗余力地回馈社会，帮助他人致富，以大德无疆、大爱无痕的胸怀做人经商，应当是主要原因。由此可见，不论是为党为国，还是为家为己，企业家必须要加强个人的品德修养。

那么，怎样才能把品德修养这个老话题讲好、讲新呢？我读了点有关书籍和材料，还同一些优秀的企业家交换了意见和看法，又结合传统与现实进行了一些思考和探索，形成了一些体会，将企业家应有的品德修养概括为"仁、义、礼、智、信、德、慎、清、正、友"十个字，具体来讲：

一曰"仁"，仁者爱人、仁者利人。

所谓"仁"，是仁爱的意思。古人云："克己复礼为仁；仁者爱人，仁者安仁，仁者利人；己欲立先立人，己欲达先达人；己所不欲，勿施于人。"这样才能做到内部和谐，外部团结；才能自己发展，也有利于别人。

大家都知道"天时不如地利，地利不如人和"的道理，但如何得到"人和"未必人人都知道，这里"仁"就是首要条件，有"仁"就可以做到"仁者爱人，仁者利人"，以仁爱的心去对待你的客户、员工以及社会，就可以聚人气，就可以聚人才，就可以占"人和"，得人和者得天下则是不争的事实，因此，"仁"应当成为企业家的必备素质。

企业家要达到"仁"这种品德修养，应步入三种境界：

第一，仁爱。一般人要求做到爱自己、爱家庭、爱社会，而企业家除了要做到这些，从修养上还要做到"己欲立先立人，己欲达先达人"，就是从正面上推己及人，从自己"欲立"、"欲达"，推想到别人"欲立"、"欲达"，也就是自己要发展，要先想到让别人发展，自己要挣钱，也要先想到让别人挣钱，这样才能长久发展，做强做大。那么是不是自己想要的，带着别人做就行了呢？我看还不行，举个例子：女人热衷逛商场，若带着小孩，小孩总哭闹个不停，为什么呀？站在孩子的角度看一看，大人看到的是琳琅满目的商品，而孩子看到的是来回晃动的大腿，能不哭吗，那怎么解决呢，把孩子抱起来，让他也看到，就不哭了。因而要做到"仁爱"，光想到、带到还不行，还要让人看到，使上下一心，才能取得企业的成功。

第二，仁宽。子曰："其恕乎！己所无欲，勿施于人。"这是从反面上推己及人，就是要从自己"不欲"推想到他人的"不欲"，不将自己的"不欲"强加在他人身上。从企业家角度就要从自己所厌恶的以及自己曾犯过的错误，去推度别人的想法与行为，正确看待他人的弱点与不足，从而正确地处理人际关系，谅解别人的不周不妥之处。

对企业家修养来讲，重点在胸怀宽广。明朝大臣杨继盛曾写过两句诗："遇事虚怀观一是，与人和气察群言。"我理解就是劝人要虚怀若谷，容人容事，要有宽阔的胸怀，豁达的肚量；古往今来，成大事者必有过人心胸，这点楚庄王给我们做了一个很好的榜样。庄王大宴群臣，有人趁风吹灭蜡烛时，拉住了庄王爱妃许姬的衣袖，却被许姬暗中扯断了帽上缨带，灯亮后要惩办那人，而庄王却不动声色，让所有人解开缨带，摘下帽子，开怀痛饮。后来在讨伐郑国时，一步将唐狡拼死作战，立下大功；战后面对赏赐却不受，讲是他酒后拉了许姬衣袖，因大王宽容，不究死罪，因而舍命相报。企业家要向楚庄王学习，把握"水至清则无鱼，人至察则无徒"的道理，养成能容人之过、谅人之短的宽容心胸，这样才能拢住人才。

第三，仁和。企业家能按照以上"仁"的原则办事，矛盾冲突将大大减少，企业的成本就会大大降低，也便是向"和"的境界迈进。"和"是指把不同的事物结合到一起，达到平稳、和谐、统一，这样就能产生新的事物。企业家能明白由"仁"向"和"递进的道理，胸怀中就会有和生、和立、和处、和爱、和达的观念，为企业的发展寻求到更合适的方法与途径。

企业家的"和"主要表现在以人和为贵,主张化解人际间的紧张与冲突,通过搞好企业文化建设、员工福利保障、内部矛盾化解等各方面的协调,使企业内部各部门分工协作,以及企业宗旨、思想、手段等软实力方面达到和谐,并通过与外部相关利益者的合作,达成"共赢"局面,而且在外部环境保护上担起一个企业家应尽的责任,使企业外部和谐,最终创造企业内外部和谐的局面,使企业稳定,实现企业内部的同心同德,促进企业的全面进步,激发企业活力,调动一切积极因素形成合力,从而为企业带来更加高效的发展。

孟子说,"仁者无敌于天下",愿在座的企业家都能把握"仁"、运用"仁"、养成"仁"的品德修养,成为一个仁者,一个君子,一个呈时代风流的仁商。

二曰"义",爱财有道、见利思义。

"义"从文字上,有正义、道义,合乎正义或公益的,以及情谊三种含义。古人云,"君子爱财,取之有道",不能见利忘义;君子有勇无义为乱,小人有勇无义为盗;不义之财不可要,有义之财不可少;见"利"忘"义"当然不对,但只要"义"不要"利"也不行,不然搞社会主义市场经济干什么?那不又回到越穷越光荣的老路上去了吗?

邓小平讲过:"不重视物质利益,对少数先进分子可以,对广大群众不行;一段时间可以,长期不行。"所以,讲品质修养,并不避讳物质利益,对企业家来说,是赢利支持了企业的成长,企业没有了效益、不能赢利,就没有了存在的价值;一个不能给社会带来服务和产品的企业,就不可能得到社会的认可与支持;一个不能给员工以物质回报的企业,又怎能让员工长期为之付出劳动与智力呢?因而企业家要名正言顺地讲"利"，但在重视物质利益的同时，要加强对社会的回报，在追逐利润的同时要"见利思义"。

企业家的"见利思义"，我概括要思三种"义"：

第一，思民族兴亡的大义。体现在企业家的品质修养上，就是讲气节，重操守。讲气节是中华民族的传统美德，也是我们每个公民做人的本钱。因此，我们的企业家更要坚守气节，在大是大非面前站稳立场，保持政治上的清醒和坚定，坚决反对政治上的自由主义；在对外交往中不卑不亢，不崇洋媚外，自觉维护国家和民族的尊严；要带头坚守气节，自觉做到在民族和国家兴亡的危急关头，以民族大义为重，以国家安危为重，以人民利益为重；在名利诱惑面前，要坚持用理智支配欲望，用正气驱散污尘，始终保持一种浩然正气，不因一官半职、一点私利丧失气节、丢掉人格，真正守好自己的精神家园；在身处逆境之时，不畏艰难困苦，不坠青云之志，始终保持中华儿女的英雄气概。

第二，思社会扶持的恩义。企业的成长与发展离不开国家的政策、党的扶持、社会的支持，对此，一个成功的企业家要明白这其中的利害关系，知道国家兴则企业荣、政党明则企业安、社会稳则企业赚的道理，知道反哺祖国、政党、社会所给予的恩情，做到在面对利益时，只要是对祖国、对党、对社会有害的，就算是赚钱也不能做。李嘉诚讲过："有些生意，给多少钱我赚，我都不赚……有些生意，已经知道是对人有害，就算社会容许做，我都不做。"企业家能见利思义，反过来就会得到国家、政府的进一步扶持，得到人民群众的口碑，可以使企业提升影响力，使产品增强竞争力。

第三，思同甘共苦的情义。企业家在企业内部要讲情义，企业中的每一个人是在一个共同体上，荣则共荣，垮则俱耻，企业家与员工是要同甘共苦的，在讲原则的同时不能不讲情义，情义是一种无形的力量，是密切相互关系的桥梁和纽带。正像许多企业家体会的那样：笨蛋的老板发脾气伤人，聪明的老板用感情暖人；笨蛋的老板以权利压服人，聪明的老板用激励鼓舞人。对企业家来讲，用情义感化班子才有战斗力，用情义温暖员工才有凝聚力，将情义结好了，员工能把岗位工作当成事业来干，把企业当成自己的家园来建，这样，领导才有号召力，员工才有向心力，企业才有发展活力。大家都知道董建华是香港特别行政区的首任行政长官，但他也是个优秀的企业家，这一点未必有人知道，他的优秀不仅在办"东方海外公司"的成功上，重要的是他能长思同甘共苦的情义，在1986年，国际航运市场处于低谷，企业极端困难，这时董建华不仅没有像别的企业一样裁员，反而按照惯例为员工加薪，这一举动感动了所有员工，将人心空前地凝聚起来，共同渡过了难关，后来董先生深有感触地说："企业处于顺境时倒不见得非要加薪，但在企业困难时，是万万不要减薪的。"

三曰"礼"，尊礼守法、非礼勿动。

"礼"就是要守法度，重视秩序。也就是常说的"不知礼无以为立"，就是这个道理。若不知礼，"公而无私则劳"，你虽然说话为公，别人也会讨厌你；"慎而无礼则葸"，你虽然说话慎重，也可能导致别人猜疑；"直而无礼则绞"，你虽然说话很坦率，但可能伤害别人。所以，孔子提出"非礼勿视，非礼勿听，非礼勿言，非礼勿动"的要求。这充分说明做一个企业家守规矩的重要性和必要性，不然，干违法的事和赚黑心的钱，怎么能称得上成功的商人呢？充其量也就是一个"奸商"。

从企业家的品德修养上，尊礼守法、懂礼明事是基础，具体来讲，企业家在品德修养上要把握一个"礼"字：

　　第一，要遵守法规制度。对于企业家来讲，遵守法规是底限，这个不能突破，有人耍小聪明，讲只要做得好，打擦边球就没事。对此，我想讲一下牟其中的例子，他是中国第一代贸易类民营企业家中在生意上做得最成功的一个，"空手倒飞机"这件事大家应该都知道，这是在改革开放初期的体制下，私人资本创造的了不起的商业奇迹，单笔金额几个亿，没有人做得过他，造势到顶峰时，他被评为中国第四大富豪，论玩小聪明，可能少有人玩得过他，但最终他却因南德集团信用证诈骗案锒铛入狱。我们解读和了解牟其中，最重要的是应该明白企业家能做的事业，一定取决于制度空间的大小；你个人的品质好，能力强，不见得就能取得成功，只有你的企业与法规制度的空间相容，跟体制变革的节奏吻合，你才能够很好地成长，很好地发展，才能取得卓越的成功。

　　第二，要遵守行业规矩。行业规矩在中国仅是初步形成，但在国外已较为成熟。大家都知道可口可乐和百事可乐是两家竞争了近100年的公司，在2006年4月，百事可乐的CEO接到电话，声称得到了可口可乐的神秘配方，可以出售给百事可乐，这如果在某些企业家身上，可能是天大的好事，获得竞争对手的秘方，就可以从根本上打垮对手。可百事可乐的CEO放下电话后迅速与可口可乐的CEO联系，两家公司共同向联邦调查局举报，从而抓获了3名偷窃密方的罪犯。为什么百事可乐会这么做？答案很简单：遵守行业规矩。若百事可乐买下了可口可乐的秘方，破坏了规矩，那么以后可能有人偷百事可乐的秘方去卖，那么对整个行业将是一场灾难。这样的例子很多，IBM中国公司2007年宣布："绝不任用'带兵集体跳槽'的主管，也绝不任用带着前一家公司商业资源前来投靠的人，因为这样的人'有道德瑕疵'。"这些对我们企业家应有所启示，在中国越来越成熟的市场，要尽快形成本行业的基本规矩，并严格遵守行业规矩，在此基础上进行企业活动，才能合理合法，成就大业。

四曰"智"，敏而好学、知行天下。

"智"从字面上讲是有智慧、聪明，有见识。企业家的"智"，就是靠知识和智慧来经商赚钱。要有朝闻道、夕死乐，敏而好学、不耻下问，发奋忘食、乐以忘忧的学习精神；要有温故而知新，对自己学而不厌，对别人诲而不倦的学习方法；要有"知之为知之，不知之为不知之"，"三人行必有我师"，"择其善者而从之，其不善者而攻之"的学习态度。我理解，这就是要处处学习，时时学习，事事学习，终生学习，不然怎样能够使知识不断更新，跟上时代的要求呢？

所谓"智商"，分开来讲就是无"智"无以为"商"，没有智慧的企业家，是不可能达到事业巅峰的，智慧是梯，只有不断增长智慧，才能达到别人摸不到的高度。大凡成功的企业家，没有不学习别人先进经验的，因而每个企业家要从我国古代的文化智慧、西方现代管理的科学智慧、中国共产党的智慧、政治军事智慧、以及当代企业成功实践中寻求智慧的源泉，从而全面提高做企业与做事业的综合素质。

那么，如何提高企业家的智慧呢？我想应抓好以下四个环节：

第一，要勤于学习。每个企业家都要有很强的"本领恐慌"意识，适应时代要求，结合本职工作，抓紧时间学习，搞好知识更新补缺，不断提高思维层次，加强业务水平，促进解决问题的实际工作本领，要坚持挤时间学习，深入钻研，善于运用，勇于创新。

第二，要善于思考。任何政党和民族，任何个人和企业要想赢得主动，有所作为、有所创新，都必须着眼现在、放眼未来，立足中国、放眼世界；都必须提出思考探索的路子，做到与时俱进。战争年代毛泽东就提出"千思",眉头一皱计上心来。理论要在思考中强化理解,科学技术要在思考中创新,有效的管理要在思考中完善,个人素质要在思考中提高。因此,对重大问题,企业家要联系实际、抓住本质、连贯系统的思考,既要思考现在、又要思考过去,既要思考中国、又要思考世界,在思考中把理论和实践科学地统一起来,把继承传统与改革创新科学地统一起来,把发挥自己优点与借鉴别人长处科学地统一起来。

第三,**要勇于实践**。凡是能够挑大梁、独当一面的企业家,凡是有作为、有魄力的企业家,都是在长期的实践中拼出来的、干出来的,都是在经验教训中磨出来的、炼出来的。因此,要坚持深入下去,在基层中锻炼自己抓队伍建设的本领;要坚持尽职尽责,快速反应,通过及时有效地处理重大问题锻炼自己解决问题的本领;在深化改革、完善体制、健全法制中提高自己领导改革创新的本领;坚持在研究思考中,在学习群众智慧中,提高自己探索规律、争取主动权的本领。

第四,**要长于总结**。毛主席在战争年代就明确说过,"我是靠总结经验吃饭的。"邓小平在改革开放中也提出来"要摸着石头过河。"这都告诉我们要在实践中总结,在总结中提高,在提高中创新,在创新中发展。部队打仗有个好传统,就是打一仗,发动群众总结一次经验教训,评一次经典战例的指挥,出一批英雄和名将;企业也应这样,应当每完成一次重大任务或搞一次大的发展创新,都要发动群众进行总结,把领导智慧和群众智慧结合起来,使零碎的经验系统化,使感性的认识条理化,使具体的事物规律化,既教育群众统一思想,鼓舞斗志,也教育领导加强修养,增强智慧、任好本职。

五曰"信",信念为引、诚信为本。

企业家讲"信",就是从思想上,坚守信念,怀揣理想,胸中有乾坤，脑中有沟壑，做到不达信念，誓不罢休，就算兵欲刃之，仍能岿然不动；从行为上，就是说话算数，坚守信用，言必信，行必果，敏于事，而慎于言。人而无信，不知其可；人不知信，无以知人也。做人要以"信"字为魂，经商要以"信"字为基。诚信是经商的无形资产，真正的品牌也是这样创出来的。

企业家要培养"信"这一品德修养，重在两点：

讲信念，以信念为引。企业家要有信念，信念是引导企业走向辉煌的关键因素，在企业界，信念就是愿景，有了它奋斗才有目标。在生活中，理想的作用是巨大的，信念的力量是无限的。一个缺乏理想的人，对先进的东西他学习不了；一个丧失信念的人，对高尚的东西他理解不了。我以前听过这么一件事，有一位韩国留学生在北京学习，一次和几位中国学生交谈时说："韩国有个好传统，就是为民族、为国家流血牺牲的人，人们是不会忘记他们的。其实你们中国也是一样，你们不是还纪念张思德、黄继光、邱少云吗？"可我们的一位学生却说："不错，过去我们是有这样一些人，但将来不会有像他们那样的傻瓜了。"韩国留学生听后瞪起眼睛吼道："我从心里瞧不起你，瞧不起像你这样的中国人。"这句话非常刺激人，但很深刻。现在，社会上有的人，确实缺点中国"灵魂"，缺点"骨头精神"，缺点基本的信念。如果我们所有人，都只盯着自己，只盯着眼前，只盯着实惠，那么这个社会、这个民族是绝对没有希望的，不但被人瞧不起，而且迟早是要衰落的。从这个意义上说，坚定的理想信念，关系到中华民族的生死存亡。

作为中国的企业家，要解决理想信念问题，必须始终加强理论学习，保持思想上的纯洁性；加强政治修养，保持政治上的敏锐性；加强实践锻炼，保持作风上的坚忍性；加强有效监督，保持生活上的朴素性；做到视名利淡如水，看事业重如山，任何时候都要保持清醒的头脑，任何时候都不要为名利所干扰，任何时候都要保持一种积极进取的精神状态。同时，作为成功的企业家，应当经常想一想，你创办企业是为什么？现在为企业干什么？以后为企业留点什么？要坚定对社会主义的信念，不淡化；增强对改革开放的信心，不动摇；增强对党和政府的信任，不怀疑。把思想统一到中国特色社会主义理论体系上，把力量集聚到实现中国特色社会主义的伟大目标上，把劲头使在发展社会主义市场经济上，使国家更富强，人民更富裕，社会更安定。

讲诚信，以诚信为本。企业有许多成功之道，但我始终觉得在市场经济中，诚信是一个企业成功的关键之道，它是巨大的无形资产，可以给企业带来良好的信用关系、稳定的供应商和客户群，以及随之而来的各种社会效益。什么是诚信？诚信就是诚实守信，能够履行承诺而取得他人信任。诚信是道德建设的根本，也是一种非常宝贵的资源。我国素有"一诺千金"之说，在几千年历史中，有许多关于诚信的论述，也流传着许多诚信的故事。这些宝贵的传统，在今天也能给我们深刻的启示。我们党讲的实事求是也就是要讲诚信，诚信是一切道德赖以维系的前提，如果失信于人，就什么工作也开展不起来。我记得毛主席讲过一句话，"吃亏在于不老实"，陈毅元帅也讲过"占小便宜吃大亏"。这些都告诉人们做人做事要诚实守信。诚信可能会吃一点眼前的小亏，但最终是要占"大便宜"的。这就是常说的"吃亏是福，占便宜是祸"。孔子也曾经说过"民无信而不立"，诚信是企业生命之源，企业生存之本、立足之道。只有用诚信创造市场，拓展业务，企业才能实现持续发展。

六曰"德"，以公为基、以德服人。

企业家的"德"就是有高尚的商业道德，做到君子惠而不费，劳而不怨，欲而不贪，泰而不骄，威而不猛。孔子说，"君子有四德"，即：为人处世应当严谨，而不粗疏；侍奉上级应当恭敬，而不奉承；对待下级应当恩惠，而不讨好；管理企业应当依规，而不随意。有仁德的人对艰难的事，抢在别人前面，对能获奖赏的事，退居在别人的后面，成人之美，不成人之恶。这样可以算得上有高尚的商业道德了。有人讲经商什么都可以缺，就是不能缺德，不然谁还敢跟你做生意呢？

企业家应以"德"为基础，由于企业家都是领军人物，无德无以为立，更不可能聚得人才；对于此，宋代大儒司马光指出："德者，才之帅也。自古昔以来，国之乱臣，家之败子，才有余而德不足，以至于颠覆者多矣。" 虽然目前在中国，德、才兼备的企业家正大量出现，越来越多的企业家也认识到"德"对他们的成功有着重要意义。而且，企业家要做到以"德"服人，孟子说："以力服人，非心服也，力不赡也；以德服人，中心悦而诚服也。"企业家通过自己宽容的德性之心，合理的符合道德规范的行为才能使别人诚服，做到由内及外，内圣而王。

"德"从企业家个人角度，就是人品操守问题。《易传》中"地势坤，君子以厚德载物"，就是指道德修养深厚，心怀博大，能容万物，与万物共生、共长、共存，从万物中吸取营养，成就人的品性和事业。企业家良好的人品和高尚的操守，是立身做人之本，是谋事成业之基。有了良好的人品操守，做人才有骨气，做事才会硬气，做官才能正气。企业家的"德"，或者说是企业家的人品操守，起码要做到三条：

第一，**厚道**。就是做人要实在，做官要本分，做事要踏实，做生意要诚信。现在，有的人总认为做老实人吃亏。实际上，老实厚道是做人的本分，耍奸溜滑可能会得逞一时但不可能长久，老实人可能会吃点亏，但最终不会吃大亏。现实生活中，确实有那么一些人，做一天的事情，要拿出3天甚至更多的时间去宣扬自己，而有的人一天到晚都在默默无闻地工作，根本没有时间和精力去做宣扬自己的工作。我认为后者是可敬的，前者是不可取的，真正有作为、头脑清醒的企业家，是不会让老实肯干的部属吃亏的。要相信，一个人的威信不是靠自我标榜，而是靠脚踏实地干出来的。

第二，真诚。与人交往，如果没有诚心，不吐真言，时间长了必然会失去别人的信任。真诚是尊重人才的重要表现，是赢得人才的重要法宝。美国沃尔玛公司的董事长沃尔顿就是以真诚来赢得人才的典范。他认为，企业领导者必须以真诚的态度尊重自己的员工，必须了解员工的为人、家庭情况、员工的困难和希望，必须尊重他们、关心他们，这样才能赢得员工之心。沃尔顿后来在一篇文章里写道："我们都是人，都有不同的长处和短处。因此，彼此真诚相待，才能营造和谐的气氛。如果你能做到这一点，你的事业就会一帆风顺。"

第三，豁达。《三国演义》中的周瑜，之所以被诸葛亮三气而亡，一个致命弱点就是他心胸狭窄，气量如豆。邓小平同志曾经告诫我们："眼界要非常宽阔，胸襟要非常宽阔。"心胸豁达、宽容大度、善待他人，这是我们每个人应该具备的气度和美德。一个人心胸狭隘，气量很小，不仅干不好工作，处不好关系，还会影响身心健康。大家在一起共事，由于经历不同，认识不同，对一些问题的看法难免会有差异，这都是正常的，只要不是重大原则问题，就没有必要斤斤计较。做人一定要有肚量、气量和雅量，切不可小肚鸡肠。

七曰"慎"，谨言慎行、修己慎独。

企业家的"慎"，就是慎于言，而敏于行。不因一言不慎而终生悔恨。子路请教孔子谋职的办法时，孔子说："第一是多听，有疑问的地方放在一旁不说，没有疑问的也要谨慎地说出来，这样就可以少犯错误了；第二要多看，有疑问的地方放在一旁不做，没有疑问的地方，也要谨慎地去做，这样就能减少后悔了。"说话少过失，办事无后悔，官职、俸禄就在其中了。我认为孔子讲得很好，谋职是这样，经商也应该如此。不然只夸夸其谈，而不深入考察、慎重对待，只会失掉商机、失去朋友，企业怎么能发展呢？

对于企业来讲，决策是前提，是根本，执行是在决策正确的前提下迈向成功的必要条件，在中国企业界，近十年来绝大多数失败都可以归于企业家的决策与言行。因而，执行决定企业成长的快慢，决策则决定企业的生死。企业家重在决策，可以讲，一招不"慎"，可能满盘皆输，比尔•盖茨时常讲："微软的破产只需18个月。"因此，企业家的"慎"相当重要，意义大到可直接决定企业的存亡。

企业家在培养"慎"这一品德修养上，主要在两点：

首先，谨言慎行。企业家的谨言慎行有必要吗？有人讲，企业中我就是"老大"，我想讲什么就讲什么，想做什么就做什么，这要谨言，那要慎行，岂不是缩手缩脚，一事无成吗？须知企业家是领导企业航行的舵手，一次不慎就可能船毁人亡，导致企业破产，有人讲，不可能，我以前也多次错，错了就改，怕什么，可大家要知道，当年是"船小好调头"，而"船"大时就难了。

三株的发展就是这样，刚起步时有问题解决得快，发展迅猛，成功越来越多，伴随而来是其总裁吴炳新胆子越来越大，步伐越来越快，不再谨言慎行了，多次讲要以"超常规多元化"发展，不顾自身实力的盲目扩张。三株在鼎盛时期，在全国注册了600个子公司，2000多家县级办事处和13000多家乡镇工作站，行销大军数几十万，不能否认这么庞大的机构在三株初期为其所做的贡献，但由于高速市场扩张，组织管理跟不上，到了后期，连吴炳新本人都承认指挥不动这么庞大的机构了，最后组织失控，在湖南一个老汉家庭起诉的诱因与媒体的报道下，现金流失控，不久就分崩离析，宣布破产。因此，企业家要慎重思考谋发展，对问题尚未酝酿成熟，宁可缓做事甚至不做，也不可随意的开展一些项目，导致企业巨大的损失。当然，如果发现了某种竞争对手无暇顾及或鞭长莫及的空缺品种，并由此可成就某项大业时，在调查的基础上，应毫不犹豫地抓住机会，合理运用，达到成功。

其次，修己慎独。企业家的"慎"表现在修己慎独上，所谓慎独，最早出自《礼记·中庸》，"故君子慎其独也"，其意思是，君子在独处、无人注意的时候，也要小心谨慎，严格要求自己，不做违背道德的事。康熙将"慎独"概括为"暗室不欺"，并告诫子孙，"《大学》、《中庸》俱以慎独为训。"企业家的修己慎独，主要是指的自律，刘少奇同志曾讲过"自律就是即使在个人独立、无人监督的、有做任何坏事可能性的情况下，更应该'慎独'，不做任何坏事。"

企业家的修己慎独，最重要的是把握住自己，提高道德修养，恪守自律，时刻牢记"勿以善小而不为，勿以恶小而为之"，从小处入手，从点滴做起，对细节思想不放松，细小事情不放过，以求防微杜渐。有些企业家就是由于不慎独而犯了错误，像中国航油（新加坡）股份有限公司总裁陈久霖因为不慎独，在大权独揽时，避开公司的监管，独自用公司的钱违规操作投机性石油衍生品交易，在2004年亏损5.5亿美元，使国有资产大量流失，使企业濒临破产边缘，其个人也遭受了牢狱之灾。

那么企业家该如何慎独呢？我总结有"六慎"：**一要慎权**。防止滥用权力，以权谋私；**二要慎欲**。不被钱、色、名等私欲俘获；**三要慎内**。管好自己的配偶子女；**四要慎友**。交有德之朋，绝无义之友，防止被损友"拉下水"；**五要慎微**。从点滴上管好思想，防止小节上的蜕变；**六要慎威**。不滥施权威，不压制民主，不压制人才。

八曰"清"，清廉经商、赚钱为民。

企业家的"清"，就是清廉经商，赚钱为民。君子食无求饱，居无求安，交无求私。这三个"无求"，就是清廉经商的核心。那么经商干什么呢？按孔子的说法就是使老者得到安养，使中年人得到重用，使幼年人得到关怀，使朋友得到信任，使国家得到富强。也就是说，赚了钱要对国家有贡献，对大家有实惠，对自己也有好处，这是不是就是清廉经商的具体表现呢？我认为是。

企业家从品德修养上做到"清"，基本的有两点：

首先，把握自己，清廉经商。清廉是企业家品德修养的底限，企业家首要的是重清廉。中国传统上讲"视金钱如粪土"，这被读书人认为是德高清廉的象征，我们的企业家不一定要做到这样，但至少可以管住自己的思想，把握住自己的行为。反之，若在思想上出了问题，起了私心，中饱私囊，必然会出问题。因而，大家要注意莫伸不可伸之手，伸手必被捉。我国刚解放之初，毛泽东同志对于刘青山、张子善等出现腐败问题的原革命功臣，连写三个"杀"字，定下了新中国治腐的先例；企业家中近期犯罪的有"中石化"的董事长陈同海，由于贪污腐败，利用职务为他人、为情妇谋取暴利，以及个人巨额财产来源不明等一系列经济问题被查实，已被"双规"，近日即将判罪。对此，我们企业家一定要在心头敲响警钟，把握好自己。

对于企业家，可以说追求财富、金钱没有错，但要看有了钱以后如何使用这些财富，把它用于发展生产、提高综合国力上，扶贫济困、营造和谐社会上，加强国防、拥军助残上，发展教育、提高国民素质上等等，你就是社会的功臣，你就是被国家、被群众所尊重、拥护的人，反之，可能成为社会的罪人。因此，企业家如果不能警钟长鸣、严格自律，就很容易出问题、摔跟头。

其次，赚钱为民，回报社会。所谓赚钱为民，是指企业在做强做大以后，要注重主观上回报社会，主动的为国家、为民族做些事情。我国的商圣范蠡就提出："商道兴国，共兴本念。"意思是经商者挣钱，首先为国家，其次为大家，最后才是为自家。从企业家角度讲，要有强烈的使命感，在拥有财富后应当承担一定的社会责任，通过各种途径回馈社会，奉献社会。

早在18世纪，各国政府给企业制定的章程就明确指出，企业是为了公共利益服务的，比如建桥或修水渠等公益事业；但现在人们不强调这一点了，当问到企业为什么要存在时，普通人会回答——"为了赚钱"，但如果企业家也持有这种观点，都在赚钱，一切为了钱转，那社会必然陷入极大的危机之中，因而，应当回归本源，赚钱为民。

企业家应负起社会责任，把社会责任置于企业的价值和实践之中，积极主动地而不是被动地做一些力所能及的事情，成为社会中负责任的一员。而且从企业家个人角度，在所属企业做大做强以后，企业家最多的收获不是今天赚了多少钱，而是从工作中得到了多少乐趣，从完成被赋予的义务与责任中得到多少快乐，从国家与人民对其的赞誉中得到多少心理的满足。

九曰"正"，子率以正、孰敢不正。

企业家的"正"，就是要强调以身作则，这比什么都重要，喊破嗓子，不如做出样子。"子率以正，孰敢不正。"企业家要是讲求礼节，那么员工就没有不尊敬他的；企业家要是讲求道义，那么员工就没有敢不服从他的；企业家要是讲求诚信，那么员工就不敢不讲实话。纵观古今，横观中外，凡是优秀的、成功的商人，无一不是以身作则，形神俱佳的。从企业家角度讲，不正其身，就不能正其人；不守其信，就不能教其人。古人云："正者，正也；其身正，不令则行；其身不正，虽令不从。"

我们解放军之所以从创立之初的几千人发展到几百万人，从被国民党围追堵截发展到解放全中国，并同世界上许多堪称强大的军队，如日军、美军、印军、苏军、越军以及以美国为首的联合国部队作战，能从无畏惧、从无退缩、遇弱则强、遇强则刚，取得了无数的胜利，究其原因很多，但其中重要的一点就是我们的干部在艰难困苦面前，讲的是"跟我上"，而不是"给我上"。

在企业家中，我也曾经发现一些杰出的代表，就目前来讲，较为典型的，是全国首届优秀企业家中硕果仅存的国企老总——双星集团的汪海。其形象好到什么程度呢？2000年7月19日，在汪海年满60岁，面临退休的时候，双星集团召开了职工代表大会第15次联席会议，全体代表受集团3万名员工的委托，一致推举汪海为"终生总裁"，这在我国众多国企中是第一次出现，这是员工的心声，这是群众的意愿，国家因此而延续了其任期。

这到底是为什么呢？难道仅仅是他作为双星的缔造者和卓越的领导者，将一家濒临倒闭的企业，做成中国鞋业第一品牌的跨国企业集团，创出了一个价值100亿的驰名品牌？仅仅是他打响了中国企业挑战欧美跨国企业的第一枪，为中国民族产业的复兴，从思想观念、市场理论、创新模式上，进行卓有成效的探索？不！是因为汪海良好的个人形象。是他，在扭亏之初，面对积压的鞋山，为了企业的资金与发展，与员工一起背着鞋，到街上去卖鞋，到外地去跑销售；是他，顶着多重压力，亲自组织召开了中国第一家企业新闻发布会，并以中国第一家企业名义召开了全国鞋业订货会，推动了双星规模化的步伐；是他，在历尽艰辛地跑下贷款后，又带领技术人员日夜坚守，100天拿下了运动鞋分厂，然后又亲自背着鞋闯进了中国女排的营地，打开了双星的高端市场，使全国16支甲级女排都将"双星"排球鞋确定为专业用鞋；也是他，北京无形资产评估中心给他评估了39.9亿的身价，而他手中没有一分钱双星的股份，至今仍是一位靠挣工资为生的国企打工者；还是他，虽然自己工资不高，却从不讲提高自己待遇，只是时刻牵挂着自己的员工，不愿让自己的员工受委屈，他顶着压力，多次为公司的优秀员工加薪，在20世纪90年代，就给为企业中做出贡献最大的个人奖了价值30万的汽车，为此，汪海受到多次调查，可他却无怨无悔；汪海个人无欲无求，却时刻想着员工的生活、想着企业的兴旺、想着民族的产业、想着国家的利益。这才是真正优秀的企业家，是民族产业奋起的脊梁。因而，企业家要优秀、要赢得民心，就要以身作则，培养"正"的品德，树立良好的形象。

十曰"友"，团结友爱、善交益友。

企业家的"友"，主要是有朋友、有友好关系的两层意思。对企业家来讲，"友"是团结友爱，有一句话讲得好，"顾全团结就是大局，维护团结就是觉悟，搞好团结就是本事"；"友"更是朋友，"德不孤必有临"，有道德的人肯定会有不少好朋友，当然，有朋友的人不见得有品德，但是，善交益友益终生却是不争的事实。

企业家培养"友"这一品德修养，也要抓好两点：

一是讲团结重友爱。团结对企业来讲，是一种环境，一种氛围，也是一种力量；对企业家来讲，是一种修养，一种境界，也是一种能力。汉高祖刘邦曾言："统领百万大军，攻无不克，战无不胜，我不如韩信；运筹帷幄，决胜千里，我不如张良；筹集军粮，保障后勤，我不如萧何。我乃用此三人而一统天下也。"具体讲就是企业家要能团结多数人一道工作，不但能团结与自己意见不一致的人，还要能团结曾经反对过自己并被实践证明是反对错了的人。

企业家要从自己做起，从一点一滴做起，主动搞好团结，自觉维护团结。做到：多一些包容少一点埋怨、多一些信任少一点猜疑、多一些关爱少一点冷漠。做到：政治上互相信任，不猜疑；工作上互相支持，不拆台；问题上互相帮助，不旁观；生活上互相关心，不冷漠；性格上互相包容，不计较；情绪上及时调整，不积压。同时，要做到：在解决班子中的矛盾和问题、解决领导与员工之间的不同看法和意见时，不简单从事，注意方式方法；在涉及重大政策问题，要坚决按制度规定办事，不能讲价钱、打折扣、搞变通；对各种不良风气要坚决抵制、敢于纠正，真正把企业内部的风气搞端正、搞纯洁；给大家留下一个既讲团结又讲原则，既可亲又可敬的良好形象，真正营造一个健康和谐的工作环境，给企业的发展锻造出坚实的基础和可靠的领导核心。

二是交益友远害友。孔子讲有益的朋友有三种，有害的朋友也有三种。朋友正直，而不阿谀奉承；朋友忠实，而不虚伪欺骗；朋友见多识广，而不孤陋寡闻。这就是有益的朋友。相反，他对你阿谀奉承，口蜜腹剑，夸夸其谈，就是有害的朋友了。这就是常说的多交一个好朋友多一条路，多交一个坏朋友多一道墙。实践中不是有好多人交了益友终身受益嘛！不也有不少人交了损友而贻误一生嘛！

企业家要做到在生活中，纯洁人际交往，多交良师益友，莫交酒肉朋友；多交诤友挚友，少交狐朋狗友；多交忠友幕友，不交损友谀友。在生意中，要顾信用，够朋友，正如李嘉诚讲的："这么多年来，差不多到今天为止，任何一个国家的人，任何一个省份的中国人，跟我做伙伴的，合作之后都能成为我的好朋友，从来没有一件事闹过不开心，这一点我是引以为荣的。"若做到李嘉诚那样，你的朋友必然遍天下，那么就不是你求生意，而是生意跑来找你，这样你的生意岂能做不大？事业岂能不如日中天？

最后，愿在座的企业家，像毛主席曾教导的那样，"经得起得与失的考验，做一个高尚的人；经得起成与败的考验，做一个纯粹的人；经得起名与利的考验，做一个有道德的人；经得起钱与色的考验，做一个脱离了低级趣味的人；经得起进与退的考验，做一个有益于人民的人。"

如何不断提高自身素质*

——《企业家的思想道德和领导艺术修养》系列谈之十二

一、要勤于学习——打牢知识根基；

二、要善于调研——掌握真情实况；

三、要精于思考——提高认识水平；

四、要勇于实践——增长工作才干；

五、要敢于创新——解决疑难问题；

六、要长于总结——积累工作经验；

七、要巧于化解矛盾——调动积极因素；

八、要严于律己——升华思想境界。

---

*这是作者2008年11月9日受上海现代领导干部学院院长徐本利之邀，为参加青岛市市管领导干部《现代管理与发展战略》高级研修班的同志们的讲演提纲。

徐本利院长既是老战友，并肩战斗过，又是好知音，经常磋商学问。应他之邀，我上一次给青岛市有关处厅级干部上海培训班的同志讲了如何当好正职、如何当好副职一课。据说这一课大家反映较好，因为不管大小领导，不是当正职就是当副职，有一定的普遍性。徐院长也很重视，把讲课稿已印发大家了，这次就不想再重复了。但是不管你是正职也好，副职也罢，都要提高素质。做到政治上靠得住、工作上有本事、作风上过得硬，让上级放心、让群众满意、让单位受益、让自身成才。所以说，这次我们胶州干部培训班这一课，我想结合今年同徐本利院长及夫人到青岛实地考察，且亲自参加由国家发改委牵头等八个部委在青岛举办的首届中国国际循环经济成果交易博览会的一些粗浅感受，以及个人从事领导工作多年的经验教训，讲一讲领导干部如何不断提高自身素质，供大家深入学习参考。

一、要勤于学习——打牢知识根基。

在知识爆炸，改革创新的时代，对每个人来说，都有许多不懂得和不熟悉的东西。不管是学历高的、还是学历低的，经验多的、还是经验少的，在学习上只有"毕生"没有"毕业"，永远没有"老本"可吃。因而我们要始终保持一种如饥似渴的精神、"本领恐慌"的心态、真学深钻的动力，不断提高自身的全面素质。这对每个领导干部来讲，既是当务之急，又是终身任务。现在的学习条件是很优越的，关键是要走出浮躁的心理，走出不必要的交往圈子，走出"被动应酬"的疲惫状态，充分利用好八小时以外和节假日这个丰厚的时间资源，广泛涉猎知识，扩展知识领域，优化知识结构，不断打牢思想理论和其他必备的知识基础。确实按照毛主席说的一是挤、二是钻、三是坚持，必有好处，受益终身。

我们的许多工作本身是说理的，不学习就不明理，不明理就难讲清理；许多工作是要依法办事的，不学习就可能自觉不自觉地违法，甚至好心犯错误；许多工作科技含量越来越高，不懂得一些必备的现代科学常识，讲起话来往往底气不足，办起事来腰杆也不硬。特别是当前，我们国家正处在一个重要的历史发展时期，经济发展不断转型，新的政策出台很多，知识更新也快，不学习不但自己跟不上形势，没有多大作为，而且本单位也搞不好，让群众埋怨，领导担忧。所以，每个同志都应当看到学习不仅是个人进步的条件，而且还是终身的责任。为此，要抓好以下几个环节：**首先，要有一种如饥似渴的紧迫感。**有的同志为什么担任领导职务时间不短，但理论水平提高不快，知识面也没有多大进步，工作也没有多少起色呢?最主要的是对理论学习认识不足，自觉性不高，感到坐下来啃书不如跑跑转转痛快，读马列著作不如读小说、杂志有味道，更有甚者，有时间吹牛、摔"老K"，却没时间读书。因此，抓学习首先必须懂学习的重要性，增强自觉性，变"要我学"为"我要学"。对马克思主义基本理论要真信，任何时候都不能怀疑；真学，不管多忙都要坚持学习；真解，确实把握精神实质；真用，结合实际解决问题；真创，就是不断与时俱进。只有具备一定的理论水平，干工作才有预见性、系统性、创造性、实效性，才能得心应手地带领部属开展工作，自己也就有学然后而知不足的紧迫感，就会更加自觉地多挤一点时间认真学习，少搞一些不必要的应酬；多做一些实际的调查研究，少一些主观主义作风；多干一些老百姓高兴的事，少说一些大家反感的空话大话。我算了一笔账，按每天8小时为一个工作日来计，每天挤出一个小时读书，每年就能挤出45天的学习时间，再加上每年双休日和节假日的115天，加在一起就是160多天，大约半年的时间可以用来读书学习。

如果每天读10页书，按每页800字计算的话，一年挤出来的时间就可读128万字的书，10年就可读1280万字的书，相当于读了15遍《邓小平文选》，25遍《史记》，800遍的《论语》，2000多遍的《道德经》。**其次，要处理好广博与专深的关系。**有些领导同志往往存在这样一种情形：看书学习涉猎面很广，天文的、地理的、人文的都爱看，但对与自己工作有密切联系的专门知识却掌握不多，钻得不深，结果书读得不少，自身能力提高不快。还有的同志喜欢读猎奇书，看杂志，寻找刺激，而对马克思主义的一些基本著作、基本原理，党的一些重要决议、重要文献则不感兴趣，这些都是需要认真研究，加以克服的。作为领导干部，不仅要有理论分析能力、辨别方向的能力，还应有把握政策的能力、组织决策的能力。这就需要每个同志尽可能地多读一些马列经典著作，以及党的一些重要文件和领导人的重要讲话；也要对党史、军史、国史、理论书籍认真学习，还要对国学经典、文化传统有所了解；同时，对法律法规知识要有必须的修养。这样就能视野开阔，思想活跃，根基牢固，有所见解。像教育家陶行知先生讲的那样，"实践是老子，知识是儿子，创新是孙子"，你没有实践经验，没有历史知识，怎么创新呢？**再次，要特别重视高科技知识的学习。**在知识经济时代，科技知识不仅专家、教授要学，领导干部更要带头学科学、用科学。搞好这个学习，一靠办培训班，这是有限的；二靠自己学，这是无限的。现在这方面的书是很多的，希望大家都能认真读几本，在掌握现代科学知识上下功夫，在指导现代化建设上做贡献。不然"以其昏昏、使人昭昭"是根本不可能有所建树的。**最后，要注意理论联系实际，努力在研究和解决现实问题上下功夫。**主要着眼联系国际政治风云的变幻和国家重大方针的实际学理论，进一步坚定社会主义信念，对党的领导的信任，对解决改革中存在的问题的信心；联系思想实际学理论，自觉过好"权力关、金钱关、女色关"，经受住商品经济大潮的考验；联系一个时期内工作的重点学理论，出好主意，作好决策，用好干部，抓好落实，做好样子。

二、要善于调研——掌握真情实况。

我们开展的每一项工作都有很强的实践性、指导性，必须坚持"从实践中来，到实践中去"的工作方法，全面真实地了解情况，这样，工作才能有的放矢，卓有成效。现在，我们有的单位为什么分析形势讲老话多，新问题少；汇报工作空话多，实例少；制定计划上下一般粗的多，具体化的东西少？就是调查研究不够。要解决这个问题，**首先，要纠正认识上的偏差**。现在有的领导同志对事情一知半解，要么不愿下去，要么下去了也不用心了解真实情况。结果，该知道的不知道，知道的也是只知其一，不知其二，只知局部，不知全局，只知老情况，不知新变化。那么，作为领导干部应以什么样的斗志和心态面对新形势，以什么样的作风和态度深入实际，采取什么样的方法和措施搞好建设呢？我认为，领导干部要实实在在地抓好本单位的工作，使各项建设不断上台阶和层次、加快发展、协调发展、科学发展、持续发展，不仅要做好自身的工作，还应随时向上级党委机关提供真实、可靠、有用的建议，供上级决策参考。比如说在研究军队人才队伍建设时，就是通过调研提出了建设"复合型"的指挥人才、"智囊型"的参谋人才、"知识型"的专业人才、"管理型"的士官人才，引起了军委首长及全军的重视。毛泽东同志在调查研究中不但形成了许多科学的理论，而且也摸索了许多成功的经验，比如，他每次搞重大调研时，总是先翻阅有关历史书籍，向古人调查；看下级的报告，向下属领导调查；到实地考察，向实践调查；派工作人员下去，向身边调查。所以，我们历代领导同志都强调，没有调查研究，就没有发言权；不掌握真实情况，就没有决策权；不抓好落实，就没有领导权。**其次，在调研的内容上要突出重点。**要掌握情况，但也并不是事无巨细，什么问题都去亲自调研一番，这样没必要也不可能。作为领导了解情况的重点，我认为主要是能达到五个清楚：本身管辖工作的大概进展情况要清楚，群众的思想动态愿望要清楚，一个时期的倾向性问题要清楚，对工作中的实际困难要清楚，本单位的示范典型要清楚。这样，做到情况明、决心大、方法对、效果好。

再次，搞调研要适应自身特点形成一些有用的制度。搞好调查研究，除了坚持正常的蹲点跑面，少量的听取汇报之外，这些年来，从中央到地方，逐步形成了以下几种形式：一是亲自制定决策的制度。比如，我们胶州东滩新城的规划建设，就是市委、市政府主要领导同志亲自带领机关有关部门的负责人和专家学者，翻阅大量资料，共同研究历史发展的趋势，分析当前现状，共同研究发展整体规划，组织各方力量，共同抓好落实的。对外大胆引资搞建设，对内认真服务树形象。在反复实践、论证中，才形成上级支持、群众拥护、自身努力可以办得到的发展远景规划，并且已经初步见到了成效。我在跟青岛市的阎启俊书记、夏耕市长、王书坚副市长等领导同志交流时，他们都很满意、很支持。这里得到一个启示：聪明的领导不但会调动群众的积极性，有坚实的工作基础，而且还要会调动上级的积极性，有较强的后盾。二是直接参与领导重大活动的制度。我们青岛市奥帆赛之所以搞得这么成功，既提高了青岛的国际知名度，又推动了青岛的全面发展，并且形成了奥帆文化现象的长效作用，其原因就是青岛市委、市政府根据党中央和省委的指导思想及方针原则，主要领导亲自挂帅，组成强有力的指挥机构，像打仗一样在一线指挥；亲自召开各方面的协调会，形成战胜淤苔的整体力量；亲自观摩各个环节中的演练，发现问题及时解决。三是建立挂钩联系点的制度。每个干部都有一个挂钩点，并且经常轮换，一方面通过点上的情况掌握面上的动态情况，另一方面可以直接帮他们在抓落实中解决自身解决不了的问题，再就是大家还相互建立了感情，有话愿意讲，有主意愿意出，出了事也不会隐瞒。四是结合分析工作形势掌握情况的制度。特别是半年和年终总结期间，领导和机关应尽可能多派一些同志参加下面的总结表彰会、民主生活会，这个时候了解的情况既真实又全面，是调查研究，掌握情况的捷径。这可以讲是："施无为之治，行无言之教。"

三、要精于思考——提高认识水平。

做领导工作舍得"用力"是基本要求，善于"用心"才能出精品。一定要坚持在学习中思考、在思考中学习，在工作中思考、在思考中工作，千万不能"两腿勤、思想懒"，只用力、不用心。毛主席在延安时就讲过，历史上真正有出息的人，都是善于学习和思考的人，为《延安日报》题词就是两个字——"多思"。因此，我们要学会辩证思考，注重运用马克思主义立场、观念、方法分析和认识问题，力戒主观性、片面性和想当然的思维方法。要学会量化思考，善于对问题作出定性定量分析，不能靠感觉、靠拍脑袋定调子、作决策。注重换位思考，经常站在上级领导的角度想想全局的事，站在群众的位置想想基层的事，站在下级领导的角度来思考他难办的事，不断提高领导工作的思维层次和思想深度，做到上下一条心，工作一股劲。

作为领导干部，要养成思考问题的习惯，我看起码要注意三点：**不能当无所用心的"懒人"。**就是脑子不能懒，要勤想事、善探索。脑子里要经常思考着本职工作的现状如何、存在的问题和发展的趋势如何、解决问题的措施如何、解决不好对全局的影响如何，做到心中有数，思路清晰，措施可行，地位明确。要经常地思考着国内外形势变化给国家带来的影响，及时把握人民群众的思想动向，研究制定对策；要经常地思考着一个时期上级领导所关注的重点工作，及时提建议，供领导做出新的决策；要经常地思考当前存在的带倾向性的问题，提出解决的办法和措施，这样才能想全局，具有世界眼光；干本行，创造自己的特色；当参谋，给上级领导提出好的建议。这样有作为，就有地位；有思路，就有出路。**不能当头脑昏昏的"糊涂人"**。领导干部一定要思想敏锐，头脑清醒，遇到每一个问题，做每一件工作，都要想一想符合不符合马克思主义的基本理论，首先在理论上站住脚；想一想符合不符合上级的方针政策，把政治方向把握好；想一想符合不符合我党的优良传统，经得起历史的检验；想一想符合不符合国家建设的客观规律，经得起实践的考验；想一想符合不符合广大人民群众的心愿，经得起人民的评议。我个人积半个世纪的经验教训，深深感到要真正成才，干成大事，必须要读万卷书，学习前人的知识；行万里路，学习实践的知识；拜万名师，学习群众的知识；历万般苦，形成自己的知识。**不能当教条死板的"机械人"**。领导干部想问题、办事情一定要灵活，不能死板。大家可能遇到这类情况不少，上级的文件精神再正确、再具体也只能是个原则指导、思想领导，在这种情况下，我们就应该开动机器，多想办法，把上级的原则指导和自己的实际问题结合起来，在推进自身经济建设上下功夫、见成效，既把上级的指示精神贯彻好，不走弦，又能把工作做好，不挂空档。再就是，作为领导干部还要学会发展和完善领导的思想，善于把领导的决心具体化、思路清晰化、想法系统化。比如，对一些重要问题领导讲到的你要学习好，结合实际贯彻好；领导没有想到而又需要的，你应从实际出发弥补发挥好。形成提高一级想问题，降低一级抓落实的风气。提倡下一级想上一级的事，兵识将意；上一级想下一级的事，排忧解难。做到了这些，我们的思想认识水平就会大大地提高。

四、要勇于实践——增长工作才干。

我多次说过，一名干部只有理论和实践"两个翅膀"都硬起来，领导经验和基层经验两种实践体会都丰富起来，素质才能全面提高。因为，实践出真知，实践长才干嘛！凡是在工作中能挑大梁、独当一面的领导干部，都是在长期艰苦的实践中干出来的、拼出来的、压出来的。要把形成一次重大决策，作为把握全局、谋划工作、提高思维层次的过程；把组织每一次大项活动，作为提高组织协调能力、培养抓落实作风的过程；把解决每一个棘手问题，作为提高政策水平、积累办事经验的过程；把集中搞一次调查研究，作为学习群众、开阔视野、丰富头脑、接受新知识的过程。我多年来有个切身体会，不怕水平低，就怕不学习；不怕没经验，就怕不实干。

纸上得来终觉浅，绝知此事要躬行。知识只有在实践中才能转化为能力，转化为品德。就领导干部而言，我觉得有三个方面的实践活动是必不可少的：**一是在指导帮助下级工作中锻炼提高自己。**帮助下级指导工作，往往是双赢效果，既解决了下级难以解决的问题，让下级佩服；又能提高自身能力，自身素质不断提高。大家可能都有这样的体会，到下属单位蹲一次点，就有一次收获；帮助下属单位解决一个难题，自己分析问题的能力就有一个提高。现在，我们有些领导干部有一个很不好的习惯，就是下不去、蹲不住，整天在机关跑跑转转、忙忙碌碌，这样长此下去是不会有多大出息的。记得我在团里当宣传股长和政治处主任时，一年到头在下面蹲点跑面，抓出了不少有生命力的典型，也写出了不少工作经验。我本人在抓部队建设上有了提高，政治处也成为全军的先进典型。这不是说我水平有多高，关键在于对部队的情况熟。可以说，哪一篇文章都不是靠闭门造车编出来的，再编，也编不过现实生活。哪一个先进典型也不是秀才写出来的，巧妇难为无米之炊嘛！同样一个道理，一个人的智慧是有限的，群众的智慧是无穷的，实践中的情况又是经常变化的，只有投身于广大人民群众之中，投入到实践生活当中，才会时时处处受到教育和启迪，才会发现有源源不断的典型和管用的经验，才会使自己头脑清醒并积累丰富的经验。**二是在完成大项工作任务中锻炼提高自己。**一个单位在一个时期的中心工作，大项任务，往往都是带全局性的，涉及面广，牵一发而动全身，要求很高，组织复杂，对于领导干部宏观把握问题的能力，组织协调的能力，解决问题的能力，总结归纳的能力等，都是难得的锻炼提高机会。作为领导亲自带领机关抓一些事关全局的中心工作，亲自解决问题，亲自完善决策，亲自考核干部，亲自宣传典型。使每项大的工作能够出政绩、出经验、出典型、出干部、出影响力和带动力。我们青岛市在转变增长方式，调整产业结构中，下大力气搬迁了一百多家不适合在城市的企业。这既消除了污染，增加了旅游城市的魅力，又给企业开拓了新的发展空间，增加了发展后劲；既淘汰了落后设备，不对路的产品，又加强了技术改造，推动了企业升级。可以说是经济效益、社会效益双丰收。**三是在完成重要任务后亲自总结经验中锻炼提高自己。**高度的归纳总结，良好的语言和文字表达能力，是领导干部的基本功之一，也是检验干部素质的一个很重要的尺度。提高这种综合能力，不是一日之功，也没有什么捷径可走，就是要有刻苦钻研的精神，多问、多想、多写，多积累资料。春秋战国时期我们鲁国老乡——墨子，在评价干部中早就作了精辟的论述："能说能干者是国之宝，能干不能说者是国之器，能说不能干者是国之贼，不能说也不能干者是国之废。"我体会先干后说是圣人，先说后干是贤人，光说不干是骗人。

五、要敢于创新——解决疑难问题。

任何创新之举，都是以观念更新、理念创新为先导的。实践反复证明：观念陈旧、工作落后，思想老化、没有办法。正像有位军事家所讲的："伟大的观念要比伟大的将军影响力更大"；也正像有些同志总结的那样："先换脑子，后想法子。"这些年，我们许多单位都能发现一些改革创新的亮点，广大人民群众那种锐意进取的虎劲和闯劲，使我们深受教育和感动。相反，有些单位领导离实际工作远一些，头脑中积淀的老套套、老框框多一些，在改革创新中没有多大作为。突破这些老观念，关键是要在具体工作、具体问题上除旧布新，把解放思想、与时俱进具体化。当前有四个问题需要大家认真思考和解决：**一是如何用创新精神对待传统理论。**要珍惜传统，但不能把传统当作"包袱"背起来，一定要以新的眼光、视角和标准去审视传统理论。比如说一强调贯彻上级指示，就是开长会、讲长话、写长文、空表态；一强调工作抓落实，就搞那些劳民伤财的大检查、大评比、大表彰；上级提倡一种东西就不管自己的情况如何，搞一阵风、一刀切，强行推广；一个领导干部犯了错误，就搞层层检查，人人过关，弄得自身难保等。举这几个例子，是想启发大家要珍惜传统、发扬传统，大胆摒弃那些过时的、不符合时代要求的、人民群众厌恶的东西，努力在创新中发展和"增值"传统理念，使老传统充满活力和生机。**二是如何用创新精神贯彻上级意图。**

对上级的决策指示，一要正确领会，把握精神实质；二要结合实际，创造性地贯彻执行。不论任何时候，这一点都不能含糊。但"执行"不是"教条"，"坚决"不是"机械"。特别是作为领导干部，不能只满足于当"传令兵"、"传达室"，要注重把上级的一贯思想联系起来思考，把上情与下情结合起来把握，努力在创造性落实上下功夫。做到这一点，才是工作的高标准，才是真正对上级负责。上个月我刚刚带领中央的几十家主流媒体参加了在青岛举办的首届中国国际循环经济成果交易博览会，参观了青岛碱业公司和华电青岛发电公司等四家企业，其中青岛碱业公司根据自身特点，自主创新和引进了一批自身返碱煅烧炉技术、氨法脱硫技术等12项新设备、新技术，大大提高了资源利用率，减少了污染排放，取得了明显成效，为青岛市在推动循环经济方面增添了新的亮点。**三是如何用创新精神对待以往的经验**。任何经验都是在一定时空条件下产生的，实践过程中必然会暴露出不完善、不适应的问题，不能用经验主义的态度对待经验。既要有一种吸纳借鉴的宽广胸怀，不能搞虚无主义；又要用与时俱进的精神去完善、发展和超越，不断为经验赋予新的时代内涵，要坚持做到"改革中有改革、创新中有创新。"华电青岛发电有限公司以发展循环经济来促进节能减排和环保工作就是例证。2006年投资6.2亿元，实现了30万千瓦机组海水脱硫的目标，成为我国北方第一家采用海水脱硫工艺的企业。他们还在青岛市政府的推动下，启动了脱硫海水综合治理白泥项目，既可以每年消化青岛碱业公司产生的废弃物白泥6万余吨，又可以大力减少本公司脱硫耗能，从而达到白泥与二氧化硫双向治理的目的，实现两个企业在污染物减排上的双赢。**四是如何用创新精神解决好各种现实矛盾和问题**。创新的目的是解决问题，创新的本质也是解决问题。对领导干部来说，能够发现问题、提出问题、抓住问题、解决问题，是一个不小的本事；而能够运用创新理论去分析、回答和解决问题，就是更大的本事。发现问题——探索解决——指导实践——总结提高，把这四者有机结合起来，改革创新就可以打开新的思路，进入新的天地，取得新的突破。近年来，青岛市认真贯彻资源节约基本国策，着力构建循环经济体系，有效形成了以政府主导为核心，以政策激励为动力，以企业运作为主体，以科技支撑为关键，以依法管理为保障，以公众参与为基础的经验和措施体系，在较短时间内走出了一条具有青岛特色的循环经济发展之路，成为了全国学习的榜样。经中华环保基金会环境奖组委会评选，青岛市荣获城镇环境类唯一的一个一等奖，这是中国环境保护领域的最高奖项，并将于12月份在北京举行盛大的颁奖晚会。我在参加评选时，评委们对青岛的评价很高，作为生在青岛的一名老战士深感骄傲和自豪。

六、要长于总结——积累工作经验。

毛泽东同志说过："把别人的经验变成自己的经验，他的本事就大了。"邓小平同志也讲过："我是靠总结吃饭的。"实践反复证明了一个真理："总结好，大有益。"因此，我们既要重视总结成功的经验，又要注意总结失败的教训；既要学习历史的经验，又要重视总结现实的经验；既要总结个人的经验，又要善于把别人的经验教训变为自己的财富。总结的过程，就是"悟"的过程。"悟"得深与浅，就看是否用心思考，会不会用心思考。要切实通过总结思考，做到吃一堑、长一智，打一仗、进一步，干一项工作、有一次提高。我体会，领导干部要强化校长意识，建立学习有效机制，人人有任务要求，推动学历升级；形成考评制度，把学习进步作为使用干部的重要条件，既能为干部学习成才创造良好的环境和条件，也能形成可行的制度和养成学习的风气。

当然，干部素质的提高也不是一蹴而就的，而是一个实践与认识循环往复的渐进的过程。一项工作或一个阶段工作做完后，回过头来总结一下，看看哪项工作做得好，想想是怎么干的，有什么经验；哪件事出了纰漏，分析一下是什么原因造成的，有什么教训。通过总结，吸取经验教训，使感性的认识理性化，零碎的东西系统化，这对于提高自身的素质是非常重要的。因此，我们每一个领导干部，都要重视总结工作，都要擅长总结工作，不能像黑瞎子掰包米一样，掰一个丢一个，只知埋头干，不懂回头看，工作做了不少，自身提高却不大。同时，还要注意积累资料，养成收集资料，做笔记的好习惯。过去，我在部队时曾多次给大家讲过，作为领导干部起码要有四个本：政策规定摘抄本，这是工作的尚方宝剑；实际工作情况汇集本，这是搞好工作的基本依据；报刊资料剪贴本，这是做好工作的参照坐标；调查研究笔记本，这是提高自身素质的财富。读书、看报、交谈、工作中，有用的东西都要收集、摘抄下来，有什么启示和心得都记下来。一个人脑子里装的东西毕竟有限，正所谓"好脑子不如烂笔头子"。我可以告诉大家，我当兵这么多年，其它的东西我不珍惜，最珍惜的就是几箱从我上军校到现在所记的笔记，一本不少，走到哪里带到哪里，有些东西至今翻出来看看，对工作都很有益处。近些年我写了几本书，不论在理论界，还是政工界；不论在文艺界，还是学术界；不论在企业界，还是在保健界，都有点影响。可以给大家开门见山地讲，这些书多数都是靠几十年的积累形成的体会，不是靠别人编的。因为我从走上领导工作岗位，就相信孔子的一句话："君子不言，言必由衷；轻易不讲，讲就管用。"

总结经验要符合实际规律。因为规律是事物本质的必然联系。我可以说当了大半辈子党委书记，从团到师，从集团军到大军区党委书记都干过。有一次在党委书记培训班上，根据个人的体会讲了如何当好党委书记的辩证法，其中如何当好主官主要有七点：**统揽不包揽**，统揽揽不住是失职，包揽过多是事务主义；**敢断不武断**，当断不断是没有胆识，武断就是家长作风；**放手不撒手**，对副职不放手就调动不了积极性，撒手出了事就是没有尽到责任；**分工不分家**，牢固树立"一盘棋"的思想，劲往一处使，齐心协力抓；**大度不失度**，不大度就不能容人，没有凝聚力，班子就搞不好团结，失度就是不讲原则，班子团结也是假的；**明白不表白**，就是要能想明白、说明白、干明白、写明白，但是明白不要表白，哑巴吃饺子心中有数就行；**完事不算了**，干完一件事不能一了百了，而是要琢磨琢磨，把经验教训变成自己成长的精神财富。而有的却相反，叫干就干，干完就算，稀里糊涂，马马虎虎，知其然，不知其所以然，肯定是不会有所作为的，更谈不上素质上的进步。如何当好副职也有五点体会：**参与不干预**，副职参与决策要积极不消极，出好主意当参谋，但不能干预正职做出正确的判断和决定；**到位不越位**，不到位是事业心不强的表现，也是素质不高的反映，越了位就是干预了别人的职权，也会给工作带来麻烦；**有权不越权**，慎重用好工作中的职权，积极主动地维护正职的权威，促进团队的团结；**出力不出名**，作为副职应具有这样的思想品质，拉偏套使正劲，作机动补窟窿，多出力少出名，唱"黑脸"不争功；**补台不拆台**，我体会，在工作上互相补台好戏连台，互相拆台都得垮台。这个讲稿大家普遍感到反映了规律，后来还被作为研究生教材刊印。青岛市经过多年的总结，从自己的实际情况出发，提出了环湾保护、拥湾发展的战略，并为此成立了红岛新区负责开发，修高速公路，架跨海大桥，打海底隧道，加快胶州湾的发展，必将为未来的青岛带来又好又快发展的生机和活力，一个崭新的青岛即将出现在我们面前。由此可见，反映规律性的、有长远指导意义的，就有生命力，这样的经验一旦总结出来，就能留下痕迹。

总之，领导干部在工作和学习中，一定要善于总结带规律性的东西，经过长期磨炼，综合问题的能力才能不断提高。我们讲思维层次，就是要上辩证法层次；我们讲提高精神境界，就是要上辩证法境界；我们讲改进工作方法，就是要坚持按辩证法办事。

七、要巧于化解矛盾——调动积极因素。

我在部队做了几十年的政治工作，其中大量的是做化解矛盾方面的工作，也就是班子的运转工作，军地的协调工作，各类人员的思想转化工作，在一定意义上讲就是活血化淤的工作。在这方面既积累了一些经验，也有不少的教训。就矛盾而言形形色色，五花八门，具体讲起来也一时难以说清楚，但是化解矛盾的办法，我体会最深的有以下几条：

素质上的矛盾要用学习、总结、提高的办法来化解。 在实际工作中，每个同志可能都有这样的体会，班子里每个人的素质不同、经历不同、年龄不同、姓别不同、性格不同、文化程度不同，必然认识上会出现这样那样的思想差异，工作上也会产生他想这样干你想那样干的矛盾，经常也会因这些问题解决不好而影响工作。怎样才能解决好这种素质之间的差异产生的矛盾呢？我认为，要靠学习提高的办法来化解。每一位同志不论资历深浅、经验多少、学历高低，都应通过不断的学习来加强修养，超越自我，统一思想。班子成员的理论水平提高了，经验教训反思了，他们的眼界就开阔了，看问题就会容易全面一些；目标任务明确了，大家心就能想到一起，劲也能使到一块儿；思想境界升华了，研究问题受私利干扰就会少一些；工作方式灵活了，经常换位思考，就不单纯强调自己工作重要了。这样既有了统一思想的基础，也有了化解矛盾的途径。

　　决策上的矛盾要用调研、论证、比较的办法来化解。不同的单位有不同的实际情况，领导之间解决问题的想法必然是多种多样的，部门供决策的方案也是形形色色的，领导之间对所做的决策有矛盾和分歧是不可避免的，关键是要通过调查论证，用事实说话，用数字说话，用案例说话，充分统一好思想认识，形成科学的决策。我体会，最主要的就是要吃透上头的，要弄清国家的方针政策和法规法令，整个政治、经济、文化建设的大趋势；摸清下边的，要弄清单位的真实情况，知道群众在想什么、做什么、需要什么、能办到什么；掌握横向的，就是要大量掌握国内、国外各方面的信息，头脑中有个先进的坐标，使决策有先进性；形成自己的，就是经过综合分析，找准结合点，形成自己的工作思路，确定明确的整体目标，把大家的思想统一好；形成落实的具体措施，把大家的力量组织好。用这样的方法，来解决矛盾，让事实证明，以道理服人，达到化解矛盾，统一认识，形成决策，推动工作的目的。

　　用人上的矛盾要用评议、考核、审计、协商的办法来化解。确实做到看德才选人才，凭政绩用干部。在实际工作中，领导内部经常产生用人上的分歧，或是有各自提名的合适人选，或是对所使用的人出现不同意见是完全正常的，但解决不好就不正常了。那么如何解决呢？我认为要靠公正用人的激励机制和公平的评议考核制度来解决。实践证明，用人公，事业兴；用人歪，事业衰。公正用人关键是在两个方面下功夫：一方面是以公开求公正。着重从民主推荐、选拔考评、任前公示等环节入手，解决人才任用中的公开公正问题，使人才的选拔使用变"暗箱操作"为"开箱操作"，变注重"相马"为注重"赛马"，变少数人选材为广大群众荐材，使任何人才有浓厚的群众基础。另一方面是以公道求公正。用人要公正，关键是领导要公道。我在济南军区任政委时，军区党委在干部调整使用上立了"五个不研究"的规矩，即群众评议95%以上通不过的不研究、下级党委不推荐的不研究、政治机关考核不提名的不研究、纪检和审计部门不审计的不研究、常委酝酿不充分的不研究。通过公开公正用人，真正使那些埋头苦干、思路清晰、政绩突出的得到重用，使那些不思进取、工作平庸、打不开局面的产生危机感，使那些弄虚作假、欺上瞒下、跑官要官的受到抵制，彻底扭转那种"自己提升找关系、别人提升查背景"的不良风气，在全区上下形成"靠素质立身、靠品德做人、靠实干创业、靠政绩进步"的氛围。这两个方面解决好了，在用人上的不正风气纠正了，领导在用人上产生的矛盾也就迎刃而解了。军委首长讲，这种用人的办法是"阳光操作，一片阳光"。

　　干扰上的矛盾要靠对话、沟通的办法来化解。干扰来自方方面面，经常是感情上的干扰、政策理解上片面性的干扰、社会上小道消息的干扰。感情上的干扰主要是思想觉悟问题，政策理解上片面性的干扰主要是认识能力上的问题，社会上小道消息的干扰主要是来自上下级、同事、朋友、亲属等方面的影响。每当遇到类似干部任用、班子调整、人员调动等情况时，这些干扰也就随之而来，想顶也顶不住，有的顶住也站不住。所以，我们要采取群众评议的办法，看看能否有扎实的群众基础；采取组织考核的办法，看看是否能过了考评关；采取下级党委推荐的办法，看他能不能得到本单位组织的认可；采取审计审核的办法，看看经济上有无问题；采取班子个别谈话的办法，看看在成员中有无凝聚力。这样既能在群众中摆平，也能向各种干扰说清，还能有效地防止提错干部。沟通是沁人心脾的无形魅力。作为一名领导干部，经常与上下级沟通交流，有助于及时吃透上级意图、摸清下面的情况；经常与同事沟通交流，有助于增进了解、相互尊重；经常与亲戚、朋友沟通交流，有助于加深感情、彼此信任；经常与家人进行沟通交流，有助于加强理解，家庭和谐。因此，一旦出现矛盾或将要出现矛盾时，就可以达到及时化解或将矛盾防患于未然的目的。就像人们常说的那样：一席好话，胜过巨额奖金；一个行动，就能黏合人心；一种心态，决定事业创新。

性格上的矛盾要靠谅解、容忍、包涵的办法来化解。江山易改、秉性难移。人总是有自己的个性，没有个性的人往往是干不成大事的。我们常说，一个人的成功与失败与个人性格息息相关。在一个单位里，不同性格的人都具有多面性。他们有的性格好动、率直、进取、爱表现、爱说话、富于挑战性；有的性格比较冷静、稳重、不好争辩、也比较内向等等，这些都要相互适应而不应互相改造，硬改造的话，一个班子必然散伙，两口子也要离婚，自己就会成为孤家寡人。这就需要我们相互之间多谅解、多包涵、多沟通，做到有事无事常来往，大事小事勤商量。设身处地地为对方着想，为别人负责，才能及时消除误会、拆除隔阂，人与人之间的关系才会更加和谐，人们的生活才会更加愉快。让班子成员都能有声有色地工作，有胆有识地讲话，有滋有味地生活，有情有义地做人，有作有为地当官。前段时间我在看央视节目时，《艺术人生》对于乔羽老先生的专题专访，他和携手走过半个多世纪的夫人的一段对话令人深受感动："当你真的遇到了你觉得最适合你，你最爱的那个人，你们走到了一起，那就一定要珍惜，一定要非常非常珍惜你们的生活，珍惜你们的爱情。"这是乔夫人近六十年的婚姻经验总结。而这对老夫妻最后总结出五个字——乔羽说："忍！"夫人说："忍无可忍！"可见，"忍"与"忍无可忍"中归根到底还是相互的谅解与包容。还有唐太宗李世民谅解、重用魏征的故事被传为佳话。在李建成与李世民的皇位之争中，魏征为李建成出谋划策，多次使李世民陷入困境。玄武门之变后，魏征成了李世民的阶下囚。这时，李世民十分欣赏魏征的才干和人品，于是谅解并重用了他，让他做了宰相，帮助自己创造了历史上著名的"贞观之治"。这里虽然有李世民作为一代明君尊贤爱才的一面，但我们不能不认识到，这也是他宽宏大度、谅解他人的另一面。

八、要严于律己——升华思想境界。

江泽民同志反复告诫我们："每一个领导干部要经常想一想，参加革命是为什么?现在当干部应该做什么?将来身后应该留点什么?"并明确指出："这个问题要继续提、不断提，各级领导干部都要经常想、反复想、深入想。"这些重要论述语重心长、寓意深刻，每个领导干部必须深入思考，以实际行动作出严肃回答。

"三个想一想"集中反映了为官做人的基本规律和根本态度。"参加革命为什么"，讲的是革命初衷；"当官做什么"，讲的是现实作为；"身后留什么"，讲的是历史评价。贯穿"三个想一想"的主线是我们党的宗旨，即为什么人服务的问题。中国共产党从诞生之日起，就明确宣布其宗旨是为绝大多数人谋利益。这就决定了我们在为什么人问题的选择上，只能把为人民服务作为为人处事、当官用权的根本出发点和落脚点。为人民服务是我们共产党人的"道德经"。老一辈靠它经受了风风雨雨，新一代靠它成长进步，许多先进典型就是在这个"道德经"的哺育下涌现出来的。过去我在济南军区时，我们军区大力宣扬的"老山精神"、"老海岛精神"、"老山沟精神"、"抗洪精神"，以及树立的一大批先进典型，像见义勇为的徐洪刚、舍己救群众的吴国良、优秀指导员姜升立等，都是模范实践党的宗旨的生动写照。实践告诉我们，谁在这个问题上想得深、解决得好，思想根子扎得牢，谁就能在生与死、得与失、进与退、荣与辱的考验面前站稳脚跟；谁对这个问题疏于思考、解决不好，就会淡忘党的宗旨，背离革命初衷，以致丧失党性和人格。近几年来，我们有一批中高级干部犯错误，甚至成为历史的罪人，其表现主要是经不起权力的考验，以权谋私；经不起金钱的考验，行贿受贿；经不起美色的考验，胡爱乱搞；经不起职位的考验，跑官要官。但是，深层次想一想，他们主要是理想信念动摇，具体表现在信歪道理，不信大道理；信小道消息，不信上级文件；信个别人，不信党组织；信金钱作用，不信德才表现。这样的信念一动摇，就如蚁穴溃堤，一发而不可收拾，必然身败名裂，贻害人民。由此可见，我们共产党人不管形势如何变，中国特色的社会主义信念不能变；不管任务如何变，干好事业的作风不能变；不管职务如何变，全心全意为人们服务的宗旨不能变；不管年龄如何变，认真学习、严于律己的党性不能变。任何时候都要做到上不愧党、下不愧民、中不愧心。古人云："人生最大的敌人是自己，最高的境界是战胜私欲。"知人者智，知己者明；胜人者力，胜己者强。我们个人不管干成多大事，也不管当多大官，都不要记错账，不能忘记亲人的养育之恩，应当珍惜；不能忘记老师的教育之恩，应当敬重；不能忘记群众的支持之恩，应当报答；不能忘记领导的培养之恩，应当尊重；也不能忘记班子的合作之恩，应当关怀。

总之，通过不断的学习修养，实践磨练，群众帮助，努力做一个高尚的人，经得起得与失的考验；做一个纯粹的人，经得起成与败的考验；做一个有道德的人，经得起名与利的考验；做一个脱离了低级趣味的人，经得起钱与色的考验；做一个有益于人民的人，经得起进与退的考验。我个人体会，要干成大事，必须立大志、求大知、成大才，唯独不要争大官，做到：与世无争，事业多；与人无怨，朋友多；与事无惑，奉献多；无心无亏，快乐多。

如何当好正职*

——《企业家的思想道德和领导艺术修养》系列谈之十三

企业家要当好正职，要做到：

一，统揽不包揽，集中精力抓大事；

二，敢断不武断，集思广益做决策；

三，分工不分家，形成合力抓落实；

四，放手不撒手，跟踪督促尽职责；

五，大度不失度，容人容事讲原则；

六，完事不算了，及时总结有提高；

七，明白不表白，严于律己做表率。

---

*这是作者2009年4月27日受天津蓟县县委书记慈树成之邀，为全县处以上领导干部讲演之一。

大家知道，无论在一个单位、一个团队，还是一个部门，正职始终处于主导地位，团队的协调运转，领导班子的考查配备，重要决策的拍板定案，全局工作的筹划指挥，都起着至关重要的作用。正像大家常说的那样：单位好不好，关键看领导；领导行不行，就看头两名。当好正职，使自己成为上级放心，群众满意的好手；自己顺心，同级佩服的高手；解决问题，开拓进取的强手；综合提高，统领班子的妙手。从当好主官领导艺术或者说领导方法的角度而言，起码有如下七点，需要很好地借鉴和把握，很好地思考和总结。

一，统揽不包揽，集中精力抓大事。

大家知道，无论是单位的主要领导，还是部门领导，其根本职责就是小平同志经常讲的管全局、干本行，就是既要抓大事、把方向，又要出思路、抓落实。这一点每个同志从理论上都能说出个一二三来，但在实践中往往会出现动机与效果不一致的地方，有的在复杂的形势面前，就缺少主心骨，左顾右盼；有的在具体工作中不会牵牛鼻子，抓不住主要矛盾；有的不善于区分责任，对下不放心，也不敢放手，结果是该由分管领导和机关部门办的事情，都由自己一手操办，遇事不懂轻重缓急，处事不抓主要矛盾，以致包揽了大量的具体事务，导致认识不看本质，听话不思真假，时间不分先后，问题不论大小，造成大事办不好，小事办不完，该统的没统住，该放的没放开，费劲不小，效果不好，也就是常说的主官忙，副职乱，机关没法办，群众多埋怨。大家知道，主要领导对本单位、本部门带全局意义的工作必须具有统揽的意识，该统的统不起来，就是失职，但统揽不等于包揽，包揽过多就会陷于事务主义。古人讲："善弈者，谋势；不善弈者，谋子。"善谋势者，一子失着，全盘可以弥补；而谋子者，却常常顾此失彼，一着不慎，全盘皆输。所谓

"谋势"，就是统揽、驾驭全局；"谋子"，则是忙于具体事务，不抓中心带动一般。一个精明、成熟的领导应当善于"谋势"而不忙于"谋子"，把主要精力放在事关全局的大事上。江泽民同志也经常引用《兵法》中"不谋全局者，不足以谋一域；不谋万世者，不足以谋一时"来教育我们，讲的也是这个道理。如何搞好统揽不包揽呢？

首先，发现问题要有高度，会把握方向。 能够分清大事与小事的界限。也就是说作为一名单位的主要领导，要学会比较，善于透过现象看本质，抓住那些事关发展方向的根本问题，影响发展全局的关键问题，困扰健康发展的难点问题，涉及群众切身利益的热点问题，急需予以解决的倾向性问题等。从思想和领导角度议深议透，形成统一的认识，统一的思路，统一的行动。在这种条件下"谋势"比"谋子"显得更加重要，抓中心带动全盘也显得更加困难。一个好的单位主官，抓住大事，形成合力，重点突破，把落后的单位带出困境，把一般化的单位带出新的发展，把先进的单位带上新的台阶，成为全市、全省乃至全国的先进单位不乏其人，是值得称赞的。但是，也不得不承认，我们有的单位的主要领导同志中也有不少懂战术的多、懂战略的少，懂业务的多、懂政治的少，懂技术的多、懂管理的少，懂眼前的多、懂长远的少，工程师多、设计师少，使一些领导同志上任不久就出现了一些这样那样的问题，不能胜任本职工作，班子上矛盾重重，工作上问题多多，群众中议论纷纷，甚至被迫调离本职岗位。由此可见统揽全局的重要性和陷于事务的危害性，也就是邓小平同志早就讲过的，"整天忙于事务，不但不能做好工作，而且还是变质的开始，必然无所作为。"

其次，分析问题要有深度，能抓住本质。 任何事务都是由现象和本质相互联系的，分析问题时要透过现象看本质，才能抓住牛鼻子，找出正确的对策来。不然，认识问题要么就会雾里来云里去，看不清楚；要么就人云亦云，没有主心骨。但是在日常工作中，由于社会问题错综复杂，也由于人们的认识差别很大，还由于受利益的驱动往往是是非难辨、美丑难分。所以，分析好大有益，抓本质看到底，不被现象所迷惑，不被不负责任的舆论所动摇。比如说风气不正，解决起来又难，你是埋怨当今社会受送礼讨好的不良现象影响呢？还是查找自身要求不严、上行下效呢？上访的太多影响社会稳定和形象，你是埋怨老百姓难缠都是些刁民呢？还是查找自身思想不到位、实际问题没解决呢？机关使用起来不顺手，有时甚至相互掣肘，你是埋怨前任领导配得不好、素质不高呢？还是查找自身通气不够、培养不好呢？企业造假，信誉度不高，影响民众健康，你是埋怨他们见利忘义、不守信誉呢？还是查找政府管理不严，奖惩不明呢？班子有些隔阂，你是埋怨别人对你不尊重、不汇报呢？还是查找自身协调不够、支持不力呢？现在的执行力差，许多工作落实难，你是埋怨部下不扎实、能力素质差呢？还是查找自身方式不科学、难以落到实处呢？聪明的领导往往不怨天不怨地，只怨自己不争气。这样，他就能在分析问题上往本质上使劲，在解决问题上往内功上使劲，才能使得上下思想一股劲、工作一条心、组织一盘棋。正像孔子几千年前讲过的那样："其身正不令则行，其身不正虽令难从。不能正其身，如正人何？"还是他说得对，"上好礼则民莫敢不敬，上好义则民莫敢不服，上好信则民莫敢不用情。"

再次，解决问题要有力度，要有成效。 人类最强大的武器是思想，最有力量的是善于思考的人，用知识武装起来的人是不可战胜的，而思想的思想就是哲学。做到遇事经常想一想是否符合党的路线方针政策，一切工作都要体现上级精神；想一想是否符合大局的需要，自觉做到在大局下行动；想一想是否体现了国家的根本宗旨，坚持人民的利益高于一切的原则；想一想是否体现了落实科学发展观的要求，以提高单位的生产力为出发点和落脚点。概括起来就是，讲政治、讲大局、讲宗旨、讲效益。在具体实践中要会操作，要善于把宏观决策与具体指导结合起来，集中精力抓主要矛盾，研究和解决重大问题，并通过强有力的组织工作、经常性的思想工作，实现统揽的决心；要善于把上级指示同本单位实际结合起来，吃透上面的精神，摸清下面的情况，了解横向的信息，形成自己的思路，把握好工作的轻重缓急，当好"调节阀"，创造性的抓好落实；要善于把中心工作与一般性工作结合起来，通过抓大事带动全盘。做到：大权独揽揽得住，把握好方向和全局；小权分散散得开，防止和摆脱事务主义。

二，敢断不武断，集思广益做决策。

俗话说："当断不断，事后必乱；主官武断，事后必险。"作为单位的主要领导，重在拍板，难在拍板，素质的高低，能力的大小也往往体现在拍板上。古往今来，凡是有大智慧，干成大事的人，无一不是多谋善断的人。从官场上的高手，到战场上的强将；从商场上的好手，到现代科学家中的能人；从一般干部，到高级领导，无一不是多谋善断的人。他们往往调查研究，向今人谋；认真读书，向古人谋；出国考察，向洋人谋；左右比较，向同行谋；反复讨论，向团队谋；善于公示，向群众谋。这样，他确定的指导思想才能把大家统一起来，他制定的目标才能把大家凝聚起来，他发出的口号才能把大家动员起来，他配备的领导班子才能把大家组织起来，确实形成强大的向心力、凝聚力、感召力、生产力。但可惜的是，我们现在有些单位的领导，不是多谋善断，而是主观武断。有的甚至出现这样的情况：决策前拍脑袋，想一想，就主观主义地定了；决策时拍胸脯，出了问题我负责，既不听班子成员的劝告，也不听广大群众的建议，成了胆大包天的愣头青；出了问题造成了重大损失，又拍大腿，哎呀，又交了一次学费；最后在民主生活会上又不愿接受批评，不听领导的劝告，不总结经验教训，不反思提高自己，拍屁股一走了之，丢一句话，就是"此处不留爷，自有留爷处"，又到其他单位乱拍去了。往往拍到最后，把事业搞砸了，把机会错过了，把时光浪费了，把群众害苦了，把自己也断送了。这样的"四拍"领导对个人来说是无能的表现，对单位来说是无穷的灾难，对群众来说是无用的领导。作为主要领导必须要有主见，该"拍板"的就要大胆"拍板"，特别是对棘手问题，一定要敢于和善于决断，不能优柔寡断。遇到该决断的不决断，左顾右盼，举棋不定；遇到矛盾总想绕道走，时间久了不但会影响单位的进步，而且还会降低自己的威信。但是，在敢于决断的同时，也要防止自以为是，听不进不同意见，真正做到敢断不武断，集思广益，博采众长，这样就需要胆识。"胆"就是气质、魄力，"识"就是素质、能力。一个不敢决断的领导决不会得到下属的敬重。当然，敢断的前提必须是善断。就是说，你要有正确判断问题和解决问题的能力。

怎样做到敢断不武断呢？**首先**，就是要有很强的民主作风，当好"班长"，不当"家长"，要高人一筹，不要高人一等。这就是中央领导同志反复强调的，要了解民情、集中民智、反映民心、代表民利，一切为了群众，一切依靠群众，一切成绩归功于群众，一切成果与群众共享。因此，研究和决策问题时要广泛发扬民主，充分听取方方面面的意见，把正确的意见集中好，分歧的意见统一好，不对的意见说服好，形成的意见落实好，依靠集体智慧做出正确的决策和抓出应有的成效；

其次，要善于发挥各部门的职能作用，他们是领导的"智囊"和"外脑"，领导者的真正聪明之处，就在于善于调动各部门的工作积极性，发挥他们的创造性，遇事要让他们拿出供领导决策的方案来，而且要多案比较，供领导选择，使他们发挥决策中的参谋作用，落实中的带头作用，化解矛盾中的润滑作用；**再次**，作为单位主要领导在原则问题上一定要有主心骨，保持清醒头脑，选择正确的方案，形成符合实际的科学决策。千万不要为面子所顾忌，千万不要为利益所左右，千万不要为压力所动摇，千万不要为人情所困惑，使做出的决策能够经得起上级的检查，经得起群众的监督，经得起历史和实践的检验。给单位留下一套好思路，留下一个好作风，留下一支好队伍，留下一个好"家底"，做一名对得起单位、对得起群众、对得起自己的好领导。部队有个传统说法就是："上不愧党，下不愧兵，中不愧心。"

三，分工不分家，形成合力抓落实。

一个单位大部分的工作不是哪一个部门的事，落实起来也不是哪一个部门来抓，必须做到各部门之间密切联系、相互支持、相互配合、群策群力、形成合力抓落实。要强化"我们"的意识，心往一处想，牢固树立"一盘棋"的思想，劲往一处使，真正做到分工不分家，齐心协力抓。遇到困难不推上不诿下，立足本职，尽心尽力，保证每项工作、每个环节都不脱档、不落空。但是，我们也要清醒地认识到，要使一个单位真正做到分工不分家并不是一件容易的事。我们许多单位部门的领导者在对外宣传或年终总结中经常会提出这样一个口号："我们单位是分工不分家，进步靠大家。"这句话，说者气定神闲，听者泰然处之。由此可见，分工不分家既是单位的理想境界，也是单位的长期目标。由于受长期计划经济体制的束缚，市场经济管理体系不够完善，传统思想观念的影响颇深，加之照搬西方管理理念的水土不服等多方面的原因，往往无法达到分工不分家、齐心协力抓落实的要求。但是，不管困难有多大，单位都要根据自身的实际情况，坚持理论与实践相结合、继承与创新相统一、分工与协力相配合的原则，采取一系列管理提升的措施和步骤，努力形成分工不分家的新境界。使自己的单位就像一艘航母，靠大家共同努力，才能破浪前进到达彼岸。实现"内求团结齐心抓，外求发展谋双赢"的目标。

那么，如何齐心协力抓落实呢？**一是正确的指导思想是齐心协力抓落实的灵魂**。有了统一的理念才能有共同的思想，有了统一的思想才能有共同的行动。这一点我们要向思想大师毛泽东学习，他善于用思想统一认识解决革命斗争中的各种矛盾，使革命不断从胜利走向胜利。如：土地革命时期，他提出"打土豪，分田地"的口号，用吃饭问题把广大人民群众的积极性调动起来了；在抗日战争时期，他提出"团结一致，共同抗战"的口号，用挽救民族于水火之中把广大人民群众的思想统一起来了；在解放战争时期，他提出"打倒蒋介石，解放全中国"的口号，用解放全中国把广大人民群众的思想统一起来了；抗美援朝时，他提出"抗美援朝，保家卫国"的口号，又把全国人民的思想统一起来了；全国解放后，他又提出了"无产阶级只有解放全人类，才能最终解放自己"的口号，用更大的目标把全国人民的思想统一起来了。这种力量比什么都强大，可谓是精神上的原子弹。**二是明确目标是齐心协力抓落实的动力**。形成人人心中有目标，个个身上有担子，事事为了同一个目的干的局面。**三是统一利益是齐心协力抓落实的基础。没有统一的利益很难有共同的行动。**人们的一切行动都为了一定的利益，不然是没有说服力的，还可能一切都要出丑。**四是有效的体制是齐心协力抓落实的保障。**也就是说根据上级规定的总原则要求，从自己的实际出发，机构要能立能拆，人员要能上能下，有利于落实的机构要保留，发挥其作用；不利于落实的机构要压缩，不能占员太多；有碍于齐心协力抓落实的机构要合并，不能自己设障碍。这样才能从制度上保证齐心协力抓落实。

四，放手不撒手，跟踪督促尽职责。

作为单位的主要领导，工作要抓住重点，克服弱点，突破难点，创造亮点。抓住了主要矛盾，一切问题就迎刃而解。要站在全局上抓重点，事关政策性、关键性、全局性的工作必须一抓到底，事务性、技术性、一般性的工作要放手，交给分管领导或部门负责，让他们各司其职；要抓提高工作效率的重要环节，不能工作上劲没少使，心没少费，可事与愿违，从早到晚忙忙碌碌，却效益平平。其原因往往与主要领导统得过死，抓得过细，事必躬亲，胡子眉毛一把抓，处于被动应付的状态有关。有不少同志有这样的体会：你对我不放心，我就不用心；你对我不放手，我就不动手；你一竿子插到底，我就一棍子捅上天。这些话虽然不够全面，但说明了领导包揽过多，就会影响下面的积极性和责任感。领导对部属，特别是对副手，一定要充分信任，敢于放手，否则，纵使你有万般能耐，也难"一手遮天"。但是，放手不等于撒手，信任不等于放任。这里有四个环节需要紧紧把握住不放：**区分责任，明确分工**。布置工作任务，要责任到人，使其明确任务、标准、时限，同时要将自己的想法、要求等讲清楚，使自己的副手能够准确领会和把握你的意图，切忌含糊其辞，模棱两可，让副手无所适从；**加强检查，搞好督促**。发现问题及时提醒，引导副手有困难自己想办法克服，有经验教训让他自己进行总结提高，使他打一仗进一步。这样既尽了自己的责任，又调动了副手和部门的积极性、创造性；**注重全局，组织协调**。既要督促每个人大胆负责地抓好分管的工作，又要引导大家从全局出发，紧紧围绕中心工作想问题，形成合力抓落实，防止各吹各的号、各唱各的调；**以身作则，率先垂范。**对做出的决策、提出的要求，主要领导首先要带头执行，以自己的模范行动影响和带动大家，保证把集体的决策善始善终地落到实处。自己不能有意无意地"违规"，那样不仅会造成工作的忙乱和不落实，且极易导致意见分歧，削弱团队领导力量的发挥。

五，大度不失度，容人容事讲原则。

明朝大臣杨继盛曾写过两句诗："遇事虚怀观一是，与人和气察群言。"我理解就是劝人要虚怀若谷，容人容事，集思广益。作为领导干部，特别是主官，一定要有宽阔的胸怀，豁达的肚量。简单地讲就是你心里能容纳多少人，你就能领导好多少人，你能容纳多少事，你就能干多大事。能够团结多数人一道工作，不但能团结与自己意见不一致的人，还能团结曾经反对过自己并被实践证明是反对错了的人。"水至清则无鱼，人至察则无徒。"气量狭小，只能容人之短不能容人之长，只能容人之过不能容人之功，往往会从限制别人发挥作用开始，以导致自身无所建树而告终，咱山东人叫做武大郎开店。所以，我们一定要像小平同志倡导的那样："眼界要非常开阔，胸襟要非常开阔。"做到：政治上互相信任不猜疑，思想上互相交流不隐瞒，工作上互相支持不拆台，生活上互相关心不冷落，有了失误互相谅解不指责。在团队内部，领导之间，不能不讲感情，感情也是一种无形的力量，是密切相互关系的桥梁和纽带。感情深厚，工作中有了矛盾，也好化解；感情淡漠，彼此之间冷冰冰的，"鸡犬之声相闻，老死不相往来"，工作中就很难合作共事，一件微不足道的小事，也可能酿成轩然大波。因此，作为主要领导，一定要重视一班人的感情培养和思想沟通，使大家在一起工作时心情舒畅是好同事，离开后也念念不忘是好兄弟。但讲感情并不是不讲原则，不讲感情没有凝聚力，不讲原则没有战斗力。那种"上级对下级护着，下级对上级捧着，同事之间互相包着"的做法是万万要不得的。当一个团队内部出现意见分歧，甚至产生一些裂痕和摩擦时，作为正职，要敢于正视它，具体分析它，及时化解它，防止矛盾越积越深，积重难返。解决团队中的矛盾和问题，不能简单从事，要注意讲究方式方法。比如，在决策上的不同认识和矛盾，要通过调查研究、发扬民主、集思广益的方法解决；对用人上的矛盾，要通过群众评议、职能部门考核、审计部门审计、沟通协商的办法解决；对小道消息干扰上的矛盾，要通过沟通对话消除隔阂、不打肚皮官司的办法解决；对精神状态和工作姿态差异造成的矛盾，应通过思想互助、用目标责任制、增强事业心、及时表扬激励的方法去解决；对心理气质、情趣不同而导致的矛盾，应通过互相适应，用沟通的方法去解决；对团队成员思想修养方面存在的问题，只要不是原则性的，能个别处理的，就不要集体处理，能会下解决的，就不要拿到会上解决，能启发自我批评解决的，就不要公开批评。只要坚持这样做了，就可以给大家留下一个既讲原则又讲感情，可亲又可敬的良好形象，就能真正营造一个健康和谐的工作环境，齐心协力抓好工作落实，也就有了坚实的感情基础和可靠的思想保证。

六，完事不算了，及时总结有提高。

我们许多领导同志，年龄差不多，经历差不多，学历差不多，天赋差不多，工作岗位差不多，实干精神也差不多，为什么进步快慢却差别很大呢？原因可以找出很多，其中一条就是善于不善于总结经验并提高自己。有的同志每干完一件事，并没有一了百了，而是要琢磨琢磨，找出哪些干对了，哪些干错了，对了的有什么经验，错了的有什么教训，不管是经验还是教训都会成为自己成长的精神财富；而有的却相反，不善于在实践中学习，不善于在工作中总结，叫干就干，干完就算，稀里糊涂，马马虎虎，知其然，不知其所以然，肯定是不会有所作为的，也更谈不上各方面的新的进步。因此，我们在实践中要不断有新的进步，就必须在干中探索，在干中总结，靠实干解决问题，靠经验推动工作，靠总结提高自己。一个单位要想不断发展，一个人要想不断进步，就要经常地检查工作，反思自己，总结经验，吸取教训，既要看到取得的成绩、创造的成功经验，又要看到出现的失误、吸取用沉痛代价换来的教训。切实改正错误，不要老付学费，不断改进工作，不要让同样的错误重复犯。实践反复证明，成功有其内在的因素，失败也存在必然的根据。总结经验，就是找出这些内在的必然的东西，掌握其规律，上升为理论，来指导新的实践。也就是说，对成功的经验，要从理论高度进行概括使其具有普遍意义，借以指导其他，不能占糊涂便宜；对错误的东西，要以辩证的态度，找出内在的原因，使之成为成功的先导，不能吃糊涂亏。毛泽东同志说过，"我是靠总结经验吃饭的"，并提出："把别人的经验变成自己的经验本事就大了，失败也可能成为成功之母。"在一定意义上可以这样讲，没有对中国成功经验和失败教训的科学总结，就不可能产生毛泽东思想，我们现在可能还在黑暗中苦斗。邓小平同志也十分重视经验教训的总结，并且明确提出了总结经验的科学方法，在总结经验中"对了的就坚持，不对的赶快改，不足的加把劲，新出现的问题抓住不放，不断与时俱进。"从一定意义上讲，没有邓小平总结我们社会主义建设中的经验教训，也就不可能创造中国特色社会主义理论，发展市场经济，走改革开放、强国富民之路，可能我们还在穷过渡呢！总结经验的态度要老实，方法要科学，起码有四条要把握好：一要有充分的材料，材料搞全了，弄准了，不能有虚假差错，不然会得出错误的结论；二要有科学的加工工具，即正确的理论指导，就是要运用马克思主义的立场、观点、方法来指导，不然就分不清正确与错误，本质与现象；三要有综合概括的本领，将丰富可靠的材料加以去粗取精，去伪存真，由此及彼，由表及里的提炼创作，进行艰苦细致的分析、综合、概括、抽象，形成规律性的东西，不然就不是真正的总结提高；四要坚持实践是检验真理的唯一标准，群众是推动认识发展的动力，在改造客观世界中使主观世界得到改造，不断发展完善经验，使自己的境界不断升华，能力不断提高。大家认真想一下，几千年前的错误为什么今天还有不少人在重复犯？几千年前的问题为什么今天有些仍然没有得到解决？其根本原因就是人们不太善于借鉴历史的教训，不太善于总结历史的经验。

七，明白不表白，严于律己做表率。

主要领导在团队中喊破嗓子，不如做出样子；要说得让人信服，做得让人佩服。老子讲："善言不辩，辩言不伪"，正确的废话宁可不说，实在的真话不能不讲。大家都有这样的体会，带头讲原则，团队才有战斗力；带头讲事业，团队才有向心力；带头讲团结，团队才有凝聚力；带头讲廉洁，团队才有感召力；带头守纪律，法规才有约束力。这就是常说的："老大难老大难，老大带头就不难；领导带了头，群众就有劲头，事业才会有奔头。"那么主官领导应该在哪些方面做明白人，成为行家里手呢？我认为应该在四个方面非常明白不含糊：**一是想能想明白，有清晰的工作思路。** 因为，观念一新，遍地黄金；观念僵化，没有办法；观念不快转，单位难发展。所以，"想明白"反映了单位领导的思想水平，战略眼光，驾驭能力。**二是说能说明白，能把道理讲清**

楚。就是明确目标之后，要采取手段，多种途径，向部属讲清，我们要干什么，为什么要干，怎么干好，把大家的思想和精神凝聚到单位目标上，使单位更快更好地发展。**三是干能干明白，务求抓出成效**。对事关全局的大事，下级干不了的要亲自动手干，下级干不好的要帮助干，下级能干好的要鼓舞着干，越干自己越明白，越干下级越爱干，使单位充满活力。**四是写能写明白，善于总结经验**。就是要善于在实践中积累材料，探索规律，集中群众智慧，能总结出管用的经验来，能写出有影响力的文章来。这时不要怕自己进取心太强而显得别人太平庸，不要怕自己能力太强而显得别人能力一般，不要怕自己原则性太强而显得独树一帜，不然什么事都干不成、干不好。当然，我们明白不要显摆，哑巴吃饺子心中有数就行，单位发展壮大就行，群众生活改善就行。任何事业都要用正确的思想武装人，用共同的理想凝聚人，用模范的行为带动人，用博大的胸怀容纳人，用廉洁的形象感召人，用良好的风气鼓舞人，做到：秉公用权讲正气，不以权谋私；克服困难讲士气，不垂头丧气，解决矛盾讲勇气，不怕出丑；接受批评讲大气，不计较分寸；为人处事讲和气，团结共进。

如何当好副职 *

—— 《企业家的思想道德和领导艺术修养》系列谈之十四

企业家要当好副职，要做到：

一，在决策上参与不干预，出好主意当参谋；

二，在职责上到位不越位，按照分工抓落实；

三，在权力上有权不越权，及时通气多沟通；

四，在思想上出力不出名，多做贡献不争功；

五，在工作上补台不拆台，形成合力搞建设；

六，对待正职要尊重不过分，取长补短同进步。

---

*这是作者2009年4月27日受天津蓟县县委书记慈树成之邀，为全县处以上领导干部讲演之二。

作为领导干部，要当一个好主官很难，但要当一个合格的副职也不容易。有人用"有限的权力，无限的责任"来形容副职，我看有一定的道理。有的同志干正职比较明白，做副职却长时间适应不了，甚至变助手成对手，主官不满意，自己不舒畅，群众有意见。为什么会这样，因为副职往往扮演的是双重角色。对正职而言，"副职"是副导演，其职责就是当好正职的助手，密切配合正职把一出出"戏"演好；对分管的工作来讲，副职又是"导演"，要充分发挥自己的主观能动性，协调好方方面面的力量，起到独当一面的作用。所以，当正职要演好主角别违规，当副职要演好配角别越位，当一般成员要当好观众别自悲。只有这样，正副职才能团结起来分工协作，领导群众取长补短，才能在现代化建设这个大舞台上演出生动活泼、受人关注的好戏来，才能为打牢国家经济基础，为强国富民做出贡献来。怎样才能当好正职的得力助手呢？我觉得起码应把握好以下六点：

一，在决策上参与不干预，出好主意当参谋。

我当正职多年，看待副职的作用无非是看两个方面：**首先**，看参与决策的水平，他能不能拿出好主意来。**其次**，看组织落实的能力，他分管的工作能否抓出成绩。

副职参与决策，**一要积极不消极**。善于围绕全局工作当参谋、提建议，积极主动地动脑筋、想办法，提出切实可行的建议，不能主官怎么说就怎么办，不动脑子，被动应付，无所作为。为此，当好副职要不断地学习提高，要有丰富的实践经验，做到"五勤"，即："腿勤"，要多转多调查，把问题弄准，把思路理顺，提出建议要有针对性；"眼勤"，要多看多观察，把难题弄清，把办法想好，提建议才能避免概略瞄准；"嘴勤"，要多问多谈心，了解群众愿望，为群众排忧解难，提建议才能顺乎民心；"脑勤"，要多想多分析，找出规律性的东西，提建议才有指导性；"手勤"，要多记多写作，把零碎的东西整合好，提建议才有系统性。**二要拿好主意不出歪点子。**提出的建议要符合上级要求，把方向把握好，不能违规；要符合单位实际情况，解决存在的问题，不能大而化小；要有利于单位的全面建设，不能头痛医头，脚痛医脚，办事不能急功近利。做到：违反政策规定的主意不出，不符合单位实际的建议不提，对下级提出的意见建议不把关过滤不轻易反映。这既能体现出一个人的人品官德，也能体现出一个人的能力素质。为此，作为副职要争说得对，不争说了算，看谁提的建议水平高；要争干在前，不争排在前，看谁实干出政绩；要争付出，不争索取，看谁甘为红花做绿叶；要争过不争功，看谁荣誉面前风格高。有人打了三个当副职的比喻颇有启发，就是："好配角是一面镜子，能照出一个人的品质；是一池清水，能映出一个人的官德；是一把尺子，能量出一个人的水平。"**三对单位已经形成的决议，要不折不扣地贯彻执行，**不能随意出新点子、提新口号，违背集体的决定，干扰正职的决心，动摇团队的信心。特别是当自己的意见被否定时，不能有消极情绪，即使在实践中证明自己的意见是对的，再一次被采纳，也不要到处表白自己，争谁对谁错，好的建议是分内的责任，被否定的意见是奋进的鞭策。要经常学习上级的指示精神，把握好方向；经常调查研究，掌握单位的情况；经常了解横向的经验，有一个正确的"参照系"；经常动脑筋思考问题，找准最佳"结合点"。只有这样，出的主意才能被单位所采纳，同级服气，群众顺气，鼓舞士气，得到正职重视，受到群众的欢迎，给单位和群众带来福音。

二，在职责上到位不越位，按照分工抓落实。

到位不越位，是对每一个副职的基本要求。不到位是事业心不强的表现，也是素质不高的反映；越了位就是干预了别人的职权，也会给工作带来麻烦。特别是对分管的工作要放在全局中去考虑，不能只强调自己工作的重要，争时间，争人才，争财物，争地位，使正职为难，让同级笑话。要牢记群众是创造历史的动力，人心齐泰山移。副职履行职责，主要应做到"六个到位"：**一要宣传动员到位**。能够及时准确地把单位的决策、主官的意图传达下去，让群众知道和明白，理解和接受，形成强大的凝聚力——人心齐，变成现实的生产力——干劲足；**二要具体指导到位**。凡大项工作做到有试点、有先行，摸索路子，树好样子；**三要总结推广到位**。能够把好的经验总结出来，普及下去，变成面上的成果，带动全局发展；**四要检查督促到位**。能够把工作落实到每个部位、每个环节，务求实效；**五要请示汇报到位**。使正职随时知道进展，及时掌握动态，便于正确指导，使工作顺利开展；**六要精神状态到位，这也是最根本的**。要有事业心、敬业心、平常心、必胜心和责任感、压力感、成就感、快乐感，做到：正职没有想到的你要想到，正职没有想全的你要想全，正职没有看到的你要看到，正职没有抓到的你要抓到，正职没有讲清的你要讲清。如果精神状态不振，有"拖着不干不够意思、干点意思意思、干多了没什么意思"的心态，那还谈得上什么发展呢？还谈得上什么作用呢？

工作做得不到位是责任心及能力不强的表现，越了位则会影响别人职权的正常运行，也是全局观念薄弱的反映。不越位主要应做到"三不"：该正职决定的事，自己不要盲目"拍板"，即使关键时候自己拍了板也要及时向正职汇报，得到他的支持和谅解；该别人分管的事，自己不要揽权，即使正职指定要协调落实的事，也要以分管的领导为主，甘当第三助手，不能拉偏套，使邪劲，使分管人不知所措；该下级落实的事，自己不干预，不属于自己职权范围内的事情，不擅作主张横加干涉，"种了别人的田，荒了自己的地"，造成同级之间、上下级之间的关系紧张，造成猪八戒照镜子里外不是人，老公公背媳妇出力不讨好。

三，在权力上有权不越权，及时通气多沟通。

在单位内部，从总体上来说，正职是"一把手"，具有总揽全局的权力，而副职只在某些领域内行使正职赋予的职权。能否行使好这部分权力，是衡量副职是否称职的主要标志，也是副职能力、水平的体现。副职要处理好与正职的关系，必须要明确彼此的职责和权限，进行合理分工。有权必有责，侵权要道歉，用权受监督，违权要追究。同时，副职还要在实际工作中做到有权不越权，遇事不推诿，把握好"度"，慎重用好手中的职权，积极主动地维护正职的权威，促进班子的团结。

认清角色、摆正位置是副职妥善处理与正职关系的基本前提和首要条件。一般而言，副职作为正职的助手，担负着某一方面的直接指挥和协调任务，正是通过这种全局与局部的分工与合作关系，才使得各项工作任务得以顺利完成。但是，由于正职统揽全局，因而很容易与具体负责的副职发生职责权限的重叠与矛盾，成为正、副职发生冲突的潜在根源，造成班子中关系的磨擦。因此，作为副职应该清楚，自己是分管什么的？有哪些权限去干？应该怎样努力去干好？对于和正职可能发生矛盾的地方，一定要本着"服从上级，有益工作"的原则，认真对待，妥善处理。在职权发生明显的交叉和重叠时，副职应及时地请示正职，通过协调、讨论、通气、沟通等方式使权责进一步明确，从而保证班子的团结和谐及各项工作的正常进行。在多年工作中我有一条不成熟的体会，就是："有事无事常来往，大事小事勤商量"，既有工作上的通气，又有感情上的沟通。讲领导艺术我认为这是最重要的艺术，讲工作方法我认为这是最重要的方法，讲威信我认为这是最重要的威信。公生明，廉生威。正像古话说的那样："吏不畏我严，畏我廉；民不畏我能，畏我公。"从而可以看出沟通是沁人心脾的无形魅力。作为一名单位的副职，经常与上级沟通交流，有助于及时吃透上级意图，把握工作方向；经常与同事沟通交流，有助于增进了解，相互尊重，得到协助；经常与下级沟通，可以了解情况，学习群众智慧，反映群众愿望，得到群众支持，有群众威信。因此，一旦出现与正职或其他副职以及下级发生矛盾或将要出现矛盾时，就可以达到及时化解或将矛盾防患于未然的目的。就像人们常说的那样："一席好话，胜过巨额奖金；一个行动，就能黏合人心；一杯清茶，就能拉近上下级距离；一个思路，决定事业创新。"在实践中我体会到，作为一位高明的副职，不但要调动下级的积极性，有人干活；还要调动上级的积极性，有人支持；不但要调动部门的积极性，有人落实；还要调动同级的积极性，有人协助。这样才能形成整体合力，心往一处想，劲往一处使，工作有成绩，上级有威信，下级有作为，自己有地位。

四，在思想上出力不出名，多做贡献不争功。

我认为，当一个副职，应具有这样的思想品质：拉偏套使正劲，作机动补窟窿，多出力少出名，唱"黑脸"不争功。曾经有人打过一个比方，副职就是正职的影子，有了成绩时，阳光在前面，影子在后面；有了问题时，阳光在后面，影子在前面。这一比喻形象地说明，副职既要摆正自己的位置，又要有一定的境界。**首先，有成绩受表扬时，不争主角，不抢镜头，不居头功，甘当绿叶扶红花。**老子讲得很好："淡泊养智，宁静修远，动而愈出，多言数穷。"只要甘当无名英雄，你就是真正的英雄。副职在实际工作中有所成绩，虽然离不开个人的辛勤工作，但是，也不难想象，如果没有正职的大力支持与协调帮助，副职就会被束缚住手脚，有能力而无法发挥，也根本不可能创造出什么业绩来的。正如大家说的："正职不放手，副职难动手；正职放了手，副职成高手。"所以，副职不要因为有点儿成绩就全归功于自己，而应重视客观外部环境所提供的有利因素及正职的大力支持和帮助。因为，一个单位就是一个系统，母系统和子系统是一个硬币的两面，归根到底是一个整体。副职时刻注重维护正职的权威，有绩而不骄，居功而不傲，注意突出正职，让正职走在前排。越是谦虚，就越能赢得正职的信任，越是春风得意之时，就越需要注意检点自己的言行，慎终如始，百事不败，成为大智慧者。**其次，有困难有失误时，把落好的事让给正职，把得罪人的事留给自己，敢于承担责任和风险，善于在自我批评中化解矛盾。**常言说："金无足赤，人无完人。"一个正职再有能力，再有经验，也总有考虑不周的时候，智者千虑必有一失嘛！更何况事情的成败又总是受到各种因素、执行能力等等的制约，所以，干工作有错误是难免的，不周到是经常的。作为副职应当尽辅佐之能，努力挽回损失，补救后果，而不应当说风凉话、看笑话、落井下石。因此，当正职出现过失，副职要从大局出发，主动承担责任，积极为正职创造更多的主动和更大的回旋余地，为解决问题提供更多的机会，扭转被动局面。同时，在关键时刻、危难之处，副职挺身而出，勇担责任为正职解围，有利于正职解决问题，决不能有好处争着干，有问题绕着走。危难之时见真情，越是关键时刻，越能看出一个人的真实本领，越能考验一个人的思想境界。副职能够以大局为重，全力帮助正职渡过难关，就会进一步增进彼此的感情，进一步增强班子的团结，更好地促进工作的开展。总之，对正职要服从不盲从，及时提醒拉袖子，工作上及时补台堵漏子。希望大家牢记老子的名言："大德无域，大爱无疆。"自己是整体的一部分，有了这一部分才能构成完美的整体。

五，在工作上补台不拆台，形成合力搞建设。

团队既是一个战斗的整体，也是利益的共同体。成员之间只有互相配合，才能使每个人的作用得到充分的施展，发挥出整体的威力，才能像"航母"一样，使团队协调开进。我体会：互相补台好戏连台，互相拆台都得垮台。有的班子成员单个素质不见得很强，但他们很团结，心能想到一块儿，劲能使到一起，不仅班子建设搞得好，而且单位也带得好。相反，有的班子虽然成员个人素质不错，但由于互不服气，互相扯皮，不仅班子不团结，而且带坏了单位的风气。所以，我们要提倡"单打"当冠军、"团体"争金牌。工作要做到补台不拆台，我的体会：**一要结构合理，在组织上补台。**要想真正成为有战斗力的团队，形成优势互补的团队，劣势互助的团队，必须要有合理的知识结构，有的懂专业，有的懂法律，有的懂科技，有的懂管理；要有较好的素质结构，有的实践经验丰富，有的理论水平较高，有的服务能力好，有的创新能力强；要有协调的气质结构，有性格慢一点的，有性格急一点的，有口直心快敢说敢道的，有容人容事处事稳重的；要有梯次的年龄结构，有老一点的会筹划，有中一点的敢冲杀，有年轻一点的发展后劲大等等。一花独放不是春，百花齐放春满园。**二要增强党性，在维护班子团结上补台。**多看别人的优点，不议论他人的是非；要以诚相待，有话说在当面，敲当面锣，不打背后鼓；当班子内部出现矛盾时，做活血化淤的工作，不添油加醋。要胸怀大度，眼界开阔，能容难听之言，能容难交之人，能容难容之事，能容别人之短。所以讲人的心胸有多大，本事就有多大，事业就有多大。我给孩子写了副对联，即：天大地大不如心大，金多银多不如书多。就是"虚怀若谷，满腹经纶"。**三要狠抓落实，在完成任务上补台。**正职没有想到的要想到，正职交办的要办好，正职出现失误要主动弥补，不能站在一边看笑话，真正成为落实工作的好战斗员，补偿过失的好助理员，防微杜渐的好护理员，以诚心换真心，心心相印。在工作上离不开，感情上割不断；在一起工作有使不完的劲，调动工作时有说不出的留恋。有的同志深有体会地说："工作累点无所谓，团结不好活遭罪！"**四要严以律己，在端正风气上补台。**世界万物以正为大，正己胜过正人，打铁首先自身硬。风气正团队兴，风气歪团队衰。坚持秉公用权，公道办事，公正用人。以身作则领导带头，要求别人做到的，自己首先做到；禁止别人做的，自己坚决不做。堂堂正正做人，清清白白为官，扎扎实实干事。塑造好自身形象，维护好集体形象，培养好团队形象，这既是对正职最大的支持，也是最重要的补台。

六，对待正职要尊重不过分，取长补短同进步。

俗话说："你敬人一尺，人敬你一丈。"人与人之间的尊重是相互的，彼此学习也是取长补短的。正职是班子的领班人，实际上只是分工的不同，但都是承担共同的责任。目标是共同的，目的是一致的。为了单位的发展，副职应该维护他的权威，支持他的工作，同心协力干好事业。实际上，维护他的权威、支持他的工作就是维护自己的权威、支持自己的工作。作为参谋和助手，对正职的意见和集体的决议，都应该认真地学习，既要把握全局，领会精神实质，掌握工作方向，讲究方式和方法；又要深入研究细节，精心抓好落实，做到事事有人管，件件能落实，推动单位的发展，增强单位领导的号召力，也显示副职的协调力。

但是，这种尊重决不是唯唯诺诺、阿谀奉承，也不是恭维吹捧，而是发自内心、处于公心。它是建立在思想上相互信任、工作上相互支持、感情上相互交流的基础上的。这种尊重不仅表现在言语上，更重要的是体现在行动上，说话办事都渗透着真诚的尊重。这种尊重的基础是信赖、佩服，尊重的动力是学习、提高。当然这种尊重要把握适度原则，如果过分了就难免有阿谀奉承之嫌。副职在思想上领会正职的意图，在生活上关心正职的困难，在实践中支持正职的工作，这既是副职的本分，也是副职的风格，是完全应该的。正职也会在工作和生活实践中体会到你对他的尊重、关心和支持，留下好的印象，对你思想上更放心，工作上更放手，权力上更放胆，自己也会更有作为。但是，对于正职存在的问题要坦诚帮助，及时提醒，防止小问题变成大问题，大问题变成历史遗憾的问题；正职出现疑难问题时，要帮助正职出谋划策，破难攻关，真心帮助正职解困，不能推脱困难，使正职难办、难堪、难做；对正职有不同意见时，要及时交流，认真沟通，取得一致意见，提出具体的想法和措施，不能憋在心里，憋出病来；在单位中听到对正职的一些不同议论，要了解真实情况，实事求是地正面解释和引导，不能听之任之，更不能人云亦云，影响正职的威信。

总之，正职、副职不好当，人人都愿当，但要当得好，思想必正当。脑袋不单是吃饭的，它是神经的司令部，哲学的大仓库。它决定着你的前程，左右着你的事业，锁定着你的智慧，生产着你的财富，积累着你的经验。同志们，让金秋走进你们的事业，让阳光走进你们的心灵，让美好的未来永远伴你们同行！

浅论学习与修养提纲*

——《企业家的思想道德和领导艺术修养》系列谈之十五

一、为什么要加强学习与修养?

二、学习与修养的重点是什么?

三、应如何加强学习与修养?

---

*这是作者2009年7月23日受青岛胶州市委书记祝华之邀,为市委科学发展观理论学习中心组(扩大)读书班上的全体同志讲演提纲。

前几天来胶州参加全国生态文明书画大赛时，祝华书记给我打了个招呼，说咱们市委中心组正准备召开学习科学发展观扩大会议，要我来讲一讲学习与修养问题。我非常高兴地接受了他的邀请，并且结合实际情况做了一点浅显的思考。到全国人大环资委工作的几年来，几乎或长或短都要回老家看看，每次回来总是留连忘返。其原因有五，一是由于家乡各级领导及广大群众的积极努力，一年一小变、两年一中变、三年一大变，非常鼓舞人和吸引人；二是家乡领导对在外地工作的同志们非常的热情好客，每次回来都有精心的安排，不光是让你食宿好，还叫你参观学习好。进一步深入了解胶州的悠久历史和灿烂文化，非常教育人和陶冶人；三是咱们家乡气候宜人，乡情浓浓，一吃家乡饭就不自觉地勾起了童年的回忆，就更加深深地思念故土和乡亲们，可以说家乡的食品非常养育人和造就人；四是有这么多家乡的领导特别是有一大批学历很高、经验很多、能力很强、作风很好的年轻干部，相继走上了领导岗位，胶州发展后继有人、人才济济、潜力无穷，能和大家面对面地交流学习体会，起个抛砖引玉的作用，为家乡的现代化、工业化、城镇化建设尽点微薄之力何乐而不为呢！五是祝华书记出这个学习与修养的题目本身就很好，不仅是大家深入学习科学发展观必须解决的问题，也是个人成长进步终身需要解决的重要内容。因为学习是为了修养，修养更需要学习，把学习与修养结合好，才能政治上靠得住，作风上过得硬，工作上有本事，做到事业成功、个人成才，成为让上级放心、班子满意、群众拥护的好干部、好领导。

一、为什么要加强学习与修养？ 要解决学习与修养问题涉及的面很广，解决的问题也很多，不可能在两小时左右都讲到，本着"博观约取，厚积薄发"的学习方法，是不是要解决好以下几个问题：

讲堂 文思录

第一，从历史上看，我研究了近代史和人物传记，得出一个规律性的结论，凡是成为大才，干成大事的人，几乎都具备这么五个经历，即：一要有上大学的经历，特别是名牌大学的经历，全面打牢必备的知识基础，有没有这个基础是大不一样的，有这个基础的人往往发展潜力就更大一些；二要有出国留学的经历，主要是过好语言关，学习科学技术，开阔眼界，认真进行对比思考，才能避免一孔之见；三要有跨行业研究的经历，学文科的要研究理科，不然就没有硬件，学理科的要研究文科，不然就没有灵魂。这样才能避免一根筋走到底；四要有做领导实践锻炼的经历，不经一事，不长一智，在一定意义上讲，经历就是能力、经历就是知识，正像教育家陶行知所说的那样：实践是老子、知识是儿子、创新是孙子。现在倒过来的现象很多，没有老子有儿子，没有儿子有孙子，就是经验不足办法多，能力不大胆子大，往往坏事有余成事不足，自己遭罪，班子受累，群众受害。我在实践中也体会到，不怕没经验，就怕不实践，不怕水平低，就怕不学习，这样才能避免高分低能；五要有军队锻炼的经历，培养吃苦耐劳的毅力，养成令行禁止的习惯，形成团队作战的精神，具备机动灵活的战略战术，这样才能避免一碰钉子就软下来。

这里我给大家讲一个我拜访刚刚辞世的著名国学大师，咱们山东临清老乡，九十八岁高龄的季羡林先生时的谈话，他一生的座右铭是：爱国、孝亲、尊师、重友八个字。爱国就是任何时候别忘了祖国，一生都要回报国家。孝亲就是要孝敬老人，爱护亲人，帮助他人。尊师就是虚心好学，非常敬重，一日为师终生为父；重友就是诚信待友、挚友遍天、高朋满座。他说人生要成大才、干大事，必须做到三个贯通，即：古今贯通，古为今用；中西贯通，洋为中用；文理贯通，互相促进。我说：季老，我斗胆给你补充一个贯通，你看是否可行，这就是文武还要贯通，做到文能经国，武能治军。他说这很对，就算四个贯通吧，这恐怕更全面了，但是达到四个贯通的人也不那么容易，要终身勤奋学习、终身善于思考、终身勇于探索、终身努力践行啊！

第二，从社会变革情况来看，我们国家现阶段的国情是建设有中国特色的社会主义，如何在实践中体现得好，方向把握得牢，恐怕有五个基本结论要搞清楚，即：市场经济，民主政治，法治社会，人权理念，科技支撑。首先是市场经济，市场经济就是竞争经济，必须公平竞争，优胜劣汰，才会充满活力，不能保护落后，使靓女嫁不出去，丑女近亲结婚；是效率经济，谁贡献大，谁就能先富起来，不搞平均主义，吃大锅饭，然后再带动大多数人富起来，消除仇富心理；是质量经济，竞争中主要是靠科技含量不断提升，靠品牌影响的不断扩大，靠服务上门的质量不断提高，不能搞假冒产品或以次充好的产品；是世界经济，必须请进来走出去，有本事去赚外国人的钱，不能搞封闭式发展；是法治经济，就是一切照法规办事，不仅要用法律维护自己的即得利益，还要用法律不断地拓展自己新的利益，使法律成为自己的护身符。其次是民主政治，就是在党的统一领导下，逐步扩大民主，因为没有充分的民主，就没有科学的决策，也就没有人民当家作主的地位；没有充分的民主，就没有反腐败的彻底胜利，巩固共产党的领导地位。这些道理在建国之前，北大校长蔡元培先生问毛泽东讲共产党如何防止历史上胜利与失败的教训时，毛泽东做了坚定明确的回答，这个办法找到了，这就是发扬民主。解放军在建军初期就形成了军事政治经济三大民主，成为了毛泽东思想的重要组成部分。毛泽东在"文化大革命"中搞了个大民主，打倒一切，造成了历史的错误。但是作为一种科学的民主精神并不算错。所以党的十七大中明确提出了要有领导地、逐步地扩大民主的要求，并且要让广大群众有知情权，经常向他们通报情况，心中有数；有决策权，把重大决策向群众公示，听取大家意见；有管理权，凡是涉及群众切身利益的事情，都要让他们参加管理，维护自己的利益，提高自身的素质；有监督权，就是用权受监督，侵权要追究，违权要处罚。第三是法治社会，就是要体现在工作实践中，违法的决策不能做，违法的事情不能干，对违法的事不能放。决不能以言代法，以权压法，受利益的干扰驱动做出违法的事，受感情的干扰乱用权。为了加深对法的理解，我给大家讲个法国大法典封面图画的故事，其大意是一个少女蒙着双眼，右手拿着利剑，左手拿着天平，右脚旁边有一只老虎，左脚旁边有一只小鸡。意思是说法官要像少女一样纯洁无瑕，蒙上双眼就是不受尘世污染，法律就是像磨剑一样残酷无情，执法官要像天平一样公正不偏。这样老虎可以和小鸡在同一个世界，同一个环境中生活，谁也不侵害谁，也就是我们说的和谐相处。在青岛有个好朋友，听说我对老子略知一二，叫我题个老子的词，我就顺手给他写了"置身大道，和谐自在"八个字，并告诉他，大道就是天道在阴阳，地道在柔刚，人道在仁义；自我和谐是前提，天人和谐是基础，与人和谐是根本。第四是人权理念，就是以尊重和保护人权为指导思想，坚持以人为本，尊重人、理解人、关心人、培养人。使人尽其才、物尽其力，调动各方面的积极性和创造性来建设小康社会。第五是科技支撑，就是现代经济，在一定意义上讲就是科技经济，就是邓小平讲的科学技术是第一生产力。你发展低碳经济也好，发展循环经济也好；你建设节约型社会也好，建设环境友好型社会也好，都离不开科学技术的研发。所以说，电子技术的发明与应用，改变了人们的思维方法，学习手段，生活方式。有人讲人道主义文化就是精神文明；科技文化就是物质文明；权利文化就是政治文明；消费文化就是生态文明。我认为有一定的道理，值得我们思考。

　　第三，从干部的经历上看，普遍地说是五个缺乏：一是缺乏马克思主义基本理论功底。不是说大家没有学，而往往是零碎学的多，系统学的少；听辅导多，读原著少；应试性学习的多，应用性学习的少；用来指导工作学习的多，注重改造思想的少。虽然学了，但记得不牢，理解不深，应用不好。深入学习中央文件时，没有理论根底，把握不住精神实质。遇到复杂敏感问题时，缺少主心骨，不能及时作出科学的决策，组织果断的处理，使小问题变成大乱子，不仅影响自己和班子的威信，也影响群众的信心和决心。二是缺乏必备的历史知识。对当前世界发展的大趋势，对历史变革的客观规律，对我国传统的文化知识，缺乏深入的研究，往往是看形势跟着新闻跑，看发展趋势跟着名人跑，看历史文化跟着感觉跑；三是缺乏基本法律常识。有的干部处理群众敏感事情时，竟说出了"你们是替共产党讲话，还是替群众讲话"这样的妄言，他根本不知道共产党是人民利益的代表，本身就没有任何私利可图的基本道理。他讲起来是依法治国，干起来个人大于一切；讲起来是执政为民，干起来用权谋私；讲起来是立党为公，干起来是狭隘的本位主义。这是严重脱离群众的根本表现，也是腐败现象屡禁不止的根源，很值得我们反省啊！我们修改宪法时有一句话，尊重和保护人权。尊重人权就是尊重人民的信仰自由、言论自由、出版自由、发泄自由。保障人权就是保障他们的生存权、教育权、养老权、医疗权。这是世界上最完备的人权；四是缺乏基本的科学知识。由于计算机的广泛应用，现代科学知识每隔三四年就要更新换代，过去基础差的要学习，过去基础好的也要学习，不然不但不能同世界接轨，就是同青年们也没有共同的语言。在漫长的历史长河中，任何人都是儿童；在浩瀚的知识海洋中，任何人都是小学生；在广大人民面前，任何人都是公仆；在党组织面前，任何人都是普通成员！五是缺乏应有的传统文化修养。我们的传统文化历史悠久，上下五千年，是开放的文化，善于吸纳一切先进的东西；也是发展的文化，不断充实新的内容。有人说，经济幸福过去，科技幸福现在，文化幸福未来，我看很有道理，也可以说是真理。我们要继承原来的，吸收外来的，创造未来的。

第二，学习与修养的重点是什么？也就是说要解决哪些终身管用的东西？这个问题政治家有政治家的主张，哲学家有哲学家的道理，科学家有科学家的探索，军事家有军事家的经验，教育家有教育家的体会。也可以说是八仙过海，各显其能，也各有其理。但是隔山不隔理，就是万物一理，大道相通，万教归一，慈善为本。我认为仅从人生学习与修养的角度来讲，不论是马克思主义也好，还是儒家学说也好，不论是道教也好，还是佛教也好，概括起来就是弄清五个根本大道理：

一要通晓哲理，也就是经常讲的道理。要通晓这个大道理，首先必须把握天之道在阴阳，任何事物都是一分为二的，对立中有统一，统一中有对立，不断推动着事物的发展变化。这个道理，毛泽东同志在《矛盾论》一书中作了最精辟、最生动、最深刻、最通俗的论述，指导我们党在延安整风中进一步总结了经验教训，从理论上使党成熟起来，使革命不断从胜利走向胜利。这个被实践反复证明的老道理，在现实工作当中往往应用得不够好，做事情好走极端。比如说，一强调贯彻上级指示，就开长会、讲长话、写长文、空表态；一强调工作要抓落实，就搞些劳民伤财的大检查、大评比、大表彰；一提倡某种东西，宣传某个典型，就不管自己情况如何，搞一阵风、搞一刀切，一线推。一个领导干部犯了错，就搞层层检查、个个过关，一人生病，大家吃药；一强调要严格纪律，就不分青红皂白地找问题，找不到问题就找态度，甚至乱处理干部等等。举这几个例子是启发大家要辩证地思考问题，不能走极端；要从实际出发解决自己的问题，不能照搬上级指示，照抄典型的经验等；其次，要把握地之道在柔刚，坚持以柔克刚，不能以刚对刚，注意工作方法，讲究工作效益。历史上就有滴水石穿，绳锯木断，舌存齿亡的名训。在实践中，都有这样的体会，有许多问题，特别是党内矛盾，热处理不如冷处理效果好，硬处理不如软处理好，公开处理不如民主生活会处理好，大会批评不如个人谈心好。这样才能使大家认错有真心、检讨有诚心、改正有决心，达到吃一堑长一智，失败是成功之母，使犯错误的人成熟起来，使没有错误的人警觉起来。实践证明，犯过错误的干部往往比没有犯过错误的干部用起来更放心。我在集团军当政委时，有个同志因工作失误受了两次处分，但没有影响他的使用，在谈心时他说，没有想到组织上对我这个犯了两次错误的人还委以重任，我说拉翻车的马才能老马识途，今后少翻车。再次要弄清人之道在仁义。仁者爱人，就是对同志有爱心，上级关心下级，下级尊重上级，部队叫尊干爱兵；义就是讲正气，不搞歪门邪道，不搞会上是钢条，会后是油条那一套，不说则已，说了就要抓出成效来。多年来我有个体会，就是先做后说是圣人，先说后做是贤人，光说不做是骗人，不会说不会做是废人。这几个道理，合起来就是孟子讲的天时、地利、人和，这是成功之大道。

　　二要明确事理，也就是工作的思路。古人讲三百六十行，行行出状元；现代社会分工越来越细，恐怕三千六百行也不止，行行有自身的道理，虽然你知识渊博，也不可能行行都懂。孔子讲过，君子不器，就是这个意思。他告诉人们真正的君子不是个简单的工具，学什么只能干什么，别的什么也不懂，离开本行业务连话都不会讲，就更谈不上让他们统师千军万马、干成大事业了。那么世界之大，行业之多，如何弄清事理，把事情办好呢？还是毛泽东是大智慧，他把各行各业概括成为五个方面。我理解，一是工之理在创新。从古到今的每个技术创新都是工业的一个大发展，一个大突破。大家知道由于富兰克林发明了电，才给世界带来了光明，不然我们还要在黑暗中摸索；由于瓦特发明了蒸汽机才使工业引起了革命，不然我们还得刀耕火种；由于莱特两兄弟发明了飞机，才使现在地球变小，成了名副其实的地球村，不然我们到欧洲去，比唐僧取经还要艰难；由于第二次世界大战需要，人们发明了电子计算机，经过比尔·盖茨的创新发展，才有了工业的智能化、办公的现代化、军事的信息化，不然我们还得用老办法搞工业化建设。中国在技术创新上一直走在世界前列，为世界做出了重大贡献，按照马克思、恩格斯的说法，没有中国发明的指南针，就没有明代的郑和下西洋，更不会有哥伦布发现新大陆。因为英国人研究发现，哥伦布发现新大陆使用的是郑和下西洋时的海图；没有中国发明的造纸技术，不可能有文化的高度发展，也不可能有现在的电子书；没有中国发明的活字印刷技术，不可能有文艺复兴运动，资本主义恐怕还在娘肚子里，更谈不上现代文明了。所以我国成为了四大文明古国之一，外国对我们很崇拜，现在世界上已建成百余所文苑，学习汉语的越来越多，崇拜孔孟之道的也越来越多。但是，我们不少年轻同志不了解，不珍惜自己古老的文化传统，盲目地崇洋媚外，有的同志讽刺地说现在有不少人是读洋书、说洋话、过洋节、花洋钱、放洋屁。这话说得虽然有点过分，但也不能不说是反映了人们一种抵制崇洋媚外的情绪，值得引起我们深思。在这个问题上，我们不能夜郎自大，盲目排外，也不能认为外国的一切都好，外国的月亮比中国的圆，洋人放个屁都是香的。正确的态度，应该古为今用，洋为中用，服从于中国特色社会主义建设的实际需要，走自己的路子，建设自己的现代化。二是农之理在务时，就是必须按季节种收，不然就是失败。古人讲得很透，要人们与天合其德、与地合其利、与日月合其明、与鬼神合吉凶，就是说任何规律是不能违反的，违背了自身难保，必然受其害；三是兵之理在奇正，就是以正治国、以奇用兵。治国不正，国必乱，其身正不令则行，其身不正虽令难从。上梁不正则下梁歪，中梁不正垮下来；用兵不奇，军必败，奇就是出其不意、变化无穷，不能用老经验作战，世界上没有一场胜仗是同样的打法，二战期间的联军诺曼底登陆就是很好的例证；四是学之理在应用，应用是最好的学习，言行一致是最好的老师，实践是最大的学校。所以古人讲："实事求是，学闻行知"，学文科的不升华自我的境界，欲正人非，先改己过，那就是骗人；学理科的不解决科学的思维方法，把科研搞成功，并且应用于生产，解决老百姓关心的问题，那就是论文千万篇，实践看不见；学军事的战时不会指挥打胜仗，不会管理部队，平时不能处理各种敏感问题，不能组织部队抢险救灾，不参加维和活动，那还算什么现代军人，还算什么人民子弟兵，还算什么钢铁长城！五是商之理在诚信，待友以诚、办事以信。故人云："小胜靠智，大胜靠德。"做生意首先看对方能赚多少钱，再看自己能赚多少钱，做一次生意交一个朋友，不能做一次生意树一个敌人。舍得集团让我给题词，我顺手写了："先舍后得，儒商智慧"八个字，他们很感兴趣。因为商德好的人本身就是无形资产，没有钱人家敢给你贷款，没有技术人家敢给你转让，没有人才人家敢给你培养，没有项目人家敢跟你合作，没有信息人家敢跟你交流……，这样还有什么事情不能干成呢？

三要讲究情理，就是对人要有感情。人本身就是感情动物，不讲感情何以为人。这个道理上自皇帝老儿，下至普通百姓都是一样的。因此说对父母有感情，就要孝敬，决不能做不孝之子；对老师有感情就要学，决不能做忘恩之徒；对领导有感情就要干，决不能辜负领导的培养；对群众有感情就要服务，决不能侵犯群众利益；对朋友有感情就要讲诚信，决不能背信弃义。有了这样的感情，团结就是强大的凝聚力，作战就是强大的战斗力，生产就是强大的生产力，科研就是强大的开发力，世界上还有什么事情干不成、干不好呢？

四要尊重法理，就是办事不越轨。情理是重要的，但必须在法理范围内才是好事，违反法理讲情理，就要犯错误。在这种意义上讲感情确实害死人啊！因为在用人上，不讲德才讲感情，就可能犯结党营私之嫌；在决策上不讲科学讲感情，就可能受利益驱动，作出违反上级指示的决定；在司法上不讲法规讲情理，就可能会贪赃枉法。根据我们宪法规定，我们最大的法理就是五个维护，即：任何时候都要维护共产党的领导，不能动摇信念和决心；任何时候都要维护社会主义法理，不要以身试法；任何时候都要维护公有制的经济基础，不能挖社会主义的墙脚；任何时候都要维护人民群众的根本利益，不能脱离群众；任何时候都要维护社会的稳定，不能制造动乱。这样才能在办任何事情时不出法规的红线，不出道德的红线，才能真正干成大事，还能得到群众的拥护和爱戴。

五要弘扬伦理，就是讲道德。战国时期的老子有本奇书，就是《道德经》，共八十一章，五千字左右，前半部分讲道经，后半部分讲德经。经过圣人们的不断革新，形成了五论的道德规范。这就是父子要讲义，父教子、子孝父；上下要讲仁，互相爱护，互相支持；夫妻要讲爱，夫敬妻、妻侍夫；兄弟要讲序，兄帮弟，弟尊兄；朋友要讲信，说话要算数，不放空炮。这个伦理道德圣人们虽然讲了两千五百多年了，但现在仍不过时，而恰恰是现代社会的迫切需要，不然相互尔虞我诈，还怎么能够建设和谐社会。我理解，建设和谐社会只要是具备了崇高的伦理道德，就能与天地合其德，天无私覆，地无私载；与日月合其明，日月无私照；与四时合其序，顺乎自然；与鬼神合吉凶，少受其害。

第三，如何学习与修养？ 这既要认真学习思考，又要投入实践锻炼；既要高度自觉，还要依靠群众监督；既要升华思想境界，还要提高工作能力。但是从根本上讲，也就是从历史上看，进则建功立业，退则著书立说，终身德高望重的人物，必须坚持"四个万"：

一是读万卷书，学习前人的知识。 常言说：读书破万卷，下笔如有神；读书善思考，思想境界高。书籍是人类知识的载体，也是人类进步的阶梯。毛泽东在延安时，就提出本领恐慌的说法，并指出在历史上真正有出息的人都是认真读书、善于思考、勇丁实践、长于总结提高的人。他从自己的学习体会中高度概括了读书的方法，就是：挤、钻、用、创。也就是说不管工作多么忙都要挤时间读书，才能忙到点子上。列宁主义的成熟是在十月革命前后，这时候恰恰是斗争最激烈压力最大的时候；毛泽东思想的成熟是在延安整风时期，这时也恰恰是国内外和党内外矛盾斗争最复杂的时期。从这个意义上可以说，列宁主义和毛泽东思想也是逼出来的，是在错综复杂的矛盾中形成的。每个人的成长也有这样的感受，走上领导岗位以后，哪段时间压力大，哪段时间就进步快。哪段时间感到轻松，哪段时间就发展慢，个人能力也是在解决矛盾中、在工作压力中提高的。所以说越忙越要挤时间读书，才能杜绝自身忙、机关乱、基层没法办的倾向。我简单地估算了一下，只要我们充分利用八小时外的双休日、节假日这个丰富的资源，每天挤一个小时读书，每天读十页书，按每页八百字的话，一年就可以读上几百万字的书，十年就能读二十遍《史记》，八百多遍《论语》和五千多遍《道德经》。在学习中，多年来我一直坚持带着四个本子，走到哪里记到哪里，有所感受就把它写下来。一个是上级有关重要指示的摘抄本，这是干好工作的尚方宝剑；一个是报刊资料的摘抄本，这是工作的参照系；一个是实际工作的记录本，这是搞好工作的基本依据；一个是调研笔记本，这是提高自身财富的精神食粮。不论是读书，还是看报，不论是调研还是交谈，有启发的东西就记下来，积少成多，头脑就感到不断地充实。我当兵半个多世纪，大搬家十几次，其他的东西我没有珍惜过，但哪次搬家我都把十几箱子资料整理好，编上号带走。现在翻出来看看确实受益匪浅。我到全国人大环资委工作近四年的时间里，写作并出版了十几本书，不论是在理论界，还是政工界；不论是在文艺界，还是在学术界；不论是在企业界，还是生态环保界，都有些影响，引起了不少领导和专家们的重视。我开门见山地给大家讲，不是我水平有多么高，而是几十年积累的体会，有感而发，大家也爱看，书的销路也很好。因为我一生就相信：君子不言，言必由衷；轻易不讲，讲就管用，做到套话少讲，假话不讲，实话精讲，真话也不能全讲。光读书不行，还要联系实际，善于钻研。既能读进去，抓住精神实质，又能读出来，把握要点。不能读死书、死读书、读书死，圣人们讲尽信书不如无书。真正做到书为我所用，不是被书牵着鼻子走。比如说，我读了几十遍毛泽东同志的《党委书记的工作方法》，结合自己的工作实践，总结了如何当好正职的经验，就是统揽不包揽，敢断不武断，放手不撒手，分工不分家，大度不失度。我又总结了如何当好副职的经验，就是在决策上参与不干预，在工作上到位不越位，在指挥上有权不越权，在思想上出力不出名，在实践中补台不拆台等。这些经验在军内外都颇具影响，媒体争相刊登转发；读书是学习，应用是更重要的学习。许多东西在应用中才能体现它的真谛，在应用中不断提升自己。在研究如何加强现代化的人才培养时，我读了不少有关方面的古书和中央历史文献，结合部队建设急需培养的人才需求，提出了：要培养复合型的指挥人才、智囊型的参谋人才、知识型的科研人才、保障型的后勤人才、管理型的士官人才，此举引起了军委乃至中央领导的重视。光应用还不行，还要创新发展，使理论与时俱进，使能力不断提高。在研究经济理论时，我就提出发展产值是重要的，不然我们一切问题都解决不了，但是不能只是以产值论英雄，因为重大事故可以推动产值，自然灾害可以推动产值，污染环境可以推动产值，破坏性开发可以推动产值，急功近利也可以推动产值……这些产值的过快增长就不是好事，而是灾难，对这一任领导是政绩，而对下一任领导就是包袱。

二是行万里路，学习实践的知识。书本知识往往是灰色的，而实践的知识往往是常青的。因为任何书本知识都是前人经验的总结，不可能给我们解决现实问题、提供灵丹妙药。只有在读书中借鉴，在借鉴中发展，在发展中创新，才能叫做创造性的工作，推动时代不断前进。行万里路，学学孔夫子的周游列国，每事问，深入地思考一些问题。毛泽东同志叫做调查研究，了解实际情况，从实际出发决定我们的方针原则。他不但提出了许多调查研究的科学理论，而且也在实践中摸索了一套科学方法。比如他每次搞大的调查研究时，总是要翻阅许多历史书籍，向前人调查；看下级报告，向部署调查；让身边人员下去了解情况，防止不真实。所以，我们历代领导都强调，没有调查研究，就没有发言权；不掌握真实情况，就没有决策权；不抓好落实，就没有领导权；不以身作则，就没有教育权。因此，我们要在帮助下级解决棘手问题中提高自己的能力，因为群众智慧往往是丰富领导经验的源泉，也是克服自身缺陷的强大动力；在完成大项任务中提高自己，因为它可以看出一个领导干部的科学决策能力、组织协调能力、排忧解难能力、综合概括能力。我们胶州的少海开发已成了一个培养干部的大学校，在这里大家可以学到高起点规划、高质量建设、高水平管理、高效率运转，在完成任务中总结提高自己。毛泽东同志在延安时讲过，我是靠总结经验吃饭的，并且提出把别人的经验变成自己的经验，他的本事就大了；邓小平在南巡讲话中也指出，要摸着石头过河，对了的就坚持，错了的赶快改，不足的加把劲，新出现的问题抓住不放，也是要我们在总结经验教训中求发展。墨子在评价干部时早就讲过：能说能干是国之宝、能干不能说是国之器，能说不能干是国之贼、不能说不能干是国之废。当然，做一个想能想明白了、说能说明白了、干能干明白了、写能写明白了的干部也不那么容易，需要经过长期的实践、思考、学习、总结、修养才能成功。

三是要拜万名师，向群众学习。孔子作为圣人还讲三人行必有我师，择其善者而行之，其不善者而改之。这既讲了要有虚心好学的精神，又讲了学习的科学方法。我们应当很好地借鉴，发扬光大。因为在大千世界上，谁也不是绝对的老师，教中必须有学，谁也不是绝对的学生，学中必然有教，教学相长，才能互相促进，共同提高。我个人体会，一辈子就是三本书、三个老师，即：青年时发奋读书，求知识；中年时认真教书，育英才；老年时刻苦写书，传经验。三个老师：一个是各级领导是最好的老师，超长之人必有超人之处，作为我的每一位首长，我都从他们身上学了不少的东西，终身受益；广大群众是最好的老师，有许多认识上的难题，往往是群众帮助解开的；有许多工作中的难点也往往是群众帮助解决的，有许多的管用的经验也往往是群众创造的。领导只要认真学习，总结提高，不断推广发展就能取得新的政绩，创造新的经验。群众是真正的英雄，我们自己则往往是幼稚可笑的，这是颠扑不破的真理；实践是最好的老师，许多事情不经一事，不长一智；纸上得来终觉浅，绝知此事要躬行，就是这个道理。

四是历万般苦，形成自己的知识。恩格斯讲过，学习没有比从痛苦经历中来得快的，毛泽东也讲过一个人不经过失败的教训就不成熟。就是要求我们痛定思痛，对于总结成功的经验不断鼓舞斗志是很重要的；善于总结失败的教训，使付出的学费不白费，变压力为动力。一个人真正的成长必须在失败中磨炼自己的斗志；在误会中开阔自己的胸怀，在困难中提高自己的才干；在解决问题中学会化解矛盾。所谓领导艺术，就是思想艺术，能出好主意；就是用人艺术，能选好干部；就是落实艺术，能抓出成效来；就是以身作则的艺术，说得让人信服，做得让人佩服。

　　总之，希望各级领导要有骨有气得做人，有生有色地工作，有胆有识地讲话，有情有义地交友，有滋有味地生活。做到科学工作别累着，加强修养别气着，合理饮食别撑着，控制饮酒别醉着，经常运动别闲着，身体健康、心情舒畅、知识丰富、大有作为！

第二部分

文思录

2007年5月，作者在家乡青岛休养时登崂山留影。

2008年2月，作者和夫人闫桂香看望国学大师文怀沙老先生（右）。

2008年2月，作者看望原海军政委李耀文老将军（右），向他请教我军政治工作经验。

2009年9月17日，作者（左）在上海参加"百名将军颂祖国"的活动，为驻沪150余名将军做了题为《修养与健康》的主题报告。

2009年5月，作者参观井冈山革命博物馆时，认真做记录。

2008年1月，作者和二哥张文亭参观孙中山纪念馆。

　　2008年1月，作者参观孙中山纪念馆，深为"天下为公"的思想所感动，认真做记录，进行深刻思考。

作者（左）与瞭望中国杂志社社长秦清运在一起商讨书稿。

2009年作者与《瞭望中国》杂志社社长秦清运在两会期间。

2009年6月，作者（中）在青海省调研时与省委书记、省人大常委会主任强卫（左二），全国人大常委、环资委委员、省人大常委会副主任马福海（右二），全国人大常委、环资委委员张兴凯（右一），全国人大环资委巡视员尚莒城（左一）合影。

　　作者向青海省委书记、省人大常委会主任强卫（右）赠送《哲语论修》一书。

　　作者（左二）为青海省人大副主任刘春耀（右二）题诗留念。天险谷奇展雄关，山清水秀生紫烟。和谐开拓奔小康，撒拉人民尽神仙。

2007年9月，作者在内蒙古锡林郭勒盟调研。

2009年8月，作者（左二）同全国人大环资委浦海青副主任（右二）在内蒙古人大副主任郝益东（中）的陪同下在大兴安岭调研。

2009年5月，作者（右二）在河南焦作为中共修武县县委书记石军（左二）题诗留念，红石峡谷一线天，万仞壁立猿难攀。脚下瀑布风雷动，云台胜过仙人间。左一为焦作军分区司令员阚辉，右一为焦作市委常委、军分区政委王继元。

　　2009年5月，作者（右二）重回河南辉县八里沟镇回龙村，看到在感动中国先进人物——张荣锁书记（左二）的带领下旧貌变新颜，欣然题诗鼓励。千里寻故友，重回八里沟。旧貌变新颜，奋斗志不休。左一为新乡军分区司令员马传运，右一为新乡市委常委、军分区政委岳守平。

作者为张荣锁赠送《哲语论修》一书。

2008年11月，作者率解放军总后勤部全国人大代表调研组在广西壮族自治区调研。

听取广西壮族自治区人大副主任莫永清汇报，视察医院、银行、港口等单位。

视察广西桂林恭城瑶族自治县时，同县委书记唐云舒交谈并赋诗一首："水果红遍天，绿水映蓝天。安居环境美，生态称模范。"

率中国人民解放军全国人大代表视察某部红军师。

视察广西军区某部边防连并向战士们赠送书籍留念。

2008年7月，作者在山东荣成为石岛宾馆题诗鼓励："天水一色赛仙境，群山环抱太阳城。改革开放数风流，黄海之滨称明星。"

　　2007年5月，作者在青岛休养时挥毫泼墨练习书法。

2009年5月，在河南洛阳参观洛阳博物馆并题词勉励。右二为作者，右一为洛阳市委常委、军分区政委万功民，左二为洛阳博物馆馆长王绣，左一为博物馆书记周加申。

作者与著名女画家、洛阳博物馆馆长王绣在一起，磋商书画艺术。并题词留念：三代皆在河洛，文明精聚史博。华夏叹为观止，历史谁能评说。

2009年5月，参观河南洛阳石画艺术馆。左一为洛阳市委常委、军分区政委万功民，右一为洛阳石画艺术馆馆长、原150医院院长杨中友。对置身大道，合谐自在的论断一拍即合，津津乐道。

2007年7月，作者与中国四海集团党委书记李璜（左一）、中铁四局董事长、十七大党代表张河川（右一）在青岛合影。

2007年9月，作者（左二）为承德赛罕坝林场题词鼓励。

2009年5月，作者（中）受中央电视台《科学发展之路》摄制组之邀接受采访，并题词鼓励。

作者在青岛汉画像砖博物馆馆长、著名专家、老部下张新宽的陪同下参观汉画像砖精拓片。

2009年5月，作者在河南郑州为兴亚集团董事长、老部下程道兴题诗鼓励。"从军显武略，解甲展文韬。"

2009年5月，作者在河南信阳为信阳宾馆董事长、老部下明德前夫妇题词并合影。"腹中天地宽，肚大能行船。清香令人醉，聚友话古贤。"

2009年5月，作者回到河南新乡看望阔别已久的老部队并题词鼓励。
"发扬传统，开拓创新，威震敌胆，再展雄风。"

2008年7月，作者在山东烟台为天马房地产有限公司总经理王有昌题诗鼓励。
"天海合一展景观，马飞长空生紫烟。相处和谐宜人居，城市回归大自然。"

　　本组照片为：2008年11月，应意大利和法国相关部门的邀请，作者率团前往两国进行友好访问，并分别与意大利众议院环境委员会主席阿莱桑德里、环境部副部长梅尼亚和法国国民议会法中友好小组主席埃尔比永就环境保护、能源及气候变化等问题进行了会谈。中方团员有全国人大常委、环资委委员、青海省人大常委会副主任马福海，全国人大常委、环资委委员张兴凯；工作人员有何嘉平、高洁、李晓东、李汉玉、杨涵。

在飞往意大利的飞机上。

参观意大利比萨斜塔。

中国驻意大利大使孙玉玺在官邸会见并宴请作者及代表团一行。

参加意大利埃尼集团动力集团主席弗朗西斯科先生的招待晚宴，互换礼物。

在意大利众议院前。

与意大利众议院环境委员会主席阿莱桑德里会晤，互换礼物。

与全国人大环资委委员马福海和张兴凯在意大利众议院门前合影。

在意大利罗马参观。

在意大利庞贝参观。

在意大利庞贝参观。

参观法国法格纳香水集团，与方雷迪主席会晤。

在法国尼斯参观。

在法国嘎纳参观。

在摩纳哥王国留影。

与中法友好小组埃尔比永主席和国会议院负责人等合影。

参观法国国会议院图书馆。

与中法友好小组埃尔比永主席会晤。

与中法友好小组和国会议院负责人会晤。

与中法友好小组和国会议院负责人交换礼物。

代表团成员与法国巴黎市长兰奥合影。

参观法国巴黎埃菲尔铁塔。

参观法国巴黎凡尔赛宫。

如何不断学习提高

任何有作为的企业家，都是勤于学习，勇于实践，善于思考，长于总结，与时俱进的人。学习主要是博览群书，学习前人的经验；勇于实践，学习群众的经验；面向全球，学习外国的经验；着眼发展，预测未来的发展。学习往往应当坚持理论学习，联系实际；研究历史，把握规律；了解现实，探索未来。不忘昨天，立足今天，面向明天。

提高认识自觉学 （2007年8月1日至12日）

◆老同志需要与时俱进，更新观念和知识，新同志需要持续学习，不断进步。可以讲，在学习的过程中普遍存在"五个缺乏"：一是缺乏马克思主义基本理念的系统掌握，往往是一知半解；二是缺乏对新理论成果的深刻理解，往往停在较浅的层面上；三是缺乏理论思维，分析问题往往凭经验；四是缺乏对党的优良传统的深刻了解，往往研究问题显得底气不足；五是缺乏严格的实践锻炼，理论研究缺少坚实的实践基础。

◆毛泽东讲："坚持数年，必有好处。"周恩来讲："活到老，学到老，改造到老。"邓小平强调，"学'马列'，要精要管用，一是不能丢，二是讲新话，三是要管用。"陈云讲："学好哲学，终身受益。"站在全局上学理论，站在巨人肩膀上看世界，才能胸襟开阔，豁然开朗；站得高了，看得远了，境界高了，私心少了，工作也就更主动了。

◆学习理论：一是挤时间学；二是联系实际钻；三是着眼效果用；四是根据需要创。坚持做到：在"信"字上扎根子，在"学"字上下功夫，在"解"字上求突破，在"用"字上见成效，在"创"字上谋发展。

◆养成积累资料的习惯，我脑子不够好使，我记不住就把它剪下来贴、写在本子上就记住了；养成思考问题的习惯，读书、工作、学习我都有问题思考，有所感想收获就好；养成讨论问题的习惯，好多东西自己想不通、想不对时，同大家交流一下就明白了。别人说我高明，哪知道我是从大家那里学来的；养成写笔记的习惯，我经常写日记和读书笔记，现在我写的书大部分是过去的学习体会。

❖我没有什么能力，但我有读书的能力；我没有什么水平，但我有集中大家智慧的水平；我没有什么权力，但我有宣传马列的权力；我没有什么才干，但我带出了一批文武兼备的干部；我没有什么学历，但我有半个多世纪丰富多彩的经历。

❖学习书本的，总结实践的，集中群众的，借鉴古人的，吸收国外的，形成自己的，变成实践的。坚持：学习科学知识，弘扬科学精神，运用科学方法，形成科学思维，加强科学管理，把感性的东西理论化，把零碎的东西系统化。

❖如何理解邓小平同志讲的中国特色社会主义？一是必须明确它是不断解放和发展生产力的社会主义，贫穷不是社会主义，发展太慢也不是社会主义；二是它是共同富裕的社会主义，两极分化不是社会主义，平均主义也不是社会主义；三是它是改革开放的社会主义，封闭保守不是社会主义，照搬国外也不是社会主义；四是它是民主法制的社会主义，压制民主不是社会主义，搞无政府主义极端民主化也不是社会主义；五是它是两个文明共同发展的社会主义，光物质富有不是社会主义，精神匮乏也不是社会主义。这里的每个方面都是互相联系、互相依存、互相促进的，有些还是互相制约、互为前提的整体。因此，了解邓小平理论必须把不同领域的论述与一贯思想统一起来思考，从科学体系上把握。

❖如何正确处理发展与稳定的关系呢？我看主要有四句话：第一，发展是个硬道理，不发展死路一条；第二，稳定是个大道理，不稳定什么事情也做不成；第三，协调发展是个科学道理，不协调发展不起来；第四，以人为本是个最基础的道理，发展依靠人民，发展成果人民共享。

❖如何把理论转化为能力？一要转化为观察形势，把握大局的科学方法，强化政治意识，强化服从意识，强化服务意识；二要转化为谋划建设，推动改革的思路，要体现先进性，注重系统性，着眼长期性，落实有效性；三要强化为与时俱进、改革创新的强大动力，搞好理论创新，突出科技创新，加强管理创新，完善体制创新；四要转化为端正态度，狠抓落实的行动，思想上求实，作风上扎实，工作上务实，决不搞欺上瞒下的假政绩，劳民伤财的面子工程，沽名钓誉的形象工程；五是转化为增强党性，坚持原则的境界，坚持原则抓落实，落实中讲原则，自觉做到感情服从政策，面子服从程序，关系服从原则，努力树立真诚为客户服务，公道办事的形象；六是转化为科学的方法，提高工作效果，坚持层次指导，分类指导，以法指导，典型引导，理论指导。

立足本职长期学（2007年8月15日至29日）

❖一是坚持全面学，不能有一漏万；二是深入地学，不能浅尝辄止；三是联系实际学，不能无的放矢；四是系统地学，不能零打碎敲；五是长期地学，不能一蹴而就。在学习中思考，在思考中学习，注意把企业发展中的重大问题带进来学，从理论和实践的结合点上解扣子，找对策；注意把工作实践中的问题带进来学习，在理论的指导下总结经验教训；注意把个人思想带进来学习，用理论创新成果校正人生航标。

坚持学习制度，交流学习成果，树立学习样板，形成学习风气，养成学习习惯，着眼学习效果。因为，没有理论上的坚定，就没有政治上的清醒；没有理论上的成熟，就没有领导上的成功；没有理论上的功底，就没有干工作的家底。

◆学习贵在坚持。一要挤时间学，排除干扰，减少应酬，多读点书，时间只要你挤总是有的，历史证明越忙的人越读书，越需要知识指导；二是要钻进去想，善于思考，加深对学习内容的理解，使学习的东西入心，入脑，融会贯通，变成自己的东西，备时而用；三是在实践中用，自觉用理论指导实践，把实践经验升华为理论，创造性地做好工作，并在实践中发展新的理论，形成自己的东西。

◆学习中要克服：重时事政策学习，轻基本理论学习；重集中学习，轻个人自学；重急用先学，轻长期坚持；重理论学习，轻实践学习；重改造客观，轻改造主观；重改造别人，轻改造自己的现象。要针对不同类型单位，制定不同的计划方案；针对不同层次的人员，提出不同的学习要求；针对不同的问题，学习不同的内容。增强学习的针对性、趣味性、实效性和长期性。

◆如何提高素质？一是勤于学习；二是勤于思考；三是勤于请教；四是勤于实践；五是勤于借鉴；六是勤于总结。

联系实际深入学（2007年9月1日至11日）

◆企业家如何把握理论的精神实质？学习贵在应用，应用重在把握理论的精神实质，把它变成自己的现实的分析，及解决问题的立场、观点、方法，为此：一是要把握实事求是的思想路线，坚持一切从实际出发，一切用实践来检验；二是要把握辩证思考的科学方法，现实问题用两只眼，传统教育用两句话，指导工作用两手抓，实践工作用两分法；三是要把握与时俱进的革命精神，不讲过时话，不办过时事，不打马后炮，不停留在一个水平上；四是把握为人民服务的根本宗旨，为大多数人民谋利益，权为民所用，情为民所系，利为民所谋，成果为民所共享；五是把握事物发展的规律，以昨天为借鉴，以今天为基础，以未来为目标，不忘昨天，干好今天，策划明天；六是把握理论联系实际的原则，善于用理论指导实际，把实际上升到理论上来思考，理论和实践两个翅膀都过硬，才能飞得高，飞得远；七是自力更生的自主精神，要争取外资，不依赖外援，走自主创新之路，自力更生之路，自主品牌之路，路才能越走越宽，腿才能越走越硬；八是艰苦奋斗的优良传统，勤俭节约，勤俭办事，这既有经济意义，又有重要的拒腐防变的政治意义。毛主席说过，"人往往懒、馋、贪、占、变五步曲"，现在看来，许多人犯错误也是一个很好的证明。

❖如何把握精神实质？一是要把理论与实践统一起来，在理论与实践的结合中全面把握精神实质；二是要把继承与发展统一起来，在继承与发展中全面把握精神实质；三是要把改造客观与改造主观统一起来，在改造主、客观世界的结合中把握精神实质。要实事求是地学习邓小平理论就要全面理解理论，不篡改曲解，不钻理论的空子；全面把握事实，了解事实的全貌，把握事物的联系，不但要知道事物的现在，还要知道事物的历史演变和未来发展的趋势；理论与实际结合时要具体情况具体分析，不搞简单的对号入座，穿靴戴帽。只有以实事求是的方法，学习实事求是的理论，才能做到实事求是，探索事物规律，推动社会发展，成为先知先觉者。把理论转化为世界观和方法论，转化为解决指导武器，转化为预测未来的望远镜、显微镜。

❖学习要坚持形成实践—学习—研究—总结—提高的思路，循环往复，以至无穷。但是，在实践中确实有重有形的东西，轻无形的东西；重具体领导，轻思想领导；重就事论事，轻理论思维；重微观指导，轻宏观指导；重一般号召，轻具体指导；重部署工作，轻狠抓落实。往往出现领导忙，机关乱，基层没法办。这说明以干代学，无论从理论上讲，还是从实践上讲，都是站不住脚的。开创新局面离不开干，但是怎么干，靠什么干才能使自己的工作带上原则性、系统性、预见性、创造性呢？一纸命令职务提升了，但学问怎么提高、水平怎么上去、觉悟怎么升华？靠什么提高观察分析问题的能力，团结班子的能力？最根本的一条是靠学习基本理论中提高；另一条是靠实践中总结经验；还有一条是靠集思广益来弥补。

❖如何理解邓小平理论？一是加强教育，文明起来；二是改革开放，富裕起来；三是一国两制，统一起来；四是和平发展，团结起来；五是加强国防，强大起来；六是发展科技，支撑起来；七是依法治国，规范起来。形成：为民服务的政治立场，实事求是的思想作风，艰苦奋斗的优良作风，自力更生的革命精神，依靠群众的科学方法。

❖如何对待理论？对待创新理论必须有实事求是的态度，坚持理论与实践相结合，在结合中下功夫，在实践中求发展。因为实践是丰富的，不断发展变化的，理论同实践相结合，就变成生动活泼的，与时俱进的。因此，始终不渝地坚持理论的科学性，摇摆不定是危险的；把理论与实践割裂开来，教条主义的理论是会误事的；拘泥于理论的个别词句，墨守成规，停滞僵化是有害的。实践先于理论，任何好的理论都要来源于实践；好的文件它能解决规律，指导实践，但好的理论的形成，首先来源于实践。要用理论来指导实践，用实践检验并发展理论。在现实生活中，当实践与文件发生矛盾时，常常不是修改文件，而是修改实践；实践与领导讲话发生矛盾时，常常不是修改领导讲话，而是修改实践；实践与书本发生矛盾时，不说书本脱离实践，修改的还是实践。如果不改变这种思维方式，我们的事业就没有希望。

❖在实践中读书好处何在？在工作中结合实际读书，用学到的知识指导工作，好处很多。一是容易"记"，二是容易"懂"，三是容易"活"，四是容易"用"，五是容易"挤"，六是容易"坚持"。或者是"七个便于"：一是便于读得懂，二是便于记得住，三是便于学得活，四是便于挤时间，五是便于找老师，六是便于终身学，七是便于见成效。

❖如何治学？一是坚信，有兴趣；二是勤学，有恒心；三是理解，有体会；四是应用，有效果；五是发展，有创新。

❖如何联系实际？毛主席说过："教条主义不如狗屎，人屎可以喂狗，狗屎可以肥田，教条主义不能喂狗，也不能肥田。"因此，学习中只有联系实际，学习才有意义，才能坚持下去，才能收到成效。因为，离开联系实际，学习理论就失去了意义；离开联系实际，学习理论就失去了动力；离开联系实际，理论就失去了衡量的标准；离开联系实际，创造就失去了基础。所学得如何？一方面，要看读了多少书，又要看理解得深不深，更要看应用得活不活，还要看解决问题成效大不大。因此，在实际中读书，评论是学习，使用也是学习，而且是更重要的学习；另一方面，联系实际读书的过程、工作的过程也就成了深入理解、应用的过程，也是提高素质的过程。在这里要弄清什么是本事：大家能做到的，我们做好了是本事；大家做不到的，我们做到了，这叫大本事。大家似是而非的东西我们搞清楚了是本事，大家搞清楚了的东西我们理解消化了是大本事。大家把文凭看得过于神圣、过于绝对，我们看透了学历、文凭不等于知识，文凭、知识也不等于才能，知识、才能也不等于贡献，能做到学历文凭是本事，把学历文凭转化成能力是更大的本事。

❖企业家如何深入学习？没有文化的企业是愚蠢的企业，而愚蠢的企业是没有竞争力的。因此企业家不能缺少资金，也不能缺少知识，更不能缺少有知识的人。因此我们要坚持理论武装头脑，用理论上的清醒，保持政治上的坚定和道德上的纯洁；坚持用科学武装头脑，保持商战中的真正优势和质量；坚持用法律武装头脑，办事不出轨，还要用法律武装武器保护自己；坚持用文化武装头脑，打牢自己发展的根基；坚持用专业知识武装头脑，成为本职工作的行家里手。因此，我们要把学习当成责任，成为动力，终身学习不懈，做到：提高认识自觉学、联系实际深入学、抓住重点反复学、养成习惯长期学、搞好计划系统学、找准问题有的放矢学、不断地联想融会贯通学，明确"天下一'理'，大道相通"。像古人讲的：博学之（要广泛地学习），审问之（要详细地询问），慎思之（要慎重地思考），明辨之（要清晰地辨别），笃行之（要忠实地期待），创新之（要不断地发展），真信之（要坚信学问有用）。按照我们党的传统学习方法：一是挤时间学；二是钻进去学；三是应用中学；四是创造性地学；五是交流学；六是专题性学；七是领导带头学；八是形成制度学；九是奖励学习好的引导学。

带着问题反复学（2007年9月15日至25日）

❖如何看问题？我们看任何问题必须是历史的，而不能是中断的；是全面的，而不能是片面的；是发展的，而不能是静止的；是客观的，而不能是主观的。一是不能忘记历史，历史会给我们很多教训；二是不能忽视现实，现实会给我们许多知识；三是不能忽视未来，要相信我们的事业总会越来越美好。这样在历史的长河中，在企业生动活泼的发展实践中，我们才能有效地坚持正确的、纠正错误的、摒弃过时的、创造新鲜的。辩证法告诉我们，世界上任何事物没有独立的、互不相联的，而是相互关联、相互制约的有机整体，如果离开互相协调，互相支持，只顾局部不顾全局，只管眼前不管长远，只看利不看弊，只想自己利益不想别人好处，只讲索取不讲奉献，什么事情也办不成。因此，对任何事情都要采取十分慎重的态度，具体问题具体分析，取其"利"去其"弊"，不搞一刀切，不搞否定一切、肯定一切的形而上学。但是，在实践中往往有不少人，强调一项工作的重要，就只讲一点，不及其余；强调加强统一领导，就出现统得过死，影响创造性；强调效率就放得过宽，没有约束性；强调物质利益就不讲思想工作，导致一切向"钱"看；强调制度管理就不讲自我管理，使管理处于无效状态；强调发挥专家作用就不顾广大群众，专家老伴摔到井里，有劲也使不上。其结果往往一哄而起，一哄而散；只有一件，不顾其余；只搞一时，不顾长远；纵向不衔接，横向不协调。

❖如何看待问题？任何事物都是互相转化的，但这转化是革命工作者的根本任务。一是困难不可怕，克服了困难就是胜利；二是问题不可怕，解决了问题就是前进；三是失误不可怕，总结了经验就变成了成功的先导；四是意见不可怕，集中了大家意见就变成了做好自己工作的智慧；五是磨擦不可怕，化解了矛盾就变成了团结的力量。可怕的是方法不对，心不齐，气不顺，志不立，力不合。看问题要防止两种倾向：一种是葫芦掉在井里——到下边漂着，等于没下去；一种是瘫子进茅房——蹲下起不来，只看到局部不能从全局上研究问题；还有一种是老鼠钻在书箱里——咬文嚼字，只编词藻不管用。这种看问题的方法，这种调查研究的方法不可取。

❖如何分析问题？凡是大事，都要慎重。在弄清真实情况的基础上，第一要分拆。把材料掰开了，梳碎了，分分类，排排队；第二要比较。逐项逐项地比较，不同角度比较，多种方法进行比较；第三要综合。在分析比较的基础上综合；从整体和发展上权衡，得出结论，产生方案；第四要反复。任何计划只要时间允许都要反复几次，反复听取不同人的意见，反复修改完善，最后付之实践。

❖任何认识往往是先从特殊到一般，没有特殊就没有一般。因此，我们讲研究问题，最主要是研究特点；讲认识事物，最主要是认识特点；讲结合实际，最主要是结合特别；总结典型，最主要是特色特点。

❖研究和解决问题，既要看到当前也要看到长远，既要看到总体还要看到局部，既要看到需要又要看到可能的，既要听取多数人意见又要听取少数人意见，力争使认识更全面一些，使决策更科学一些。

❖什么事情都要把握分寸，都不要过头。如形式过了头叫形式主义，本本过了头叫本位主义，地方过了头叫地方主义，个人过了头叫个人主义，享乐过了头叫享乐主义。当然形式不得有，本本不得讲，地方还要托，改善生活还得要，个人利益也要照顾。

❖凡是抓两个以上矛盾的事情，都要做到先抓主要矛盾，做到摸清问题，找主要矛盾，分析问题主要矛盾，解决问题突出主要矛盾，汇报问题明确主要矛盾。任何工作不抓主要矛盾，就抓不住全局；抓不住重点工作，就没有秩序；抓不住重点，就没有合理的部署；抓不住重点，就没有科学的方法。所以，任何工作都要有一个轻重缓急，先主后次。做到：突出重点，突破难点，克服弱点，解决热点，事半功倍。

总结经验继续学（2007年9月26日至30日）

◆依靠群众，智慧无穷。有经验人讲没有胜利的个人，只有胜利的团队。因此，凡是成功的企业，大致有五条经验：一是建班子，搭配合理，优势互补，形成核心。这个班子应有出谋划策、料事如神的张良式的高参；有英勇善战、所向无敌的韩信式的战将；有能筹善措、保障供给的萧何式的明相；有海纳百川、扬长避短的刘邦式的统帅。解放战争时期我军高层班子中毛泽东善于宏观决策，朱德善于带兵打仗，周恩来善于处理内政外交。西柏坡三间房子，三张桌子，三个科打胜了三大战役，世界闻名，千古传颂。二是做决策，吃透上头的精神，摸清自己的情况，了解世界市场，参照先进经验，做到目标明确，措施可行，责任到位。三是带队伍，德才兼备，精明强干；各有所长，独当一面，形成梯次，配套齐全。带出"六支队伍"：复合型的领导队伍，智囊型的参谋队伍，专家型的科技队伍，攻关型的营销队伍，服务型的管理队伍，知识型的文化队伍。四是抓管理，相互协作，严守规矩，促进落实，提高效益，搞好服务，使团队无任何后顾之忧，一门心思投入工作，发挥思想动员的号召力，目标责任的引导力，法规制度的约束力，奖勤罚懒的推动力，先进典型的激励力。五是做表率，严于治人，更严于律己；严于治企，更严于治家。叫人家做的自己带头做好，叫人家不做的，自己坚决禁止，讲得让人信服，做得让人佩服，以自身人格魅力去影响人，激励人，教育人，凝聚人。

◆企业为什么要总结经验？我们许多搞企业的同志，年龄差不多，经历差不多，天赋差不多，实干精神也差不多，为什么进步快慢却差别很大呢？原因可以找出很多，其中一条就是不善于总结经验。有的同志每干完一件事，都要琢磨琢磨，找出对的在哪里，错的在哪里，这叫做吃一堑长一智，打一仗进一步，而有的同志叫干就干，干完就算，稀里糊涂，马马虎虎，知其然，不知其所以然，因而进步就慢。因此，我们在实践中不断有新的进步，就必须在干中探索，在干中总结，靠实干解决问题，靠经验推动工作。

◆企业家总结经验的要求是什么？一个企业要想不断地发展，一个人要想不断地进步，就要经常地检查工作，反思自己，总结经验，吸取教训，既要看到取得的成绩，创造的成功经验，又要看到出现的失误，吸取用沉痛代价换来的教训，切实改正错误，不要老付学费，改进工作，不要使错误重复犯。实践反复证明，成功有其内在的因素，失败存在必然的根据，总结经验，就是找出这些内在的必然的东西，指导其规律，上升为理论，指导新的实践。也就是说，对成功的经验，要从理论高度进行概括使其具有普遍意义，借以指导其他，不能占糊涂便宜；对错误的东西，要以辩证的态度，找出内在的原因，使之成为成功的先导，不能吃糊涂亏；不仅要总结自己的经验，还要借鉴别人的经验，把别人经验变成自己的经验，自己本事也就自然大了，不能再吃别人吃过的糊涂亏。

❖企业家如何总结经验？总结经验的态度要老实，方法要科学，起码有四条要把握好：一要有充分的材料，材料要搞全了，弄准了，不能有虚假差错；二要有科学的加工工具，即正确的理论指导，运用马克思主义的立场、观点、方法；三要有综合概括的本领，将丰富可靠的材料加以去粗取精，去伪存真，由此及彼，由表及里的改造创作，进行艰苦细致的分析、综合、概括、抽象的工作；四要坚持实践是检验工作的标准，让群众评议，对了的就坚持，错了的就改正，不足的加把劲，新需要的再加上，不断发展完善经验，使自己认识不断提高升华。

❖如何发挥优势？企业要发展必须扬长避短，把独特的政治优势继承好，把自己的资源优势优化好，把创新的管理优势配套好，把专业的技术优势转化好，把能干的人才优势使用好，把精干的领导优势发挥好，把社会的整合优势利用好。

❖越挫越奋，方能成事。人的一生在一定意义上讲是挫折的一生，也是总结经验教训的一生，甚至还是迷茫的一生。是不是可以这么说，大人物有大挫折，中人物有中挫折，小人物有小挫折，一生没有任何挫折本身就不是个人物。那么如何对待挫折就成了每个人不得不思考，不得不总结的问题。我认为有三条必须把握住：一是在思想上，善于反省自己，不怨天，不怨地，全怨自己不争气。接受经验教训，使挫折成为精神财富，使失败成为成功之母。相反，如果只是埋怨领导不支持，埋怨班子不协助，埋怨群众不积极，怨气冲天，不但不起作用，而且会越滑越远，越败越惨；二是在方法上，善于总结经验教训，找准挫折的客观原因是什么，是不是判断形势错误？找到主观原因是什么，是不是决策不对？找到组织原因是什么，是不是用人不准？这样才能让挫折和错误使我们聪明起来，使挫折和错误成为我们不断走向成熟的学校和教科书；三是意志上，要越挫越奋，不能垂头丧气，哪里摔倒就在哪里爬起来，擦干了身上的血迹继续前进，才能再创大业，再展宏图，实现人生的价值。

如何加强思想品德修养

良好的品德修养，既是企业家做人的原则，又是企业干事的品牌。正如一些优秀企业家体会的那样，干企业什么都可以缺，唯独不能缺德。因为，一个有高尚道德的企业家，没有钱，人家敢贷款给你；没有项目，人家敢给你投资；没有人才，人家愿意给你输送；没有经验，人家能向你传授。所以，在一定意义上讲，成在品德，败也在品德，加强自身修养既是终身的责任，更是搞好企业的需要。

头脑要清醒科学（2007年10月1日至12日）

◆企业家应具备什么头脑？作为一个现代企业家，应具有坚定的理想信念，具有扎实的文化基础，具有丰富的实践经验，具有良好的道德品质，具有超群的人格魅力，具体讲要有"八个头脑"：一是要有政治头脑，善于把握方向，使企业这艘"舰母"任何时候不迷航、不触礁，不断开辟新的航程，驶向理想的彼岸；二是要有经济头脑，要按经济规律办事，不能人在搞市场经济，脑袋还停留在计划经济上，一切决策措施都要体现在经济效益上，使企业在发展中为国家做出贡献，在发展中为员工提供保障，在发展中提高自身竞争能力；三是要有人才头脑，善于招贤用能，就是要明确企业的竞争归根结底是质量的竞争，质量归根结底是科技的竞争，科技的竞争归根结底又是人才的竞争，所以，企业的"企"字就是人在企业在，人不在企业止，"得人者兴，失人者崩"；四是要有信息头脑，善于了解新情况，能够了解信息快，分析信息准，运用信息好，做出符合国家发展需要，符合世界潮流的决策来，使企业任何时候不落后于时代，始终充满生机和活力；五是要有科技头脑，善于自主创新，要围绕企业发展加强科研，善于吸收世界先进科研成果，要善于把先进的科研成果转化为生产力，运用到管理上，使科学技术真正成为第一生产力，第一竞争力；六是要有管理头脑，做到细微深处见功夫，根据实际需要，借鉴先进经验，完善规章制度，用制度管人、人人尽职尽责，用制度管事、事事井井有条，用制度管官、官官服从管理；七是要有法律头脑，要按法规办事，善于学习法律知识，运用法律武器，以法维护企业的利益，以法维护员工的权益，以法维护自己的权威，使法律真正成为企业的保护神；八是要有世界头脑，善于立足国内，放眼世界，立足当前，着眼发展，研究请进来走出去新的特点是什么？新的规律是什么？新的对策是什么？能赚外国人的钱，能赚先进国家的钱，能赚别人不敢赚的钱，成为世界公认的品牌，世界公认的企业，世界公认的企业家。

❖企业领导者如何用理论武装头脑？我们企业工作者要清醒地认识到自己理论素养的差距和不足，认识到自己对党的优良传统了解与应用上的差距和不足，切实把学习党的创新理论作为推动企业发展的第一需要，坚持不懈地用创新理论武装头脑，领导工作，做到：一是真"学"。就是认真的，而不是敷衍了事的；要深入的，而不是浅尝辄止的；要系统的，而不是零碎的；要长期的，而不是暂时的；真正做到深入浅出，融会贯通，把握精神实质，掌握立场、观点、方法。二是真"信"。就是要坚定不移地信仰中国特色社会主义伟大旗帜，坚持不懈地把思想统一到党的十七大精神上来，把力量凝聚到实现全面建设小康社会目标上来，任何时候都不能动摇对党的执政信心，使企业任何时候都保持正确的方向。三是真"用"。就是用十七大精神指导工作，审视企业建设中的问题，符合的就坚定不移地坚持下去，不完全符合的就要积极调整补充，不符合的就要坚决纠正，需要的就要不断发展完善。

❖企业家如何在结合上做工作？结合好，大有益。因为结合就是坚持，不能丢；结合就是应用，要管用；结合就是发展，讲新话。即：一是在指导思想上把继承与创新结合起来，在继承中创新，在创新中继承；二是在运筹决策上，把着眼干好当前工作与着眼长远工作结合起来，干当前，想长远；三是在组织落实上，把各级领导和广大员工的积极性结合起来，发挥干部的骨干作用，群众的基础作用；四是在方法上，把完善法规管理与加强员工自我管理结合起来，有约束力，更有凝聚力；五是在分配方式上，把发展企业和改善生活结合起来，使企业有后劲，员工有干劲；六是在科学研究上，把发挥自己的优势与借用别人的优势结合起来，借船出海，弥补自己的不足；七是在人才培养上，把造就自己的人才与引进外来的人才结合起来，不为我所有，但为我所用。

❖如何领导工作？统筹兼顾，突出重点，分步实施，着眼实效。端正工作思想，转变工作作风，改进工作方法，提高工作效益。思想不乱，工作不断，队伍不散。要用创新的理论武装头脑，指导实践，推动工作，使思想更加端正，认识更加统一；目标更加明确，责任更加清楚；精神更加振奋，作风更加扎实；方法更加科学，成效更加显著。

作风要务实求效 （2007年10月15日至22日）

❖空谈误"企"，实干兴"业"。大家经常讲江山是打出来的，成绩是干出来的，不干没有半点马克思主义的味道。因为干才能出新的思路，出新的经验，出新的人才，出新的典型，出新的成果。因此，我们一是思想上要求实，调查研究摸实情，发动群众想实招，工作一切求实效，使企业谋发展，员工得实惠。二是作风上务实，执行上级的指示要务实，着眼解决自己的问题；学习别人经验时要务实，着眼了解自己的不足；改革创新也要务实，着眼于提高自己的竞争能力，使务实形成一种风气，养成一种习惯。三是工作上落实，要抓具体、具体抓，反复抓、抓反复，不抓出成效来不放手。强调具体抓，抓落实，不是不要原则，而是因为离开具体，原则必然流于空谈；不是不讲设想、规划的重要，而是因为离开了落实，一切都会成为空转；不是忽视思想政治工作，而是要结合实际一道做，不然就会成为空话。

◆企业领导要求实防假。我们之所以强调注重实际，因为现在脱离实际的东西太多；之所以强调诚信为本，因为现在弄虚作假的东西太多。假情况、假数字、假政绩到处都有，假典型、假干部、假关系时有发生。不少同志对这种现象深恶痛绝，把它概括为五条：一是假政绩可恶，败坏党风，劳民伤财；二是假典型可耻，蒙混过关，害人害己；三是假商品可恨，骗取钱财，坑人害命；四是假关系可怕，招摇撞骗，损公肥私；五是假情况可气，干扰决策，误国误民。

◆企业家如何说做一致？理论联系实际，说到做到这是为人之道，也是为官之道。说得让人佩服，做的让人信服，为人让人佩服。要求别人不做的自己首先不做，才能"禁得住"；要求别人做的自己首先做好，才能"行得通"。让有理想的人讲理想，才有号召力；让守纪律的人讲纪律，才有约束力；让艰苦奋斗的人讲创业，才有感染力。现在许多事情难办不是说得不对，而是做得不好；许多法规落实不了，不是法本身有何问题，而是领导带头守法不够。你明明知道权力是责任，你却使劲地"争"；你明明知道金钱是包袱，你却不断地"捞"；你明明知道情妇如"祸水"，你却拼命地"找"；你明明知道要正派为官，你却拼命地"跑"；你明明知道高处不胜寒，你却拼命地"爬"。这样不但没有说服力，而且严重影响党的形象，甚至台上你讲人，台下人讲你；台上你骂人，台下人骂你。所以说以身作则是最大的号召力，喊破嗓子不如做出样子，一个行动胜似一方调控。

❖我们的风气虽然近年来有所好转，但是，在现实生活中仍然存在不少令人忧虑的问题。一是有的不深入实际，惯于讲空话，做表面文章；二是有的不关心群众疾苦，做官当老爷；三是作风霸道，压制民主，独断专行；四是弄虚作假，欺上瞒下，沽名钓誉；五是有的讲排场、摆阔气、图享受、挥霍浪费；六是有的目无组织、专横跋扈、欺压群众；七是有的以权谋私、贪污受贿、腐化堕落；八是有的养尊处优、无所用心、当一天和尚撞一天钟。这些问题尽管出现在少数人身上，但是，的确容易引起群众的强烈不满。

❖在文风上"八股气"十足，不解决问题。一是不重视调查研究，满足于堆砌材料；二是不面向实践，习惯于圈从之有的结论；三是不集思广益，沉湎于少数人编词作文；四是不是探索规律，而是主观臆造一些好听不好用的表面文章；五是不是面向未来，而是搞一些已过时的框框条条。这样的研究或没有用处，徒劳无功；或误传误导，害人坏事。因此，郑重的有效的研究工作：一是要找一帮合适的人，这些人应当是从事这项工作有实践经验的人，而不是编词作文的人；二是要有必要的材料，现在造假浮夸现象十分严重，要真正把情况搞得实在、明白很不容易，因此，必须在调查研究上下功夫；三是要正确总结经验教训。重视经验、解剖典型是研究工作的重要方式，也是唯物主义理论的基本要求；四是要在正确理论指导下，深入地思考，不断地思考，连贯起来思考，方方面面思考。在这个过程中理论、材料、经验分分合合，难解难分，各种设想、方案、现象不断调理，浮想联翩，肯定否定，修正对照，反复选择。

❖员工希望企业干什么？现在不少企业领导中思想浮躁的作风，表现在工作上主要是不扎实，不艰苦，不谨慎，不负责任，不讲实效，不思进取，不谋发展。这些思想尽管是少数人，但在一些问题上，影响甚坏，危害很大。我们必须到群众中去，在调查研究中解决这些问题。因为在调研中我们就会发现，员工们希望我们少说空话，多办实事，我们再也不能吹牛了；员工们希望我们潜下心来，研究问题，我们再也不能敷衍了事了；员工们希望我们埋头苦干，我们再也不能犹豫不决了；员工们希望我们与时俱进改革创新，我们再也不能安于现状了；员工们希望我们不断发展，把企业做强，我们再也不能小富即安了。这样官僚主义就无处藏身了，形式主义就无法存在了，享乐主义就会抬不起头来了。

❖企业家如何培养好的风气？一是勤奋学习，联系实际的风气；二是深入调查，求真务实的风气；三是与时俱进，改革创新的风气；四是民主讨论，科学决策的风气；五是勤俭节约，艰苦朴素的风气；六是团结协作，互相关心的风气；七是清正廉洁，公道正派的风气；八是顾全大局，自觉奉献的风气；九是遵纪守法，照章办事的风气。

❖企业家要养成四种作风：一是思想作风要求实，摸实情，想实招，办实事，求实效；二是工作作风要扎实，任何工作要抓出成效来，抓出经验来，抓出典型来，抓出人才来；三是生活作风要朴实，艰苦奋斗，不摆架子，不争面子，不甩票子，不比车子，不休妻子；四是学风要务实，要认真学习，切实理解，实际应用，发展创新。

❖如何培养企业作风？企业作风是在实践中锻炼出来的，企业人才也是在实践中培养出来的，企业品牌也是在实践中创造出来的，离开实践什么也无从说起。一是要紧贴企业工作任务，锻造敢打必胜的本领；二是依据企业急难任务，培养英勇顽强的作风；三是结合企业岗位竞争，营造争锋当先的氛围；四是利用企业艰苦环境，培植牺牲奉献精神；五是利用分差分配机会，培养先人后己的风格。

思想要升华境界 （2007年10月23日至31日）

❖进德修业，升华境界。任何人觉悟的提高，境界的升华，必须由为自己转化为为群众；由为家庭转化为为国家；由为眼前利益转化为为长远利益；由为局部利益转化为为整体利益。要有一种奉献精神、亲爱精神、团结精神、互助精神；要心善、念善、行善、至善；要积功累德、断恶行善、学为人师、行为示范；要修善积福、修财善施、修德益寿、修智施教；经常帮助穷人、老人、病人、苦难人、犯罪人，为别人超过为自己，为社会超过为家庭，为国家超过为单位。这样必然是团体得兴旺，家庭有幸福，个人得安康，社会呈和谐。

❖企业家如何升华境界？任何企业家的境界都是四步曲：第一步

是创业家，要带头干，创造财富；第二步是企业家，要用能人干，创造品牌；第三步是事业家，要为社会干，创造文化；第四步是政治家，要为人类干，创造思想。做到五个回报：一是回报政府，多纳税；二是回报社会，多做公益事业；三是回报员工，多改善生活；四是回报合作伙伴，多让利；五是回报军队，多支持国防建设。

◆能否正确对待个人得失，做到立企为民，既是影响企业家思想境界的重要因素，也是检验他们责任感的根本标准。目前大多数企业家对待个人的得、失、去、留是好的，思想境界也是高的，这是企业不断发展的重要支撑。但是，也不能不承认，有的干出了一点成绩就急于要回报，一不如意就情绪低落，影响心情；有的对名利看得过重，在一个岗位上干不了几年，还缺乏必要的经验和能力的积累，就急于出名，忙着造舆论、找靠山；有的企业基础并不牢靠，资金也不雄厚，创新能力更不强，就急于包装上市，急功近利。因此，作为成功的企业家，应当像孔子说的"吾日三省其身"那样，经常想一想你创办企业为什么？现在为企业干什么？以后为企业留点什么？做到视名利淡如水，看事业重如山，任何时候都要保持清醒的头脑，任何时候都不要为名利所干扰，任何时候都要保持一种积极进取的精神状态。有的企业把这种心态概括为"五心"，即：一是对事业要有进取之心。始终把工作放在第一位，时刻不忘肩上的责任，真正把个人价值和奋斗融入国家民族发展的伟大事业之中，勤于工作，乐于奉献，努力开拓新局面，努力创造新业绩，努力塑造新人格。二是对祖国要有感恩之心。要牢记自己的成长和进步，都是祖国养育和培养的结果，没有祖国的培养我们终将一无所成；自己能够干点事和为人民做点贡献也都是国家改革开放给予了好的机遇的结果，并不是我们自己有什么了不起；自己在改革开放、企业转型中能够站住脚，也是国家法律法令保护的结果，自己不是任何超人。因此，把自己对祖国的信赖和忠诚，植根于心灵深处，转化为继续为祖国奉献的强大动力。三是对企业要有回报之心。许多企业家随着企业的发展而发展，随着企业的改制而提高，也随着企业的重组而改变工作。一句话，就是："企业兴我兴，企业完我完，企业垮我下岗。"都应该有对企业回报之心，努力为企业贡献力量，努力为企业创造品牌，努力为企业准备后劲，努力为企业发展培养人才，使企业不断做大、做好、做强。四是对群众要有关怀之心。任何时候都要同员工心连心，想到一块儿，干在一起，倾听他们的意见，集中他们的智慧，发扬他们的力量，使他们真正成为企业的主人，愿意参与决策，愿意参与管理，愿意参与监督，企业永远植根于群众之中，永远充满发展活力。这就是党的十七大报告中讲的一切依靠群众，一切为了群众，一切改革成果同群众共享。五是对得失要有平常之心。正确地看待社会，不埋怨；正确地看待别人，不攀比；正确地看待群众，不指责；正确地看待自己，不自满。不能不比觉悟比职务，不比能力比资历，不比贡献比年限，不比发展比历史。经常想着历史给自己什么任务，自己肩负着什么责任，应当如何尽职尽责，不断提醒名与利的束缚，升华自己的思想境界。

◆企业家领导力量哪里来？一是真理的说服力，要善于讲道理，做思想工作；二是目标的鼓动力，人人心中有目标，个个肩上有担子；三是科技的支撑力，理论上有创新，科技上有突破，管理上有招数；四是典型的带动力，学有榜样，赶有方向，你追我赶；五是知识的催化力，要融会贯通，提高素质，升华境界，改进作风；六是奖惩的激励，干好干坏不一样，好的受激励，差的受鞭策，不行的要淘汰；七是人格的感召力，以身作则，说得让人信服，做得让人服气。

❖企业家为什么要用好"四盆水"？孔子讲："智者乐山，仁者乐水。"我们作为领导干部要经常准备"四盆水"：一盆水要洗洗头，经常保持清醒头脑，任何时候不能忘乎所以；二盆水要洗洗眼睛，经常耳聪目明，任何时候不能迷失方向；三盆水要洗洗手，保持清正廉洁，任何时候不该拿的东西不能拿；四盆水要洗洗脚，要活血化淤，勤下基层，任何时候都要把决策放在客观条件的基础上。

❖慎终如始，处变不惊。如何看人情世故？人情世故，变化无常。一会儿欢喜，一会儿忧愁；一会儿顺利，一会儿困难；一会儿荣达，一会儿衰败；一会儿团结，一会儿分裂；一会儿诞生，一会儿死亡；一会儿清醒，一会儿迷惘；一会儿光荣，一会儿屈辱。正如古话说："天有不测风云，人有旦夕祸福。"这就是告诫我们任何时候都要夹着尾巴做人，做到：穷则不变其志，达则兼济天下。富而不奢，贵而不骄，威而不猛，群而不党，宠而不喜，辱而不惊，威而不屈，慎终如始，百事不败。

❖如何看人生？一个老省委书记，给另一位老省委书记祝九十周岁生日，题写了一副对联，可以说雅俗共赏，我背一下大家听听，就是："一杆二杆三杆，杆杆增寿。七十八十九十，岁岁平安。"横批："上不封顶。""三杆"是指："一是枪杆打江山，二是笔杆治江山，三是鱼杆保健康，其他不说自明嘛。"我拜访一位老首长时，他深有体会地说："在职时要以工作为中心，尽职尽责，否则有愧于人民的重托；退休后要以健康为中心，自寻其乐，否则也会给组织找麻烦，给亲友们造成负担。"

❖人生的目标是什么？人生的目标应该向治学有方，事业有成、为人有德、养生有道、立言传经的目标努力。任何时候都不要忘记昨天的，善于学习借鉴；干好今天的，敢于发展创新；想着明天的，做到未雨绸缪。

❖如何树立正确的人生态度？学雷锋，论人生，树理想活动，从人生目的、人生态度、人生价值入手，联系个人在公与私、苦与乐、荣与辱、得与失等方面的现实思想，讲道理有利有弊，树典型反正分明，把讲大道理与驳歪理结合起来，把树正气与刹歪风结合起来，把学正面典型与分析反面典型结合起来，把忆历史与讲现实结合起来，净化心灵，思考人生，激励斗志。

❖企业家做什么样的人？一个有作为的企业家，应当通过长期的人品商德修养，努力做一个高尚的人，经得起得与失的考验；做一个纯粹的人，经得起成与败的考验；做一个有道德的人，经得起名与利的考验；做一个脱离了低级趣味的人，经得起钱与色的考验；做一个有益于人民的人，经得起进与退的考验。

❖莫望显贵，平安是福。贤人对后代的希望是什么？自古人们都望子成龙，望女成凤，但是，哲人们恰恰相反，往往是顺其自然，不过分要求。希望什么？不希望子孙们当大官，掌大权，赚大钱，干大事，成大才；只希望他们不生大气，不长大病，不摔大跤，不惹大祸，不犯大罪！这叫平安是福，福寿安康；权钱是祸，祸殃子孙。苏东坡才华过人，官越做越小，文章越写越好，一生经历坎坷，写了一首《洗儿诗》："人皆养子望聪明，我被聪明误一生。惟愿孩儿愚且鲁，无灾无难到公卿。"

❖企业家如何防止人的两面性？人的两面性主要表现在不讲实话，也就是说做背离，玩弄权术，既想当婊子，又想立牌坊。如：一方面说股票危险，一方面在"炒"；一方面说金钱是罪恶，一方面在"捞"；一方面说权力是责任，一方面在"争"；一方面说贪污是坟墓，一方面在"贪"；一方面说高处不胜寒，一方面在往上"爬"；一方面说"二奶"是祸，一方面在"包"；一方面说文凭是假，一方面在"弄"。

❖企业家应懂得如何做人处事。做好人难，要勤奋学习有知识，努力工作有政绩；做坏人更难，需要挖空心思整治人，提心吊胆防范人；做不好不坏的人也难，上有能人欺压，中有庸人牵制，下有小人捣鬼。

❖高风亮节，理想指引。情感问题是人生之常情，是哲学之常理。上自伟大的人物，下至普通公民；上自学者教授，下至文盲平民，都是不可避免的，不然人类是从哪里来的？人类哪里去？是不可回避的事情。但是，我们表达情感要合道、合德、合俗、合法，不然，不是文明的进步，而是文明的破坏；不是人性的完美，而是野性的复原！

❖孙中山是我国历史上伟大的人物，也是非常传奇的人物。他十几次起义失败，十几次被迫流亡国外。一次他被清朝政府驻外办事处逮捕，幸亏被在檀香山读书时的英国老师孙德黎和黑人看守救出来，才把头保住了；一次是"中山舰事件"，军阀陈炯明向中山舰开炮，舰艇被打开一个大洞，差点丧命；一次是当临时总统时被军阀所迫，为顾全大局让位，并决心以修铁路为业救中国。但是，他屡战屡败，屡败屡战，革命尚未成功，同志仍需努力，最终实现了他人生的价值，留下了一笔不朽的精神财富。特别是他被迫流亡日本时，结识了宋庆龄，在危难之时，两个人举行了简单的婚礼。孙中山对老同志讲，我是人不是神，我爱我的祖国，这是母亲嘛！我爱我的妻子，这是责任嘛！宋庆龄22岁同45岁的孙中山结婚，既不是为了他的权，也不是为了他的钱。因为，这时的孙中山除了一脑袋智慧外什么也没有了。宋庆龄说，我们两个是师生关系，我从他身上学到了若干知识和品德，决心终生照顾好他的生活和协助好他的工作。孙中山也讲，他有宋庆龄生活上的照顾和工作上的支持，是很幸福的。孙中山到北京谈判，因积劳成疾在北京逝世，此时他们结婚才10年。孙中山给孙科遗嘱：我一生为革命操劳，没有什么钱财，只是一点书籍和衣物，都留给宋庆龄做纪念品！宋庆龄为孙中山守灵，为安葬好孙中山多方协调，为继承孙中山遗志不惜同自己的亲属蒋介石、孔祥熙、宋子文等都决裂了。这是多么崇高的人格和境界啊！所以她才名垂千古，永远值得学习！

❖人生艰难，宠辱不惊。企业家要懂得人生有多少个不容易：一是懂得政治不容易，不当政客更不容易；二是使用权力不容易，不弄权术更不容易；三是弄清实事求是不容易，坚持实事求是更不容易；四是求智化愚不容易，由聪明变糊涂更不容易；五是恰当的批评别人不容易，真诚的自我批评更不容易；六是纠正历史的错误不容易，改变当事者的失误更不容易；七是掌握知识不容易，运用创新知识更不容易；八是保健不容易，治病更不容易。这是古今中外，概莫能外的哲理、事理、伦理、情理、法理。

❖如何理解"无为"？没有哪一次历史灾难，不是以历史的进步为补偿的。"挣钱往往反映一个人的能力，花钱也往往能体现一个人的品德；挣钱不容易花钱更不容易。"

老子说："圣人处无为之事，行不言之教。"就是告诉我们要以"无为"的态度对待政事，以不言的方式教育百姓。这里的"无为"不是不做，而是不强做，不违背规律去做；这里的无言不是不说，而是不妄言，不轻言。

❖信念统一，众志成城。在一定意义上讲竞争就是战争，企业就是军队。任何一支军队最厉害的不是武器装备，而是战略战术，剑不好于人法胜于人；最可怕的不是流血牺牲，而是信念动摇，兵败如山倒；最担心的不是兵员的多少，而是将帅德才，千军易得，一将难求；最可怕的不是打了败仗，而是不善于吸取经验教训，使失败成为成功之母。美国军事专家总结他们失败的教训，得出一个结论：不怕解放军武器装备上的现代化，因为他们对自己武器装备上的优势很自信，他们最害怕的是解放军的革命化，就是坚定正确的政治信念，机动灵活的战略战术，艰苦奋斗的工作作风，令行禁止的严明纪律，是党领导下的战斗者和人民利益的捍卫者，是人民最可爱的人。相反，如果一个人没有了信仰，那就没有了前进的方向；一个企业没有了信仰，就不是一支有业绩的团队；一支部队没有了信仰，无疑是不击自垮的豆腐渣。因此，企业要发展必须扬长避短，把独特的政治优势继承好，把自己的资源优势优化好，把创新的管理优势配套好，把专业的技术优势转化好，把能干的人才优势使用好，把精干的领导优势发挥好，把社会的整合优势利用好。

◆企业家信仰的重要性何在？信仰是伴随人类社会的始终，并起着重大作用的精神现象。越是现代化社会，越需要精神因素的支撑。这主要是因为：一是随着生产力的高度发展，人们的生活获得极大改善，越来越多的人在从生活重压下解放出来，生存基本不成问题后，反而对社会不满意的因素增多了，就是常说的"吃着肉骂娘"；二是现代生活的节奏明显地加快，压力也不断加大，加之用工处理太随便，人们普遍缺乏稳定感、安全感，总认为在一个单位干不长，单位也靠不住；三是现代人因为从计划经济转入市场经济，就业上从政府包下来到自主创业，人们很容易产生一种无依无靠的孤独感；四是人们随着对于物质生活的与日俱增的依赖，加之政治工作的削弱，人与人之间在情感上越来越疏远？这些都说明迫切需要信仰等方式，获得精神上的支柱与他人重建精神联系。从以上观点出发，就不难理解：一是为什么西方社会，科学技术越发达，人们的物质生活越富裕，宗教就越有市场；二是为什么从我国改革开放以来，多数人的生活得到了根本的改善，可焦虑和不安全等情绪仍在不断蔓延；三是为什么这些年各种宗教在国内传播明显加快，甚至连"法轮功"这样的邪教也一度泛滥；四是为什么许多人文社会科学方面的专家学者，再次呼吁人们要关注宗教问题；五是为什么一些西方有识之士，积极参与社会无偿服务，从事一些社会公益事业，来实现自己的价值等。所有这一切都反映了人民群众希望得到这一需求上的满足。

❖大德做人，小心干事。任何成功的企业家，都是识时务者。他们从实际出发办事情，不超越能力做决策，同时，在任何情况下都能安然自得，顺其自然。这样，他必然处在上面的地位时，不欺负下面的人；处在下面的地位时，不攀附上面的人；处在中层的地位时，不戏弄任何人。他总是堂堂正正的做人，正正派派地处世，扎扎实实地干事，清清白白地为官。这样就会像古代圣贤们讲的那样："大德必得其位，必得其禄，必得其名，必得其寿。"这是追求功名利禄最好的途径，几句话胜似几十本甚至几百本官经，也是人生健康长寿最好的座右铭，希望大家牢记之，深解之，躬行之！

❖人生的寿命有长短之别，经历也有多少之分；智慧有高低之别，能力也有上下之分，这是无可质疑的。那么，什么是大智慧呢？一是知古知今，古为今用；二是知己知彼，百战不殆；三是知天知地，天时地利；四是知文知武，文武兼备；五是知人知己，扬长避短；六是知柔知刚，以柔克刚；七是知舍知得，先舍后得；八是知进知退，以退为进；九是知内知外，内外配合；十是知胜知败，转败为胜。大智慧不是天生的，而是自己学出来、干出来、想出来的。所以说大智慧者，一是勤于学习，博览群书；二是勤于实践，求得真知；三是勤于动脑，经常总结；四是勤于动手，经常写作；五是勤于动嘴，长于交流；六是勤于请教，甘当后生。因此，不管是什么人，什么都可缺，就是不能缺德。缺了知识，可以学；缺了金钱，可以挣；缺了经验，可以补；缺了人才，可以引；缺了技术，可以创；缺了道德是任何东西没法弥补的，也是一生的悲哀，更是永远的孤独。墨子曾经说过："有德有才是国之宝，有德无才是国之器，有才无德是国之贼，无德无才是国之废。"

❖四德是什么？一、在社会上，要尊老爱幼，严守秩序讲公德；二、在工作上，要爱岗敬业，一丝不苟讲道德；三、在家庭上，要互敬互爱，互帮互助讲美德；四、在个人上，要经常反省，严于律己讲品德。

❖企业家如何理解权力？有人问我你大半辈子有过什么权力？我说：作为公民我有选举权，投票选举别人，也有被选举权，被人家选过；作为战区和总部领导既指挥过别人，也被别人指挥过。从这种意义上讲权力确实不小，但是，任何权力都是人民给的，行使权力时要不负人民重托，运用权力时还要接受人民监督，可见个人什么权力也没有，有的只是责任和义务。所以，我当权时没有什么优越感，天天都在学习之中，天天都在工作之中，天天都在压力之中，也天天都在疲劳之中。交权了没有什么失落感，正在朝着退而不休、老而不懈、学而不厌、为而不求的方向努力。

❖企业家如何理解自由？有人问我，你大半辈子有什么自由？如何发挥个性？我可以讲既有自由，又没有自由。所谓有自由，就是我有看书学习的自由，有思考问题的自由，有调查研究的自由，有宣传党的政策的自由，有培养人才的自由等，这个自由是个人施展个性和成才的广阔天地，这不是很大的自由吗？但是，我从另一方面想也没有自由，因为，运筹决策需要接受班子的意见，运用权力需要接受人民的监督，指挥部队需要接受党的领导，离开岗位也需要请示报告，工作成效更需要接受上级考核和下级评议，这不也是很不自由吗？我看自由和不自由都是相对的，走向极端总是要犯错误的，个人干不成什么大事，更成不了大才，还可能惹大祸、摔大跤、倒大霉啊！

❖企业家应明确什么是名牌企业。有人问我什么是名牌企业，我认为从不同的角度可能有不同的标准，但是，从统一的角度共同的标准来看，无非是：一是要有名牌领导；二是要有名牌战略；三是要有名牌队伍；四是要有名牌产品；五是要有名牌管理；六是要有名牌文化；七是要有名牌效益；八是要有名牌贡献。

❖企业家的幸福观是什么？幸福这个东西不同的人有不同的理解，也有不同的体会和感受。但是，追求幸福是人之常情与天性，只要不损害别人的利益和幸福，不破坏法纪都是无可非议的。有的人认为获得金钱名利是幸福，有的人认为高官厚禄是幸福，有的人认为妻妾成群是幸福，也有的人认为恬静的生活是幸福，这是几种人的幸福观，是比较低级的个人主义的幸福观。而要想体会更高一层的幸福，古往今来也有其共同的规律：

一、有时间读书是一件幸福的事。因为书是人类的瑰宝，有时间在书中和先哲们对话，不断地增进智慧和升华人生当然是人生一大幸福的事。古有"奋而忘食"、"学而忘忧"、"朝闻道"、"夕死乐"之说；

二、朋友是幸福的源泉，友人之间互相帮助，在困难时伸出援助之手，自己又在助人过程中得到快乐，还能够加深友情，多一些正直、聪明、胸怀宽广的朋友，真可谓幸福在其中了；

三、学问多了，能够著书立说，将自己读书思考所得，人生经历之悟，落笔成书，教育他人。这种写作、抒发的乐趣和幸福自然蕴涵在著作之中了；

四、有能力做一些社会慈善事业，扶贫帮困，乐善好施，有一种社会责任感，自然自己也是幸福的；

五、胸怀大度，不听闲言碎语的烦扰，让他们说去，自己走自己的路，干自己的事，上不愧天，下不愧地，中不愧心，自然也是一件幸福的事；

六、教书育人，传经布道，培养学生，弟子满天，也是一件幸福的事；

七、爱妻育子，孝敬老人，家庭和谐，子女争气，也是一件幸福的事；

八、艰苦奋斗，白手起家，共同创业，事有所成，先为国家，再为大家，后为小家，实现人生价值也是一件幸福的事情；

九、生活习惯良好，科学锻炼，养生有道，身体健康，自己不遭罪，子女不受累，组织不花费，当然是最大的幸福；

十、为了科研探索，敢闯难关，不怕牺牲，取得成就，也是一种幸福。

为人民当好官，为人民赚大钱，为人民冒大险，为人民献大智，为人民解大难，为人民育大才，为人民干大事等都是幸福的。

❖企业家要了解金钱的作用是有限的。美国社会是一个金钱社会，但是，恰恰美国管理界发出了正确评价金钱作用的呼声。他们如何调动员工的积极性？奖金刺激用过，提升职务刺激用过，员工折服用过，股票期权用过，等等这些都有效，但也都是有限的。他们得出结论说：你不能用金钱收买你的孩子做作业，取得好成绩；也不能用金钱贿赂你的夫人做家务，当好妻子；更不能用金钱收买你的员工，为你认真工作；

亦不能用金钱收买科学家为你动脑筋，搞出一流的科研成果；当然，战场上更不能用金钱买官兵们流血牺牲，为你卖命了。他们还创造了一种所谓的"鱼饵理论"，将员工比作马戏团中的海豚，平时不能喂得太饱，否则鱼饵的作用就不明显了；对跳得高的海豚喂大鱼，跳得低的海豚喂小鱼，对不同口味的海豚喂不同的鱼等。这种理论不是什么新玩艺儿，凡是搞企业的谁都知道。往深层次一想简直是对员工人格的一种侮辱，也是对企业的一种误导。

如何树立良好形象

　　企业家良好的形象，既关系到他自身能否有所作为，也关系到企业的兴衰。形象好，威信高，既来源于真理的说服力，又来源于人格的感召力；既来源于原则的生命力，又来源于感情的凝聚力；既来源于纪律的约束力，又来源于政策的推动力。这不经过长期在实践中学习、思考、总结、提高是很难做到的。

诚信为本、报效祖国（2007年10月15日至22日）

❖如何树立企业领导自身形象？领导者的工作，既要用真理的说服力，更要靠人格的感召力，说得让人信服，做得让人佩服。因此要做到：一是要不断加强自身修养，做好企业领导工作，主要是靠政策、靠人品、靠水平，一定程度上人品比水平更重要，行动比政策还管用。因此，要经常地反省自己，培养高尚的道德情操，坚决抵制腐朽思想和文化的影响；注重建设和谐的内部关系，与人为善，谦虚谨慎，做老实人，说老实话，办老实事；二是要正确行使手中的权力，坚持秉公办事，公正用权，公平地使用干部，公平地评价工作，公平地实施奖惩，在群众反映的热点问题上加大透明度，以公开求公正，不利用职务之便为自己谋取私利，也不利用权力之便为亲属捞好处；三是要严格遵纪守法，带头遵守企业的规章制度，带头执行国家法律政策，要下级做好的自己首先做好，要下级禁止的自己首先不做，要下级为企业着想的自己首先爱岗敬业，带头接受组织、群众和家庭的监督，把好政治关、经济关、生活关和交往关，以自身形象展开企业，影响员工。

❖陈嘉庚先生是南亚华侨，抗日战争时带头为抗战支援物资，回国后又带头支援抗美援朝，临去世之前把全部积蓄献出建立了集美大学，并把余额存入银行用利息设立奖学金支持大学的永续发展。

❖近代山东章丘有位姓孟的人，创办了一家"瑞蚨祥绸缎"名店，清末民国初期发展到鼎盛时期。八国联军入侵北京时把北京分店的所有账本全部烧掉了。孟老板宣布了两条：一是我欠谁的钱，只要有存单的，我一律还钱，决不赖账；二是欠我钱的，因为我没有账就一笔勾销，不用偿还了。这种行动感动了所有借钱人，也感动了整个社会，不但没有使企业垮台，反而名声效益更大了。这就是吃亏是福，而不是祸。

❖我们熟知的荣毅仁先生，几代经商积蓄甚多，社会主义改造时带头公私合营，改革开放时又带头成立中信银行为国融资，组织上确立他出任国家副主席，他又带头把数千亿资产交给国家。

❖招商银行的效益为何发展得这么快？马蔚华同志到招行不到10年，招行就由3000多亿元资产发展到1.3万多亿元，就是说，招行资产每年增值1000多亿元，成为世界著名银行，马行长也成为世界著名的银行家。为什么？第一，他善于运用先进的网络管理手段，他一上任就推广网络管理，使员工眼界大开，效益大增；第二，是选贤任能，他用干部不管什么关系，不管什么学历，不管什么出身，只要有真才实学，能够完成任务，提高银行效益，他就大胆启用，放手使用；第三，是加强企业管理，实行岗位责任制，凡是完成任务好的，经济效益高的，自身形象过硬的，就发动群众评先进，上光荣榜，进行客观的物质奖励和荣誉激励；第四条是改革分配方式，高层实行定额工资制度，中层实行官位工资制度，一般工作人员实行提成工资制度，把各类人员的积极性、创造性、主动性充分发挥出来了。

❖转业干部徐增平个人不惜血本把乌克兰"瓦良格号"航母买回来，他有三个考虑：一是献给国防，尽自己老国防战士的责任；二是国家不要，作为海上游玩也能把本钱赚回来；三是怕让别国买去威胁我国安全。历经多年的曲折斗争，克服重重艰难险阻，他终于成为开天辟地第一个为国家买航母的历史人物，虽然在经济上不见得赚多少钱，但是这三大效应已经明显地看出来了：第一是政治效应，他的一片爱国之心，在共和国历史上写下了精彩的一笔；第二是经济效应，就是现在已经成了一种航母经济现象；第三是品牌效应，已经成为创律集团的一笔无形的资产，这不是可以用金钱来计算的。

　　◆到2000年底，只用了3年半的时间，"老干妈"公司就迅速壮大，发展到1200人，产值3亿元，上缴国家税收4315万元。如今，"老干妈"公司累计产值已达到13亿元，每年纳税1.8亿元，名列中国民营企业50强排行榜的第五位。她为什么白手起家，而又发展得这么快呢？我认为："老干妈"公司创始人——陶华碧，她不懂得什么管理，但是她懂得"感情投资"（帮助一个人，就能感动一群人；帮助一群人，就能感动整个集体）；她不懂得什么是凝聚力，但她懂得带领大家一起干，实干加巧干；她不懂得什么诚信，但她用老农民的朴实做到了诚信；她不懂得什么是职业人经理的素质，但她信任专业管理人员的能力；她不懂得什么是技术专利，但她创造的辣椒酱风味独特；她不懂得什么是和谐社会，但她做到了和气生财。就凭着这些，我认为："老干妈"的成功是神奇，而不是神话。

　　◆企业家如何开发市场提高竞争力？一是抓住大用户。建立长期伙伴关系，提高共同抵御市场风险的能力；二是巩固老用户。坚持诚信为本，彼此信任，加强合作，互惠互利；三是恢复中断用户。对因各种原因中断的用户，要起用新人重新加强联系，取得理解与信任，争取重新合作；四是开发新用户。积极开拓市场，寻找新的客户，进一步提高竞争能力，提高企业经济效益；五是扶持倒闭的用户。有些老用户可能是暂时倒闭，不要趁火打劫，而要热心扶持，他一旦重新发展起来，可能成为永不中断的铁户。

❖如何评价一个企业领导的决策企业水平？最主要的是体现在决策上，决策失误是最大的错误，决策浪费是最大的浪费，决策犯罪是最大的犯罪。那么，如何看决策的正确与否呢？一是要把继承性与创造性统一起来；二是要把操作性与思想性统一起来；三是要把现实性与前瞻性统一起来；四是要把先进性与可行性统一起来；五是要把局部性与全局性统一起来。这样，才能经得起历史的检验，经得起上级的检查，经得起群众的监督，经得起竞争的考验。

❖企业应建设什么样的班子？一是服务型班子，要有为企业长远建设服务的思想；二是效能型班子，要有明确的目标责任；三是法制型班子，要有法可依，执法必严；四是廉洁型的班子，要勤政简朴廉洁。

❖公平、公正、公开三个统一；决策权、执行权、监督权三权衔接；用制度管人、管事、管权，有权必有责，用权受监督，违法要追究；群众要有知情权、表达权、监督权、管理权；严格程序，严格制度，严格规范；组织监督，群众监督，舆论监督；决策上要反映客观规律，要有稳定性，指导性；执行上要具体明确，要有操作性，时效性；监督上要严格按法规办事，要有及时性，权威性。

明确责任、恪尽职守 （2007年10月23日至30日）

❖什么是领导？所谓领导，是相对群众而言的。"领"就是带领群众，"导"就是引导群众，离开群众就无所谓领导。群众需要领导，没有领导，群众的积极性既不能提高也不能持久；领导要有威信，没有威信，就不能真正实行领导。因此，领导要了解关心群众，群众要理解支持领导。只有心中有群众，群众心中才有领导。所以，作为领导要经常听取群众的呼声，真正清楚群众赞成什么，反对什么，希望什么。一是必须虚心听取群众意见，了解民情，掌握民心，集中民智，使群众的意见进入决策；二是必须实实在在为群众办实事，及时为群众排忧解难，使群众得到实惠，体会到所做的一切工作都是为了他们；三是必须真心实意地接受群众监督，选拔干部要以群众公认为基础，工作如何依靠群众来判断，形成有效的监督机制；四是必须切实摆正干群关系，群众是主人，干部是公仆，任何时候都不能颠倒主仆关系；五是领导干部的官位高了，不等于本事就大了，地位高了不等于水平高了，权力重了，不等于真理多了，任职长了不等于贡献大了，保持自知之明，永不骄傲停顿。

❖毛泽东同志讲："领导就是解决问题。"我体会：发现问题是水平，分析问题是能力，解决问题是政绩，汇报问题是党性。领导就是身先士卒领好头，说服教育导好向。因此，要经常研究如何把大道理讲实，把老道理讲新，把小道理讲好，把新道理讲透，让理论武装群众，让群众掌握理论，同心同德干大业。

❖判断工作好坏的标准是什么？判断工作的标准是以群众拥护不拥护，赞成不赞成，高兴不高兴为基础的，具体讲有四条，即：一是看他的出发点是不是为了大多数人；二是看他工作过程中是不是依靠大多数人；三是看他工作成果是不是多数人分享；四是看他工作成果是不是群众评议满意。

❖在我们的工作中，大致有"四种人"：一种是顺着捧的；一种是顶着干的；一种是旁边看的；一种是评论的。一般来说，对顶着干的，我们比较注意；对顺着捧的，我们常常吃亏；对一边看的，我们容易容纳；对评论的，往往感到难为情。在世一日，则做一日好人；为官一日，则做一日好事。因此，一是思想上要艰苦，努力学习，经常思考，多做日记，不断有所进步；二是工作上要艰苦，干一行，爱一行，精一行，出政绩，出经验，出思想；三是生活上要艰苦，不比吃喝比贡献，不比职务比能力，不比豪气比威信。

❖企业领导应当如何激发领导层的事业心与责任感？强烈的事业心和高度的责任感，是领导层干好事业的思想基础和必备政治素质。增强他们的事业心和责任感，既需要个人努力，也需要领导的教育激励。

第一，强化党性激励。事业心差往往在党性上能找到原因，增强事业心必须从提高党性觉悟入手。一是在用理论武装中升华党性，引导大家用党的创新理论武装头脑，使理论成为净化思想，升华觉悟的强大武器；二是在党的纪律约束中坚守党性，严格政治纪律、不自由主义，严格财经纪律、不损公肥私，严格人事纪律、不封官许愿，严防有令不行、有禁不止；三是在思想文化中锤炼党性，在党的组织生活中引导大家敞开心扉说亮话，对正确的予以鼓励，对错误的予以批评，真诚的互相帮助；四是在觉悟管理中加固党性，坚持从严治官，做到常管理不放松，常觉悟不麻痹，常检查不失控，从而树立严格的党性，激发工作的热情。

第二，强化目标激励。人人心中有目标，个个肩上有压力。一是目标要定准，无论是组织目标、还是个人目标，长期目标、还是短期目标，是综合目标、还是单项目标，都要充分考虑个人素质专长，力争切实可靠，催人奋进；二是责任要分明，本着对上负责，对下负责，对工作负责，对同志负责的原则，对干部职责做出规范的规定，把任务区分到人，把责任明确到人，人人都管事，事事有人管，形成横向到边，纵向到底的合力；三是考评要科学，采取个人自评，群众测评，领导讲评，综合考评的方法，结合半年和年终总结，对干部的事业心责任感及完成任务情况，做出客观公正的评价；四是奖惩要兑现，切实把目标考评作为干部使用和奖惩的依据，对成绩突出的给予表彰，优先提拔使用，对工作消极出问题的，要追究责任，严格处理。

第三，要强化制度激励。增强责任心贵在坚持，难在经常，必须有一套完备的规章制度作保障。一是要坚持经常性的教育制度，把集中教育与个别教育相结合，重点帮助与专项整顿相结合，切实解决问题；二是经常性的谈话制度，了解思想情况，理顺情绪，发现问题，及时提出，既密切上下关系，又互相加深了信任；三是讲评制度，结合半年和年终工作总结机会，对班子成员发动群众评议，个人述职，领导讲评要见人、见事、见思想，鼓舞先进，带动中间，激励后进。

第四，强化环境激励。"近朱者赤，近墨者黑"。环境对人和事物的发展有很大的影响作用。搞好环境，必须做到：一要领导带头示范，这是无声的命令，对部下最有说服力和感染力。领导干部要在刻苦学习上做表率，带头学理论，学科技，学管理，能力素质上比别人高一筹；在勤奋工作上做表率，聚精会神抓工作，一心一意建企业，在敬业奉献上要靠前一点；在淡泊名利上做表率，不为功名所累，不为利禄所动，在道德情操上优胜一分；在求真务实上做表率，带头讲实话，办实事，求实效，在转变工作作风上先行一步。二要主动排忧解难，想干部之所想，解干部之所虑，帮干部之所难，设身处地地把问题想到前头，工作做在前头，努力为大家办实事，解难题。三要注重培养提高，长计划与短安排结合起来，院校培训与实践锻炼结合起来，领导传帮带与开展岗位练兵结合起来，千方百计地创造干部成长的良好氛围。四要端正用人导向，不断完善干部选拔、培训、管理、考核和使用制度，积极实行公开推荐，任前考核，任前公示等制度，防止和克服论资排辈，平衡照顾，带病上岗等不良倾向，形成正确的用人导向。

❖如何理解第一要务？科学发展观第一要务就是要发展，也就是说一切都要围绕发展开展工作，一切工作要看对发展做出了多少贡献。如我们的政治，就是经济政治，为经济服务，为经济发展铺平道路；我们的教育，应该是经济教育，为发展第一要务提供人才支持；我们的科研，也是经济科研，自主创新为发展要务提供科技支持；我们的国防，应该是经济国防，为国家安全发展经济提供力量，为维护世界和平创造发展条件提供保障。

❖如何当好企业家？一是出好主意，形成战略目标；二是选好人才，形成团队力量；三是抓好落实，形成品牌优势；四是做好样子，形成人格魅力；五是抓好管理，形成优良作风；六是科学分配，形成内在动力。做到：理论上有创新，科技上有突破，管理上有章法，实践上有效益，员工上有实惠。

❖如何干成大事？我认为：要立大志，目标要远大一些；要求大知，知识要丰富一些；要成大器，能力要超人一些；要创大业，政绩要突出一些；要立大功，贡献要大一些；要有大德，威信要高一些！

❖如何体现高水平管理？要教育群众：一是自我管理，不要被动等着别人管；二是自我服务，不要等着别人排忧解难；三是自我教育，不要等着别人帮助成才；四是自我守纪，不要等着别人批评处分。

❖如何当好企业干部？一是勤政，不懒惰；二是为民，不谋私；三是务实，不图名；四是廉洁，不贪占。不图虚名，不求虚功，一身正气，一尘不染，树立政治意识、大局意识、创新意识、责任意识和纪律意识。

❖领导为什么要有责任感？毛泽东青年时期在《湘江评论》的发刊词中，就做了精辟的论述："天下者，我们的天下；国家者，我们的国家；社会者，我们的社会。我们不说，谁说？我们不干，谁干？我们不牺牲，谁牺牲？"正是由于他青年时代就看到了对国家和社会一种义不容辞的责任，并且在一生中执着追求，领导我们创建了人民共和国，形成了他与天斗其乐无穷、与地斗其乐无穷、与人斗其乐无穷、与己斗其乐无穷的战斗风格；产生了他不怕撤职，不怕开除党籍，不怕老婆离婚，不怕杀头的革命气节；铸造了他坚定正确的政治方向，艰苦奋斗的工作作风，机动灵活的战略战术，实事求是的思想路线，集思广益的领导艺术等成功之道！

◆一个带兵人，不管你是部队的领导，还是企业的管理者，要带出一支特别能战斗的高效能的团队，必须让整个团队具有事业心责任感。你要求下属工作认真负责、一丝不苟的时候，自己首先要具有精通业务、身先士卒的精神和责任感，才能一级给一级做样子，将各项战斗和工作任务落到实处，也才能培养出有强烈责任心和战斗作风的员工。娃哈哈老总宗庆后是一位有强烈责任感的领导者，他提出的经营哲学就是："聚积小家，发展大家，报效国家。"他胸怀报国之心，无私地回报社会。娃哈哈做瓜子带动发展了内蒙古等地的种植业；他做牛奶，让天津等地奶牛养殖户受益；他生产饮料，还带动了纸箱、运输、电力等配套产业的发展。力帆老总尹明善最看重的也是责任，他认为财富的积累也是责任的积累。当我挣一亿元的时候，我觉得欠别人的实在太多了，我自己哪能挣那么多钱？是政府帮了我，社会帮了我，工程技术人员帮了我，广大员工帮了我。我要还员工的钱，把员工的饭碗保住，还要使他增加收入；我要还政府的钱，依法自觉纳税，确保税收年年增加；我还要还社会的钱，尽可能地扶贫帮困，多参加公益事业。这些体会恰好同商经里讲的，第一是为国家、第二是为大家、第三是为小家的道理如出一辙。陈毅元帅领导打下孟良崮等战役后讲："我们的胜利一是归功于人民的支持，二是归功于党的领导，三是归功于广大的指战员，不能记错账啊！"这才是高境界，大智慧；能干好大事，成为大器。

❖员工为什么要有责任感？我国有句古话："天下兴亡，匹夫有责。"就是讲不论什么人对国家有一种责任感，对民族有一种自信心。表现在战场是强大的战斗力，表现在商场上是很好的竞争力。战士的责任就是勇敢战斗，不怕牺牲，而员工的责任就是在工作中精益求精，一丝不苟，就是要讲完成，不讲条件；想办法不找借口，想全局不为私利，成为一个有能力、有毅力、有战斗力的战士和员工。在实践中有一种人头脑聪明也能干，但却工作平平；还有一种人虽无过人之处，但他做事目标明确，敢想敢干，事业有成。这就证明了一个人的学识、能力固然重要，但是，缺乏责任感，精力不用在工作上，不可能成为好战士和好员工的。这两种人的差别就在于有无强烈的事业心和责任感。正如毛泽东主席所讲："世上无难事，只要肯登攀"；古人云："不患无策，只怕无心"，"不怕没经验，就怕不实干；不怕水平低，就怕不学习。"

❖如何理解执行能力是关键？我们知道蒋介石手下不乏很多天才军官，但是，国民党的士兵们不能实现他们的战略战术，而解放军的士兵们不仅兵识将意，往往是创造性地完成各项战斗任务。淮海战役结束后，毛泽东就对指战员们十分高兴地说："没想到一锅'夹生饭'被你们煮熟了。"可见，领导的执行能力，完成任务的能力是多么重要、多么可贵！有研究表明，一个企业的成功30%靠战略，50%靠执行，20%靠机遇、环境等客观因素。联想集团有个著名的口号就是要把"5%的希望变成100%的现实"，公司目标已经确定，他们就努力拼搏，不完成任务决不罢休。就凭这种精神，他们克服了一道道难关，创造了一个个奇迹。蒙牛创造了中国崛起的奇迹，十几个人集资近千万，用了不到5年时间，到2003年已经成为一个产值五十亿，企业的资产超过百亿。董事长牛根生解释创造了这一奇迹的奥秘是："为了完成蒙牛人'强乳兴农'的这个光荣任务，全体员工都在不懈地努力，自动自发地工作，不找任何借口地执行，克服了各种难以想象的困难，所以事业才能得到超常的发展壮大。"没有执行能力，打仗就没有战斗力，企业就没有生产力，教育也就没有说服力！

❖企业领导的标准是什么？一是做服务型的领导，就是扎深领导就是服务的根子，提高思想觉悟，把为群众服务当成终身的职业来干；二是做法制型的领导，就是要扎深以法治企的根子，不断完善法规制度，而且带头执行和维护法规的严肃性和权威性；三是做廉洁型的领导，就是艰苦奋斗，努力创业，不铺张浪费，更不能贪占；四是做效能型的领导，就是要提高客观决策素质的指导能力，转变工作作风和讲究科学方法，一切以效益来检验，当然这个效益应该是综合的而不是单一的；五是做创新型的领导，就是不断地解放思想，更新观念，尊重规律，运用科技，集思广益，使企业的发展跟上新形势，形成新思路，创造新业绩，做出新贡献！

❖企业如何管好安全？不少企业总结了"四个到位"、"四个手段"。"四个到位"即：一是认识到位。加强安全第一，人命关天的思想，使安全工作落实到各项工作中去。职工安全操作，自保安全；干部按安全办事，防事故。二是责任到位。各级管理人员在安全工作上各负其责，各司其职，建立各种责任追究机制，避免同类事故重复发生。三是措施到位。使各种安全制度既能严得起来，又能落到实处，使人人讲安全，个个懂安全，时时防止不安全。四是奖惩到位。对安全工作有成绩的单位和个人进行奖励，对发生重大事故的单位和个人进行适时处理，明确责任，重奖重罚，确保兑现。"五种手段"即：一是行政手段。对重大事故直接责任者打鞭子，摘帽子，决不手软，依法追究责任。二是经济手段。安全奖惩兑现，该奖就奖，该罚就罚，奖惩严明。三是现场手段。重点工作领导跟班把关，跟进组织，果断处置。四是组织手段。人人通过培训成为安全员，懂安全基本知识，懂专业安全要领，懂安全操作规程，懂哪些行为会出事故。五是法律手段。依法签订安全合同，违法必究。

❖企业管理者对各项任务都要做到"四交待四明确"：一是交待这项任务达到什么目的，目标明确；二是交待这项工作谁来负责，责权明确；三是交待什么时候完成，时限明确；四是交待完成工作的方法，明确如何完成。

一身正气、坚持原则（2007年11月3日至13日）

❖企业领导如何坚持原则？能不能坚持原则，敢不敢坚持原则，既有水平问题，也有觉悟问题，水平起重要作用，觉悟起决定作用。在实践中，有的分不清什么是原则和非原则的问题，常常有拿着鸡毛当令箭的问题，结果干扰了原则的坚持。为此要善于分析比较，划清原则与非原则的界限，如：要分清是方法原则问题，还是具体业务问题；是执行制度不严问题，还是破坏规章问题；是为企业发展提出积极建议，还是为个人私利而搞政治上的自由主义；是在改革中缺少经验出现的失误问题，还是不听群众意见盲目蛮干而造成的损失问题；是积极地进行企业升级，还是盲目扩张而拖垮企业；你是积极地为国家纳税，还是偷税漏税；你是依法决策，还是主观武断。一般情况下前者是重大原则问题，后者是是非原则问题，前者要坚定不移地坚持，后者则不要干预过多。不然抓不住主要矛盾，工作必然没有秩序，必然是乱哄哄，没有头脑；抓不住主要矛盾，就抓不住全局，必然辛辛苦苦，稀里糊涂；抓不住主要矛盾，必然不能合理地使劲，眉毛胡子一把抓。当然，多数情况下不是不知道什么是原则问题，如何坚持原则，而是不敢坚持原则，担心顶住站不住，站住顶不住，考虑个人得失问题：一是受利益驱动；二是受感情驱动；三是受压力驱动；四是受群众驱动；五是受进退驱动。

◆坚持原则往往讲起来容易做起来难。一般情况下容易特殊情况下"难"。这里既有自身水平的觉悟问题，又有个社会环境和影响问题。现在生活中往往有些人错误的东西他相信，正确的东西他不相信；大道的东西他钻不进去，小道的东西他很感兴趣。比如：你给他讲理想，他说这是空的；你给他讲信仰，他说这是迷信；你给他讲长远，他说看不见；你给他讲实际，他说那就给钱；你给他讲奉献，他说那是假的；你给他讲守法，他说是给别人看的等等。这说明他们缺少必要的理论和历史修养，精神上缺少支柱与寄托，行动上就像失去航向的船早晚要触礁。

◆现在还有些干部不懂什么是原则问题，在重大问题上也不敢坚持原则。他们的处世哲学就是，不看问题，不开口，遇到矛盾，绕道走；他们信奉的是你好我好，归根结底为自己好；你讲你的马列主义，他讲他的个人主义。在工作中搞等价交换，你给我方便，我给你好处；在人际关系上互相利用，投之以李，报之以桃等。这些不良的风气，丧失党的原则行为，既给我们党带来极大的损失和危害，更给领导干部自身带来水平的滑坡和威信的下降。

❖你不要首先研究别人为什么不尊重你，而首先要研究你自己有没有值得尊重的地方；你不要研究别人为什么不看重自己，而首先要研究你自己有无值得看重的地方；你不要研究别人为什么不信服你，而首先要研究你自身有无信服的东西。要想有地位，就要有作为。

科学处事、提高威信（2007年11月15日至23日）

❖领导的威信哪里来？靠上边抓不出来，靠权力压不出来，靠自己吹不出来，靠耍小聪明骗不出来。只有靠集中群众智慧，做出符合需要的决策来，才能有号召力；只有靠为群众办实事，解决问题做出成效来才能有说服力；只有在艰苦锻炼中，在解决各种困难中展示才能，才有感召力；只有团结大家共同奋斗，善于容人容事，把大家的积极性发挥好才有凝聚力；选拔干部要看实绩，培养干部要干实事，考核干部要重实效，锻炼干部要靠实践。

❖古今中外的著名军事家都有许多精辟的论述和成功的经验，如：

兵熊熊一个，将熊熊一窝；强将手下无弱兵，熊将手下无强汉；千军易得，一将难求；选能兵强将，渡危难之关。有人讲雄狮带着一群绵羊作战，最终绵羊会变成雄狮，称雄于战场，所向无敌；相反，一头绵羊带领着一群雄师作战，最终雄狮也变成绵羊，任人宰割，必败无疑；也有人讲一只雄鹰带着一群小鸡，小鸡总有一天会变成雄鹰，翱翔万里长空；相反，一只老母鸡带着一群小鹰，小鹰总有一天就不会飞了，只好在地上找点食吃。这不是夸大个人的作用，正说明在群众中必然会产生自己的雄鹰，在实践中会造就自己的领导人物！

❖如何对待困难？任何工作成就的取得都是克服了困难取得的，在一定意义上讲困难和成就是一对孪生兄弟。正如大家常讲的那样："大事业大困难，中事业中困难，小事业小困难，没有事业终身没有困难。"困难是培养人才的"大学校"，是增进意志的磨刀石，是检验才能的"试金石"。

❖领导靠什么力量？一是真理的说服力。要善于讲道理，做思想工作；二是目标的鼓动力。人人心中有目标，个个肩上有担子；三是科技的支撑力。理论上有创新，科技上有突破，管理上有招数；四是典型的带动力。学有榜样，赶有方向，你追我赶；五是知识的催化。要融会贯通，提高素质，升华境界，改进作风；六是奖惩的激励。干好干坏不一样，好的受激励，差的受鞭策，不行的要淘汰；七是人格的感召力。以身作则，说得让人信服，做得让人服气。

❖如何抓落实？一是端正领导思想，把目标定实；二是转变工作作风，把工作做实；三是改进工作方法，把评比标准搞实；四是完善工作机制，把落实监督抓实。

❖企业如何管好财务？不少企业总结了多年的经验教训，形成了"四要"的办法，即：一要"明规矩"。建章立制，有章可循；二要"严操作"。按章法严格做好资金预算和货款管理，使资金从收入到支出都有监督控制；三要"勤检查"。把财务检查程序化、政策化、经常化，认真落实财务制度；四要"重奖惩"。做到奖罚分明，调动各单位的积极性，创造性地管好财务，遵守财经法规的严肃性和有效性。

❖企业领导中的"五多五少"是什么？一、懂战术的多，懂战略的少，眼光比较短浅；二、懂业务的多，懂思想的少，工作动力不足；三、懂以法管理的多，懂以情管理的少，规章制度难落实；四、工程师多，设计师少，缺乏长远发展目标；五、懂为企业创效益的多，懂回报社会的少，对公益事业不积极。

❖企业管理的"五字"目标是什么？在管理工作中要做到"五个字"，即：一"精"。就是对各项工作都要精心策划，精心组织，精心管理，力求出精品；二"细"。就是对工作细致入微，一丝不苟，滴水不漏，不放过每一个细节，确保不出差错；三"严"。就是工作上严格把关，严格要求，严肃对待，不求过得去，只求过得硬；四"实"。就是工作中注重务实，力求踏实，确保落实，实实在在做人，扎扎实实做事；五"新"。办任何事都要掌握新情况，准备新对策，迎接新挑战，创造新经验，推动新发展。

❖企业领导如何做好"五个交待"？企业领导为了实现自己的战略决策必须打好每一个战役，要打好战役就要交待工作，做到"五个交待"，即：一是交待任务，明确达到什么目标；二是交待责任，明确谁来完成；三是交待方法，明确如何完成；四是交待奖惩，明确趋利避害；五是交待纪律，明确监督措施。

❖如何对待迎来送往？迎来送往，尊重领导和同志，有两句话不要忘记：一是要热情，不然别说当领导，就连做朋友的资格都不够；二是不多情，不要送一些不该送的东西，不要说一些有失大雅的话，不然好心可能办坏事，自讨没趣。

❖企业家如何强壮自身？外国哲学家苏格拉底说："谁想转动世界，必须首先转动他自己"；中国古代圣贤们也讲过："要想战胜别人，首先要战胜自己。"无数国内外的案例表明，企业家与企业的命运是不可分的，甚至连企业家身上的某种性格，也会给他的企业运营中打下深刻的烙印。所以，企业家不断完善自己，不仅关系自身有无威信，更重要的是关系企业有无竞争能力。大家知道美国零售大王沃尔顿，正是用他那阿肯色州农民般的质朴及节俭创下了沃尔玛薄利经营的理念和仓储式的经营方式；松下幸之助性格上的忍耐与信念上的执著，也是促使松下企业有了今天的荣耀；倪润峰老总果断与大胆的性格，更是促成了"长虹"当年率先降价的奋臂一举；当然，也正是因为史玉柱性格上的孤注一掷，才会有当年巨人集团的轰然倒塌……

❖如何看干部？一个领导能力强不强，也就是说高明不高明，不仅在于自己就某一问题提出的意见正确，并能做出成绩来，还在于是否善于吸收别人的智慧，形成科学的决策，再发动大家干出成效来。因此，遇事商量比不商量好，多商量比少商量好，早商量比晚商量好；平时多商量，遇事先商量，有事无事常来往，大事小事多商量，不断改进工作作风，不断提高自身本质，不断创造新的佳绩，不断带出新的队伍。

当然，政绩不是单一的因素，而是考核干部的综合反映。你没有干劲，怕苦怕累，政绩出不来；你方法不科学，群众不拥护，政绩也出不来；你没有本事，办事缺实招，政绩更出不来。实践反复证明，群众评议干部往往是看政绩，政绩多的人得高分；领导考查干部往往也是看政绩，政绩多的人得重用。这就是常说的"凭政绩看干部，量德才用干部"，干部才能真正做到政治上靠得住，工作上有本事，群众中信得过。但是也有不少干部，口头上讲要听取群众意见，发扬民主，但要真提意见了，特别是有点带刺的意见，就不高兴了；口头上说要尊重多数人的意见，形成正确的决策，而自己孤立的时候，多数人不支持的时候，又讲真理在少数人手中，个人主观武断。这是造成一些干部在台上时，满台锣鼓，一片赞扬；一旦下台，意见纷纷，放炮庆祝。为什么？就是在台上时不听大家的意见，大家也不敢提意见，你下台了大家出点气也是可以理解的，老师讲过，你批了人家几年，人家批你一天还不行吗？在群众中有威信的干部，能够创造政绩的干部，是真正有本事的干部。他们往往下基层到最困难的地方排忧解难，而不是去戴花剪彩；到群众意见最多的地方理顺情绪，而不是不敢面对群众；到推动不了工作的地方去帮助打开局面，而不是只到先进单位总结经验；到出现新矛盾的地方去研究新情况，想出新办法，而不是遇到矛盾绕道走。这样做既有利于提高自身素质，又有利于升华自身境界。

◆企业领导的工作要点在哪里？企业家如何提高自身素质、以能力服众？打铁先要本身硬！道理很简单，只有能打仗的将军，才能带出英勇善战的部队；只有素质全面的企业，才能带出优秀的企业团队。评判一个领导的能力的标准，不是看他做了多少工作，而是看他发挥了部属多少能力；不是看他付出了多少辛劳，而是看他取得了多大成效。所谓领导，一是"领"，就是有勇有谋，身先士卒；二是"导"，指导部署，形成团队。因此，作为领导最害怕的是被下属瞧不起，这样你还有什么影响力、领导力？团队还有什么执行力、战斗力？最鼓舞的是部属敬佩自己，像战争年代解放军将领能够指挥部队打仗，能够打硬仗、打胜仗，才赢得士兵的信服、尊重，甚至崇拜，才能够听指挥。因此，企业家要想带出一支过硬的队伍，创造名牌企业，首先自己要德才兼备，以德感人，以才率人，以智育人，以法管人，以公用人，作战时成为大家信赖的指挥员，平时成为大家的知心朋友。所以，群众讲给物给钱，不如配上个好指挥员；给钱给物，不如建立个好指挥部。

◆为将之道是什么？为将之道，要诚实正派，敢做敢当，身先士卒，严以律己。一是决不能捧上级，有意见不敢提，有主意不敢出，有委曲要求全；二是决不能吹同级，你好我好，大家都好，你吹我我吹你，互相吹捧；三是决不能哄下级，有优点不敢表扬，有缺点不敢批评，有错误不敢纠正；四是决不能自己夸自己，只讲过五关斩六将、不讲夜走麦城，只讲头上一朵花、不讲脸上一块疤。那样不仅会丧失上级的信任，还会丧失同级的支持，不仅会丧失下级的威信，还会丧失自己的人格，真是为将、做官之大忌啊！因此，概括起来说，为将就是：智者不惑，仁者不忧，勇者不惧，严者不懈，义者不变，忍者不躁，公者不私，信者不疑，诚者不欺。

如何创造拴心留人环境

　　创造拴心留人的环境，使自己的人才不愿走，外来的人才愿意来，是企业发展的源泉。因而许多企业家提出用待遇吸引人，用目标引导人，用政策激励人，用成才提高人，用感情凝聚人，是颇有道理、值得深省的。

相信群众力量（2007年11月24日至26日）

❖什么是群众工作？政治工作必须为当前的实际工作服务，但不能就事论事，而是要用先进的理论教育人、武装人、改造人、提高人，直接目的是解决群众的思想认识问题，也就是提高觉悟，提高群众改造客观世界的能力，也就是提高素质。可见，政治思想工作有两重作用，两种价值。第一种它是保证业务工作完成的重要手段；第二种它是提高人们精神境界的主要途径，两者不可偏废。如果片面强调对业务工作的保障作用，很容易得出只要完成任务好，思想工作可多可少、可有可无的结论。使思想工作成为"鱼"和"渔"的关系问题。统一认识，鼓舞了斗志，保障当前任务的完成，只是政治工作的直接目标之一。而帮助群众树立革命理想和人生观，提高他们的政治觉悟，才是政治工作的百年大计。当然，强调人的因素，强调政治工作的重要性，也不能只讲觉悟，还有人的知识、技能、经验等多方面的因素，防止回到精神万能上去。如果政治工作只求完成当前任务，或者说只求一时打得赢，那么搞不搞思想革命意义不大；必须考虑到政治工作更大的作用，确保思想不变质，并且坚持官兵的全面发展，坚持两个文明建设一起抓。同时，坚持用先进的思想教育人、武装人、改造人、提高人、培养人；坚持在工作中关心人、理解人、尊重人、服务人；坚持在艰苦实践中考查人、选拔人、使用人、造就人。具体讲：一是理论上教育人、武装人、凝聚人、升华人；二是实践上锻炼人、检验人、选拔人、使用人；三是思想上尊重人、理解人、关心人、服务人；四是制度上约束人、监督人、管理人、挽救人。

❖企业领导要走群众路线。员工不仅是企业物质财富的创造者，也是企业精神财富的创造者。最关心企业前途的是员工，最了解企业情况的是员工，最清楚干部德才的是员工，最终决定企业命运的还是员工，一个企业走什么道路也只能是员工来选择，所以说，企业的"企"字，上头是个"人"字，下头是个"止"字，人在企业在，人走企业止，企业以人为本历来如此。因此，作为企业领导者要真心实意地尊重员工，确实把他们当主人；要虚心诚恳地学习员工，不断集中他们的智慧；要事事处处发挥他们的积极性，把他们的创造精神充分发挥出来。

❖企业如何走群众路线？人民群众是历史的创造者，一切成败的决定者，是我们的生存之本，胜利之本，离开了群众我们就一事无成，一无所有。因此，办任何事情都要情为民所系，利为民所谋，权为民所用。对于领导干部来讲：心中没有群众，就是忘本；对群众的疾苦漠不关心，就是变质；乱用职权欺压群众，就是背叛；好心办成危害群众利益的事，就是失职；对自己的问题不改正，就得下台。所以，"立党为公，执政为民"，既是我们的最低要求，因为是每个党员干部必备的条件；也是最高的要求，它是需要我们终身为之而奋斗不息的。

尊重群众人格（2007年11月27日至30日）

❖如何待人？如何待人处事，既是个水平问题，更是个意识问题。一个人能否正确待人，往往可以看出一个人的能力，更能反映一个人的品德。那么应该如何对人呢？我体会有以下几点：

一、要公道待人。有句俗话，"要想公道，打个颠倒"，说的是为人处世不能只从一个方面着想，更要为对方着想，就是常讲的换位思考。只要设身处地地看问题，为别人难处多想一想，就容易增进了解，消除误解，加深理解，达到谅解，形成思想上的统一，工作上的合力。

二、要平等待人。尊重别人的人格，就是尊重自己的人格，平等待人，人家才能平等地对待你，一碗水端不平，有亲有疏，人家怎么对你公平？你欺软怕硬，人家怎么说你公平？对强者不低三下四，对弱者不盛气凌人，对权贵不阿谀奉承，对群众不小瞧慢待，只有这样，大家才能信服你，你才能在群众中有威信。

三、要诚恳待人。就是君子要胸怀坦坦荡荡，讲话实实在在；表扬人不华丽过头，批评人不刻薄难听；听取意见要认真虚心，发表意见要切实可行；策略灵活不圆滑，内外有别不世故，以诚意换诚心，才能有信心。

四、要宽厚待人。求同真心实意，存异体谅包容；一时分歧不争论，无伤大体不计较；大智若愚不真糊涂，善解人意永不吃亏。常说的"心底无私天地宽"，就是这个意思。有个部下叫我题词，我就写了"腹中天地阔，常有渡船人"。

五、要以理待人。坚持原则不简单生硬，以理服人不强加于人；批谬误有理有据，讲真理结合实际；晓之以礼，待之以情，绝之以规。

❖如何尊重人？把尊重人、理解人、关心人、爱护人、培养人作为思想政治工作的基本出发点，充分调动人的积极性、主动性、创造性，尽可能使更多的人高兴、满意、鼓舞，发挥自己的聪明才智。

一、尊重人。就是平等待人，尊重人的人格和权利；

二、理解人。就是理解每个人的处境和个性，承认人们有不同的个性，爱好和兴趣；

三、关心人。就是对人要满腔热情，诚恳宽厚，为人排忧解难；

四、爱护人。就是设身处地地为人着想，把他放在发挥作用的岗位上，做到人尽其才，才尽其力，为企业创效益；

五、培养人。就是把企业办成个大学校，上课有老师，学习有教材，考核有标准，教学有条件，合格有学历。

❖如何看待人情？人生不同的阶段有不同的变化，青年时是爱情，中年时是友情，老年时是亲情，但这"三情"归根结底是人情、是感情、是真情。因此，恋爱时要瞪大眼，横挑鼻子竖挑眼，防止被假象欺骗；结婚之后要睁一只眼闭一只眼，防止看到缺点心中后悔，产生婚变；老年时要闭上双眼，不要越看越伤心，越看越后悔。一个艺术家结婚半个世纪情况很好，互敬互爱，电视台采访他时，问："你有什么体会？"他说："就一个字'忍'，夫妻之间要互相容忍，不要互相计较，互相指责"；问他老伴时，"你有什么经验？"她说："'忍无可忍'，就是在发火时主动回避，不要争执，待平静下来时，再说清道理，以便对方接受改正。"这真是经验之谈啊！

❖如何办实事？不办实事不行，不把实事办好也不行；说起来不简单，办起来更难。我们究竟应该办哪些实事？哪些先办？哪些后办？我认为：一是要办那些多数人受益的实事；二是办那些群众急需的实事；三是办那些管长远的实事；四是办那些力所能及的实事；五是办那些促进社会稳定的实事。办实事的标准应当是：多数人受益的而不是少数人高兴的；是力所能及的而不是脱离实际兑现不了的；是长效的而不是搞政绩工程的；是促进社会和谐而不是影响社会安定的。

❖企业应抓好的基本建设究竟是什么？企业应抓好基本建设，打牢发展的基础：一是基本教育抓质量，发挥政治工作的优势；二是基本队伍抓素质，发挥组织工作优势；三是基本制度抓落实，发挥管理工作优势；四是基本设施抓配套，发挥拴心留人的优势；五是基本文化抓发展，发挥凝聚人心的优势；六是基本科技抓应用，发挥支撑优势；七是基本战略抓发展，发挥引导优势。

❖为什么中国有些民营企业长不大？改革开放以来，民营企业有一种"天花板"现象，即：一是开始创业时，几个朋友合伙打天下，经过一番艰苦奋斗，终于打开了局面，创造了财富；二是企业发展后，公司有了钱，就开始了论名次，分金钱，争荣誉；三是日子一天比一天好过，可朋友之间的关系一天比一天疏远，产生了磨擦隔阂；四是最后内部矛盾不可开交，好好的企业挫伤了元气，直至散伙了之。这也就是人们常说的：一年合伙，两年红火，三年发火，四年散伙。这虽然不能算是规律，但具有相当的普遍性。由此可见，志同，才能道合；风正，才能心齐；心齐，才能劲足；劲足，才能成业。缺少明确的精神支柱，用物质利益很难统一思想。因为，争夺权力，企业班子必然松散，丧失领导能力；争夺利益，企业必然垮台，丧失竞争力；争夺荣誉，企业必然虚假，丧失生存能力。

❖如何看待领导的潜力？一是看到存在的问题，解决就是潜力；二是找出与别人的差距，缩小差距就是潜力；三是要正视各种浪费现象，防止浪费就是潜力；四是分析有利条件，充分利用起来就是潜力；五是看到群众中的智慧和力量，把积极性调动起来就是潜力；六是加强领导班子自身团结，形成合力就是潜力。要为人民谋利益，为子孙留基业。

密切群众感情（2007年12月2日至4日）

◆如何密切联系群众？我任部队领导几十年，下部队视察工作时总是要抽时间到食堂看一看官兵们吃得好不好，到学习室看一看官兵们学得好不好，到俱乐部看一看官兵们玩得好不好，到家属区看一看亲人们住得好不好，到医院看一看官兵们的身体好不好。使官兵们进了营房不想家，端起饭碗不想妈，到了操场笑哈哈，上了战场顶呱呱。战士们平时不怕流汗，战时不怕流血，就怕心里流泪；不怕物质生活艰苦，就怕精神生活空虚；不怕战场牺牲，就怕心里遭罪。

◆政治工作的基本任务是什么？一用正确的理论教育人、武装人、改造人，确保境界的提高；二用科学的文化知识确保能力的提高；三用宣传鼓动、奖惩激励、典型引导、纪律约束，确保任务的完成。由此可见，毛泽东建军思想有四点内在联系的理论观点：第一，人的因素是理论前提；第二，要充分发挥人的作用，就要做好政治工作；第三，政治工作又主要是做好思想教育工作；第四，做思想工作必须着眼于教育和改造人，从根本上提高他们的觉悟。

◆为什么要加强政治思想工作？政治工作是我军的传家宝，是战斗力的源泉。战争年代是这样，和平时期仍然是这样。不然只强调装备作用，不强调人的作用，只强调物质作用，不强调精神作用，军队是不能打赢现代战争的，而且还必然变质。朱德元帅在《星火燎原》中说过一段十分精彩的话，像是针对现实讲的一样："我认为，战争的决定因素不是技术，而是政治，是政治制度和人心的向背。任何技术都是服务于一定的政治的，任何技术都是由人创造、由人发展、由人掌握的。想单纯军事观点的人，片面地重视军事而轻视政治，片面地重视业务技术而轻视思想，片面地重视个人的作用而轻视党和群众的集体力量。或者只重视技术战术，不重视战略；只重视军队，而不重视人民群众的作用；只重视国防建设，而不重视经济建设对国防建设的意义。这实质上都是资产阶级军事思想的表现，是违反马克思主义的。"这三个"片面"和三个"只重视"，是不是值得我们的企业家在发展中深思与借鉴呢？是不是我们在实践中的重物质轻人才的现象呢？是不是有重技术轻思想的现象呢？是不是有重个人作用轻群众作用的现象呢？是不是有重眼前轻长远的现象呢？是不是有重企业轻国家的现象呢？有人错误地认为，只要有了物质基础就可以使人高尚起来，难道一些企业家连续出现职务犯罪，是因为他们的物质基础比一般人差吗？如果有了物质基础可以使人高尚起来，亿万富翁们不早就成圣人了吗？我认为缺乏的不是物质基础，而是有效的思想教育；不是技术差距，而是理想动摇；不是资金缺乏，而是道德滑坡。连美国军队在总结跟中国军队打仗失败的经验教训时都讲道："不怕中国军队的现代化，而怕中国军队的革命化。"他们在装备上很自信，我们在短时期赶不上他们；但是，他们在心理上很害怕，我们永远是优势。

提高群众觉悟 （2007年12月5日至14日）

❖企业如何发扬叶挺铁军团的精神？企业要发扬北伐战争中开路先锋叶挺铁军的精神和传统，来创造自己的辉煌。铁军的精神是什么？那就是铁的政治，听党指挥；铁的作风，不怕牺牲；铁的勇气，所向无敌；铁的纪律，令行禁止；铁的意志，上下同心；铁的宗旨，为民服务。

❖如何理解天下一理，大道相通？我认为在现实生活中是说，不管你是什么人，忠忠厚厚做人是一样的；不管你搞什么研究，老老实实治学是一样的；不管你做什么领导，清清白白为官是一样的；不管你干什么事业，诚信为本是一样的；不管你指挥多少部队，智勇双全是一样的；不管你是什么名人，生老病死是一样的。

❖什么是延安精神？我认为可以概括为十句话：坚定不移的政治信念；为人民服务的根本宗旨；艰苦奋斗的工作作风，机动灵活的战略战术；五湖四海的组织路线；团结一致的外交路线；实事求是的思想路线；依靠群众的工作方法；不怕牺牲的战斗精神；理论联系实际的优良作风。

❖如何知恩当报？过去有个"滴水之恩，涌泉相报"的说法，现在有个"感恩节"，也就是倡导报恩。企业家发展起来之后有几个恩不能不报，不报可能很难发展，甚至垮台。一是报恩政府，给你好政策，要多纳税；二是报恩社会，给你好条件，要多办公益事业；三是报恩员工，给你好业绩，要不断提高生活条件；四是报恩协作单位，给你好支持，要让人家多赚钱。

❖**企业精神文明建设的五大工程。**任何企业要有凝聚力和战斗力，必须把精神文明建设贯彻在指导、管理、教育的全过程，贴近生产、贴近基层、贴近员工、贴近生活，开展各种形式的争先创优活动，重点抓好这五大工程，即：一是灵魂工程，就是建立理论和政策学习制度，善于用创新理论武装头脑，用党的政策指导工作，使员工树立正确的世界观、人生观、价值观，使干部树立正确的决策观、政策观、荣誉观；二是传统工程，要继承传统文化，创造现代文化，培养特别能战斗、特别能吃苦、特别能创新、特别能守纪律的作风；三是稳定工程，把教育、服务、管理结合在一起，用正气抵制歪风，团结一心，保持稳定；四是楷模工程，要培养、树立、宣传、学习各种先进典型，形成学先进、赶先进的风气，树先进楷模，学当代英雄，创自己业绩；五是队伍工程，造就复合型的领导队伍，智囊型的参谋队伍，专家型的科技队伍，服务型的管理队伍，攻关型的营销队伍。

❖**企业动力是什么？**一是物质动力，有满足感；二是精神动力，有自豪感；三是竞争动力，有压力感；四是成才动力，有紧迫感；五是改革动力，有使命感；六是目标动力，有责任感；七是贡献动力，有使命感。

企业发展的"七大动力"：一是思想文化的凝聚力；二是自主创新的支撑力；三是物质待遇的吸引力；四是法规制度的约束力；五是骨干队伍的战斗力；六是领导班子的决策力；七是奖勤罚懒的推动力。

❖如何提高企业动力？《华为公司基本法》规定："我们要以服从来决定队伍建设的宗旨，以追求利润最大化为目标，以顾客满意为衡量一切工作的准绳，以高科技来支撑企业的发展，以政绩来衡量贡献的大小。"

❖企业家创业要做到"五"好：一是出好思路，把项目和目标确定好；二是选拔人才，把班子使用培养好；三是广开门路，把资金筹措好并使用好；四是抓好协调，把各项工作运转和落实好；五是做好表率，把自身修养好及约束好。

困难越多，越能显示企业家的才华；风险越大，越能显示企业家的眼光；矛盾越复杂，越能显示企业家的协调能力。

❖如何调动员工的积极性？调动员工的积极性基本点在于实现企业目标与个人目标相统一，改造客观与改造主观相统一，通常可分为六个层次：一是信仰上的动力；二是利益上的动力；三是情感上的动力；四是兴趣上的动力；五是成才上的动力；六是竞争上的动力。因此，企业家应该用共同的愿望去吸引人、团结人，而不能用小恩小惠去招揽人、留住人；企业不但是个利益的共同体，而且也是一个精神的共同体；不但是一个战斗力、生产力的共同体，也是一个凝聚力、向心力的共同体；不但是个出名牌、出产品的共同体，而且是个出人才、出经验的共同体。

❖企业家如何搞好团结？团结就是力量，搞好团结是本事，维护团结是觉悟。在团结问题上要克服你议论我，我议论你的自由主义；在工作上，你猜疑我，我猜疑你的主观主义；在组织上，你多我少的享乐主义。

❖企业如何开展批评？批评与自我批评是企业进步的动力，也是个人成长的阶梯。成功少不了，失败更重要。正确对待批评，批评带来动力。所以，自我批评是觉悟，互相批评是帮助，领导批评是爱护，群众批评是信任。如何正确开展批评呢？有的企业家把它概括为"四方式、三界限、三讲"。"四方式"，即：群众批，自我找，上级点，互相帮。"三界限"，即：把勇于改革，严格管理而产生的某些意见，与群众的不公认区别分开来；把企业改革和发展中由于缺乏经验而出现的失误，与工作严重失职造成的企业重大经济损失区别开来；把企业经营中的正常往来，与个别人以权谋私区别开来。"三讲"即：讲真理不讲歪理，讲原则不讲关系，讲党性不讲私情。

❖如何做人的工作？我们做人的工作无非是靠"四个力量"，即：一是靠真理的说服力，就是宣传所提倡的东西要合乎客观实际，体现群众的利益，代表社会正义，反映时代潮流，让大家真信服；二是靠人格的感染力，就是以身作则，带头实践共同目标和道德标准，要别人做的事自己首先做好，要别人不做的自己首先不干，具有感召力和亲和力，让别人佩服；三是靠法律的约束力，就是事事依法办事，按原则办事，按程序办事，按职责办事，对强硬的不怕得罪他，对软的不欺负他；对上级不阿谀奉承，对下级不小视、慢待；四是靠典型的带头力，就是善于抓好各种各样的先进典型，使大家事事有学习的榜样，处处有工作的样板，形成你追我赶、学习先进、赶先进、超先进的工作局面。

营造群众文化 （2007年12月15日至19日）

❖如何用文化管理企业？如何用坚决完成任务检验企业？这是军人出身的海尔老板张瑞敏的成功之作。他们的企业文化里面有"日事日毕、日清日高"这一条，就是要求员工每天的工作必须每天完成，每天工作要理清并且有所提高，既养成了"坚决完成任务"的作风，也培养了人才队伍，使企业真正像人民解放军那样成为一个大学校。他们的企业文化里还有一条，就是不讲条件，"订单就是命令"，必须保证完成任务，使海尔产品在国内外的市场份额不断扩大，逐步成为国际品牌。有一次，德国经销商史密斯先生打电话要求，必须两天以内发货，否则订单自动失效。两日内要发货，一般来讲几乎是不可能的。可是他们有"保证完成任务，海尔人决不对市场说不"的坚定信心和作风，几分钟之后，船运、备货、报关等几项工作同步展开，确保了货物在当天发出，下午5时30分当史密斯先生得到了货物已发出的信息，改变了他对中国几十午来的一种看法。他在感谢信中说："我做家电几十年了，还从来没有给厂家写过感谢信，对海尔，我不得不这样做了！"这是多么高的评价，这是多么大的诚信。

❖如何理解企业文化？作为企业管理理论，也就是常说的企业文化，需要回答企业管理中为什么要讲思想？讲什么思想？如何讲好思想？如何入心入脑？如何解决人们的价值观、人生观、世界观问题？不能只讲培训，不讲教育；不能只讲沟通，不讲灌输；不能只讲价值观，不讲人生观和世界观；也不能只讲八小时以内，而不讲八小时以外。所以，目前企业都在讲管理文化，但是，内容都五花八门。归纳起来大致有四大类：一是以马列主义为指导，这是博大精深的理论，是实践检验过的理论，是不断发展着的理论，是指导我们的企业的理论，可惜的是现在不少人对它不太感兴趣了；二是传统文化理论，主要是儒家和道家的思想，这也是我们的民族文化精髓，是常学常新的道理，所以我们研究坚持深入；三是西方现代思想文化，强调市场经济，民主政治，个人主义及宗教思想，但是盲目照搬照套，也难免出现"水土不服"的现象；四是创造自己的管理企业理念，又面对着经济成份多元化，分配方式多元化，就业途径多元化，提出一个能管用的理论谈何容易？一曰讲：创新文化、纪律文化、利益文化、团结文化、科技文化、效能文化、人才文化、领导文化等。这些东西讲战术多，讲战略少；讲针对性多，讲系统性少；讲业务性多，讲思想性少；讲领导作用多，讲群众作用少；讲眼前利益多，讲长远利益少。所以，人们的物质生活越来越好，思想问题越来越多；人们表面尊重领导越来越多，朋友感情越来越少；人们注重物质利益的越来越多，注重追求上进的越来越少；讲纪律的越来越多，守纪律的越来越少。

❖如何对待文化知识？人类的知识大致有三个特点：继承性，也就是连续性。从时间纵向上讲，是由上往下一辈一辈地传下来的，而不是某一代人创造出来的；社会性，从空间横向上来讲，知识不是一个人创造出来的，而是由广大群众创造出来的；创新性，知识从本性上讲，就是要集百家之长，结合新的实际情况，不断深入创新，具有时代性。因此，我们对待各种知识要采取科学的态度，具体情况具体对待，做到：一是对于大量珍贵的祖宗遗产，要很好地保护、留传、利用；二是对于过时的、有害的东西要准确地加以剔除、抛弃；三是对于优秀的文化，要加以整理，取其精华，使之为现实服务；四是对于新的文化要加以赞扬总结，形成新的东西，做到与时俱进。

◆如何发扬名人文化？有人问我文化名人的思想如何发扬光大呢？首先是他的文化本身能够反映规律，时代需要他的文化；其次是弟子满天能够研究他的文化；再次是孩子争气，能够继承他的文化；最后是学子们创新、发展他的文化。这样他的文化既有继承性，又有创新性；既有学术性，又有可行性；既有历史性，又有现实性。

◆如何提高企业教育效果？要充分利用各种教育手段，把各种教育资源开发出来，不断提高教育效果。一是坚持传统教育与现代教育结合起来，既重视课堂教育、谈心手段，又注重运用电视、电话、网络系统等多媒体载体，广泛开展网上授课、网上谈心、网上讨论等活动；二是坚持文化引领与环境熏陶结合起来，既注重企业优秀文化，又采取企业园、企业林等形式，深入挖掘企业文化资源；三是坚持把上级引导与解决实际结合起来，既进行深入教育和心理领导，又满腔热情地帮助职工解决看病难、住房难、就业难、子女上学难等实际困难。

◆什么是儒教？就是春秋战国前的孔圣人之教。他从不同角度论述了如何做人、如何做事、如何做官、如何做学问的道理，反映了历史规律，长盛不衰。我们老祖宗造字很有远见，儒教的"儒"字，就是由左边一个"人"字，右边一个"需"字组成的。我理解这样的知识分子是社会所需要的人，是人民所需要的人，是事业所需要的人。这种人用来为官，就有儒雅之气，勤政廉洁；用来经商就是儒商，诚信为本；用来打仗就是儒将，智勇双全；用来治学，就是儒生，真才实学。所以不能轻易称为儒商、儒将、儒生，要有德高望重者才能称得起。

加强群众纪律（2007年12月20日至25日）

❖为什么说纪律是团队文化的精髓？早在井冈山时期毛泽东亲自制定了"三大纪律八项注意"，成为红军铁的纪律，使红军得到了广大人民群众的有力支持，当时，都以参加红军为自豪；抗日战争时期，毛泽东同志又在《论持久战》一文中明确指出："日本敢于欺负我们，主要原因在于中国民众的无组织状态"，从政治角度阐述了加强组织纪律的重要性；解放战争时期，在解放军横扫千军如卷席的时候，毛泽东又担心思想骄傲和纪律松懈，明确提出"加强纪律性，革命无不胜"的要求。可见，纪律性对军队来说不但是个战斗力的问题，也是个政治问题。在战场的角逐中要打胜仗离不开纪律约束，在市场竞争中要想不败下阵来也要靠纪律保障。这方面有识之士和成功的企业家都有很多精辟的论述和成功的经验。波士顿咨询公司的全球总裁得罗·博克纳曾经说过："在不确定的时代下，中国企业要进行战略管理必须注意的三条原则就是：要有优秀的人才，要很努力地工作，并且有良好的纪律。"这是多么好的忠告啊！无独有偶，联想集团负责人柳传志规定，凡是召开会议，所有的人都不能迟到，否则，迟到者就将被责令在前面站一分钟，会议停下来奉陪。他这一做法数十年如一日，养成了良好的作风纪律，每当在数千人的誓师大会上，都全神贯注地听会，无任何人的走动声，也没有任何人打手机。实践反复证明，一支富有战斗力的军队，必须有铁一般的纪律；一个具有竞争能力的企业，必须有铁的纪律；一个合格的战士，必须具有强烈的纪律观念；一个合格的员工，同样，必须具有强烈的服从意识！

◆企业家如何带出有纪律、能战斗的团队？我认为要做到"五"严格：严格教育，不松懈；严格要求，不马虎；严格管理，不放任；严格纪律，不手软；严格秩序，不突击。日积月累，点滴养成，形成风气，变成行动。物美商业集团的董事长张文中这样论述过："我可以明确地说，纪律就是物美文化的核心内容。没有纪律的物美文化不可能指导物美的各项实践有序地取得成功。在物美做事就要认同物美的规则，对已形成的纪律不含糊，成为有纪律的员工。有纪律的员工是把纪律变成习惯，做任何事情都会按照规则去进行。"所以，张文中创造了与联想集团相似的我国北方规模最大，销售额最高的消费品流通企业！

◆企业家如何加强纪律建设？ 是靠说服教育，提高执行纪律的自觉性；二是靠制度约束，坚持纪律的公正性；三是靠群众监督，打牢执行纪律的基础性；四是靠领导带头，维护纪律的严肃性。

◆企业的六大纪律是什么？一是严肃的政治纪律，这是方向；二是严格的工作纪律，这是保障；三是规范的财务纪律，这是基础；四是经常的保密纪律，这是生命；五是公道的人事纪律，这是本钱；六是严明的奖惩纪律，这是动力。

◆如何从严治企？有的企业家提出了"三严"方法，即：制定纪律要严谨，体现科学性，不能朝令夕改；执行纪律要严格，具有操作性，不能粗枝大叶；维护纪律要严肃，不能嘴硬手软。江泽民同志总结了几十年领导人治军的经验，提出了解放军的建设"五句话"，即：政治合格，军事过硬，作风优良，纪律严明，保障有力。

如何建设和谐企业

古人云："礼之用，和为贵"，"天时不如地利，地利不如人和"。实践证明，任何企业，内部"和"才有凝聚力，上下"和"才有号召力，同合作伙伴"和"才有竞争力。像古贤们讲的那样：同天地合其德，同日月合其明，同四时合其序，同社稷合其利，同鬼神合吉凶，做到天人和谐。

弄清道理，从思想上和（2008年1月4日至10日）

◆如何理解"和"的思想？中国是一个历史悠久的文明大国，在中华民族漫长的历史发展中创造了灿烂的文化，在博大精深的文化传统中，"和"的思想占了十分突出的位置。早在三千多年前，中国的甲骨文中就有了"和"字。而同时期，周太史大夫们提出"和定生物，同则不继"的观点。到了春秋战国时期，诸子百家更是常运用"和"的概念，来发挥自己的哲学思想和文化理念：管子提出"畜之以道，则民和"；老子提出："知和曰常，知常曰明"；孔子提出："礼之用，和为贵"；孟子提出："天时不如地利，地利不如人和"；荀子提出："万物各得其所和以生"；中庸之道提出："和也者，天下之达道也"等等。"和"不是盲目附和，不是不分是非，不是没有原则的苟同，而是"和而不同"。"和"的思想，强调万事万物都是由不同方面，不同要素构成的统一整体。在这个统一整体中，不同方面，不同要素相互依存，相互影响，相异相和，相辅相成。由于"和"的思想反映了事物的普遍规律，能够随着时代的变化而变化和发展。现在我们所说的"和"，包括了和谐、和睦、和平、和善、祥和、中和等含义，蕴含着和以处众、和衷共济、政通人和、内和外顺等深刻的人生哲理和处世哲学。表现在人与自然的关系上，强调"天人和谐"，"天人和一"；表现在人与人的关系上要求"和睦相处"，"团结友爱"；表现在人与社会的关系上，崇尚"合群济众"，"讲信修睦"；表现在国与国之间关系上，倡导"协和万邦"，"亲仁善邻"。如何对待传统？一是传统需要继承，不能丢掉；二是传统需要应用，不能空谈；三是传统需要发展，不能守旧。因为，任何一种传统都有时代性，规律性，特殊性。

❖什么是领导？毛泽东讲领导就是解决问题。我体会：发现问题是水平，分析问题是能力，解决问题是政绩，汇报问题是党性。领导就是身先士卒领好头，说服教育导好向。因此，要经常研究如何把大道理讲实，把老道理讲新，把小道理讲好，把新道理讲透，让理论武装群众，让群众掌握理论，同心同德干大业。

❖如何看党的历史性文件的科学性？在结合中创新，在结合中继承，在结合中发展。一是理念与实践结合得好；二是继承与创新结合得好；三是民主与法制结合得好；四是改革与稳定结合得好；五是现状与未来结合得好；六是经济与文化结合得好；七是发展与民生结合得好；八是经济与国防结合得好；九是科研与转化结合得好；十是国内与国际结合得好。

明确关系，从行动上和 （2008年1月11日至12日）

❖如何理解"和为贵"？2500年前，孔子就明确提出了"礼之用，和为贵"。这种思想观念世代相传，潜移默化，已经渗透到政治生活、社会道德的方方面面。如和谐、和气、祥和、谦和等等话语，在城市、在农村，在公众、在私人交往中，依然在提倡；像"和以处众"、"和衷共济"、"政通人和"、"内和外顺"等词句，在一切生活工作中，在所有文章讲话里，仍然在使用。

一、"和为贵"的思想表现在人与自然的关系上，主张天人和一，强调世界上万事万物都是由不同方面，不同要素构成的统一整体。在这个统一整体中，不同方面，不同要素，互相依存，互相影响，相异相和，相辅相成。由于"和"的思想反映了事物的普遍规律，因此，能够随着时代的不断变化而变化，随着时代的不断发展而不断丰富其内容。我们现在讲的"和"，包括了和谐、和睦、和平、和善、祥和、中和等含义，蕴涵着"和以处众"、"和赢共济"、"政通人和"、"内和外顺"等深刻的处世和人生哲理。

二、"和"的思想表现在人与人的关系上，要求和睦相处，待人诚恳、宽厚，互相关心、理解，与人为善，推己及人，建立在团结、互助、友爱的人际关系上。宽容一点，谦和一点，豁达一点，糊涂一点，不小里小气，不斤斤计较。

三、"和"的思想表现在人与社会的关系上，崇尚"合群济众"，社会由个人组成，个人离不开社会，应当尊重和鼓励个人追求和创造，又必须融入集体，把个人的目标同社会的需要结合起来。

四、"和"的思想表现在利益关系上，强调"君子爱财取之有道"。因而"和"的思想也是经商之道，"买卖不成仁义在"；也是发财之道，"和气生财不损义"；更是发展之道，"互惠互利谋发展"。

❖企业家要解决的十大矛盾：一是情况变化与信息落后的矛盾；二是企业系统复杂与领导经验不足的矛盾；三是项目建设与资金不足的矛盾；四是产值发展快与效益不高的矛盾；五是人手很多与人才不足的矛盾；六是改革创新与安全稳定的矛盾；七是科学研究与投入生产的矛盾；八是市场竞争与产品质量不高的矛盾；九是员工思想活跃与从严治企的矛盾；十是发展生产与改善生活的矛盾。身处各种矛盾之中的企业家，要多一些理解宽容，少一些斤斤计较；多一些团结和谐，少一些磨擦抵触；多一些换位着想，少一些批评指责。

关爱生命，从感情上和（2008年1月13日至20日）

❖企业家的爱情观是什么呢？爱情应该是以真爱为基础，以感情为纽带，以家庭为责任。这样才能求大同存小异，做到个性上的差异，互相包容不计较；职业上的差异，互相尊敬不冷落；能力上的差异，互相鼓励不责备；贫富上的差异，互相分享，不独占；爱好上的差异，互相欣赏不计较；生活上的差异，互相磨合不改造。这样才能爱得越来越深，感情越来越浓，家庭越来越好，在事业上互相支持是助手，在生活上互相照顾是帮手，在家庭上互相谅解是好手，在感情上互相包容是妙手。

❖企业家身心保健要坚持做到"十好"：一是改善饮食，营养好；二是常吃水果，滋补好；三是适当运动，身体好；四是出门遮日，保护好；五是科学美容，维护好；六是学会放弃，减压好；七是胸怀开阔，心态好；八是把握分寸，应酬好；九是懂点医学，保健好；十是善于动脑，学习好。世界卫生组织提出，现在许多人病于无知，死于无知；按着"十好"办，女士美容院，男士加油站，男女都灿烂。

❖科学保健要防止"四死"：有些成功人士特别是取得事业成功的企业家，过去创业时拼身体挣钱，现在却又花钱养身体，这本无可厚非，但由于动机太强，往往是误入歧途，欲速则不达，反而伤害了身体。具体讲可能有"四个死法"：一是吓死了，身体查出病就很紧张，担心这个疾病不能治，那个疾病不能治，哪有不能治的病，只有你没有治好的病，现在治不好将来会治好的。从哲理上讲，只有尚未认识的事物，没有不可认识的事物，整天忧心忡忡，结果是吓死了；二是饿死了，有病以后，今天不能吃这个，明天不能吃那个，吃的东西越来越少，营养成分越来越不全面，那最后不饿死才怪呢；三是药死了，花钱买药救命，今天弄个好药吃，明天弄个好针打，后天又输点好液体，结果破坏了生理平衡，好坏细菌全杀死，一旦有病干瞪眼，神医也没法治，什么药也不管用；四是憋死了，今天不让喝酒，明天不让抽烟，后天又不让吃茶，我看适当喝点酒是补药，不然几千年长盛不衰，都笨吗？抽支烟也不是坏事，可以提提神，交交友，不然一点好处没有，为什么全世界都讲戒烟而戒不了呢？吃点茶也不是坏事，只要适当可以提神助兴，可以增加身体所需的各种元素。关键是适度、适当、适应，不要过分，不要千篇一律，而要因人而异。

◆ "老而可贵"在哪里？老并不可贵，贵在老的有经验，大家可学；老的有觉悟，大家可敬；老的有政绩，大家可服；老的有才能，大家可学。

◆如何理解民生？一是学有所教；二是劳有所得；三是病有所医；四是老有所养。这一生，尽力而为，量力而行。

◆如何民主集中？没有民主走向专断，肯定干不成事；没有集中，走向松散，也肯定干不成事。民主集中制主要是把正确的意见集中好，形成大家的；分歧的意见统一好，形成一致的；不对的意见说服好，形成正确的；共同的意见落实好，形成群众的。

激励上进，从政策上和（2008年1月21日至25日）

◆讲究方法，善借人长。大多数企业家都知道调动"积极性"这个词，但是其积极性的内容不见得理解全面。在这里我讲几点粗浅的见解供大家参考：一是既要调动群众的积极性，才能脚踏实地，有人干活，又要调动上级的积极性，才能方向明确，有人支持你干好活；二是既要调动班子的积极性，出好主意，抓好落实，做好样子，又要调动科研人员的积极性，多出科研成果，加大科技支持的力度，赢得未来企业的生存发展；三是既要调动直接协作单位的积极性，人家愿意合作，双赢发展，又要调动间接协作单位的积极性，使人家不使歪劲，使正劲，内外顺当好办事。要做一次生意交一批朋友，不要做一次生意伤一批人心啊！

◆凝聚力量，培养精神。毛泽东讲，人总是要有点精神，有没有精神是大不一样啊！企业家要发扬什么精神呢？就是：无私奉献的牺牲精神，艰苦奋斗的拼搏精神，勇攀高峰的进取精神，善于突破的创新精神，同心协力的团队精神，先人后己的爱国精神！

◆"民以食为天"新解：在当今社会富的可以更富，应该保护，但是穷的不能越来越穷，穷到无法生活的地步。正像中国古话讲的："天下顺治在民富，天下静和在民乐。""民富"就是老百姓丰衣足食，

"民乐"就是老百姓高兴顺气。有了"民富"和"民乐",社会就会和谐稳定,事业就会兴旺发达,干群关系就会亲密无间。所以党的十七大提出要把解决民生问题作为全面建设小康社会的一个重大任务,做到了群众学有所教,住有所居,病有所医,老有所养,为此要建立健全劳动保险、养老保险、医疗保险、生活最低保险等各项保障措施。许多事情我们可以讲一千个理由,一万个理由,但老百姓吃不上饭,就没有理由。民以食为天,"饭"字半边是"食"字,半边是"反"字,没有食社会反,反也往往是没有"食"引起来的。

❖深思熟虑,必有一得。毛泽东为延安《解放日报》题词只有两个字,就是"多思"。并且用了老话做了解释:"眉头一皱计上心来。"这是毛泽东成大才、干大事的秘诀之一。因为你要多思,首先要多读书报,不然你凭什么思考?其次要多向能人请教,不然你自己能思考出什么问题?再次要到实践中去思考,调查研究,调查本身就是弄清情况,研究本身就是讨论思考嘛!还有,要联系正反两个方面的经验教训来思考,在痛苦经历中学习比什么都来得快,比什么都认得清,比什么都管用!

❖企业家如何完成任务?志愿军特级战斗英雄杨根思有个"三不信"精神:"不信有完不成的任务,不信有克服不了的困难,不信有攻不下的堡垒。""三不信"的精神本质就是:"自己逼自己,不为自己找台阶,不为自己留后路。"就是说,只能前进,不能后退;只能打胜,不能打败。这就是军人经常讲的"宁肯前进一步死,不肯后退半步生，老子上战场就没准备回去"，在这样的信念下反而打胜仗了，也光荣立功了，身心更健康了！

❖如何对待任务？在商业竞争中一次任务的失利不足以导致企业倒闭，但是，要看到无论从精神上还是从物质上，失利带来的损失是巨大的。因此，大企业家体会到，做任何具体工作的领导者，接受任务后，只能为胜利想想办法，不能为失利找理由，才是称职的领导；群众要为支持领导出谋划策，保证完成本职工作才是优秀的团队。因此，我认为，要像解放军那样，枪声就是命令，必须积极主动歼灭敌人；企业订单就是命令单，必须保证完成任务。

如何坚持以人为本

　　坚持以人为本既是办好企业的核心问题，也是企业本身的应有之义。老祖宗造字时就想到了这个问题，谁人不知企业的企字就是一个"人"字下面一个"止"字，就是人在企业在，人去企业止。因此，古今中外的著名企业家都是非常注重选拔人、使用人、培养人、留住人的。

胸怀豁达能容人（2008年1月26日至31日）

❖为什么企业家要提高精神境界？企业做到一定的规模以后，要想持续发展，确保做大做强，最关键的因素是什么？我认为不是资金、不是技术、不是市场，也不是领导者本人的知识、能力和智慧，而是精神境界，也就是看问题的高度和深度。企业家创业之初，精神境界一如常人，考虑的都是个人利益和前程。很自然对事业的发展也有好处，但是，当企业发展到一定规模后，企业家仍然盯着个人利益和前程，那问题就出来了。因为境界不提高：一是无法正确看待自己取得的成功，容易把账记错了；二是无法正确找准成功的原因，容易把经验总结错了；三是无法使用成功带来的巨大财富，把方向投错了；四是无法确立新的更远大的目标，容易小富即安；五是无法始终把握好经营的准则和规范，容易乱来；六是无法一如既往容人和容事，而往往计较职位高低；七是无法妥善处理人际关系中的恩恩怨怨，错误地确定人才的进退去留。这就是企业家成功之后，物质不是少了而是多了，工作不是轻了而是难了，人心不是齐了而是散了的原因。所以说，凡是做大事的人，一定是高境界的人，他们善于自我超越，追求卓越，勇于跨越，以更大的目标，更新的任务作为企业的宗旨。无数事实证明，凡是成就大事的企业家，大都跨越了"主观为自己，客观为社会"的精神境界；对他们来说"将欲取之，必先与之"，主观上为顾客、为社会，客观上成就了企业、成就了自己。

全心全意为人民服务是我军的根本宗旨，但是，当时的军队成份复杂，水平也参差不齐，不加强思想教育是不行的，于是创造了我军独特的思想政治工作传统。形象地说，开始阶段是"打土豪，分田地"，解决了一家一户吃饭问题；随后又提出"团结一致，共同奋斗"，解决了民族士气问题；以后提出了"打倒蒋介石，解放全中国"，解决全国的统一问题；最后才是"无产阶级只有解放全人类，才能最终解放自己"，解决了解放全人类的问题。这样的目标一步比一步高，境界也一步比一步高，从而使人民军队所向无敌，因为"知道自己为什么而斗争，军队是不可战胜的。"（斯大林政治工作名言）政治工作是军队的生命线，是战斗力的源泉。军队是这样，企业也是这样。松下幸之助经过自己的努力，把只有几名员工的小厂办成了个大电器公司，这个时候，他不是鼓舞了斗志而是丧失了前进的动力。一天，他参加了一个宗教活动，深为宗教徒的虔诚所感动，突然想到企业与宗教的相同之处：宗教满足人们的精神需求，而企业满足物质需求，都是造福社会的神圣事业。懂得了真正的责任和使命，深深感到工作的崇高和严肃。于是他重新制定了松下电器公司的宗旨，使公司有了新的生命力，并将那一天即1932年5月5日定为公司纪念日，每年都搞社会活动。松下当年的困惑可能我们也遇到过，海尔老总张瑞敏同志也说道，因为，市场竞争越来越激烈，经济秩序越来越规范，经营的难度加大了。而企业家手里的钱已经够花的了，再干还不如玩玩享受人生。因为，花出去的钱才是自己的，而放在账上只是数字。张瑞敏认为这可不是个好现象，国营企业因为钱少而不想干了，中国的经济怎么发展？因此，他得出结论，中国真正成大事的人，要有一点觉悟，有一种境界，有一种为国家、为民众、为员工甘愿奉献的牺牲精神。在市场竞争中最难的不是战胜对方，而是战胜我们自己，所以，我们需要提高自己的思想境界，升华自己的全面素质。

❖如何理解物极必反的做人道理？曾国藩曾经讲过："花未尽开，月未尽圆。"这讲了一个人生哲理，花尽开不就快败了吗？月尽圆不就开始亏了吗？我体会：做人什么时候都要想到物极必反的道理，就是花未尽开，月未尽圆，利无尽得，事无尽成，人无尽美啊！这才是大智慧、大道理，是大智若愚！

曾国藩还讲过："对人要铁诚。"就是说以诚做人，肯定是个好人；以诚经商，肯定是个儒商；以诚做官，肯定是个清官；以诚带兵，肯定是个强将。所以说干大事的人，必须从"诚"字出发，做到对上诚，要忠君；对下诚，要爱民；对同事诚，要互信！不然都从自己的利益出发，都从自己的家庭出发，那必然是家必小乱，国必大乱，祸国殃民。古代商经中早已讲到，真正历史有名的儒商，第一是为国家，第二是为大家，第三才是为自家。这三个家的顺序不能颠倒过来，否则不是真正的功垂千古的名商！

◆做到"三无愧"，当好服务员。作为领导干部，任何时候，办任何事情，都要做到"三个无愧"，即：上无愧于党；下无愧于民；中无愧于心。

按圣贤之训，"三个无愧"应该是：上无愧于天，就是不能伤天害理；下无愧于地，就是不能破坏环境；中无愧于人，就是不伤害人和。

◆多难兴邦，磨砺成才。人总是要有点精神，什么都不怕固然不好，但是，什么都怕更不好。真正的成功者，往往是愚昧不可怕，努力学习可以聪明；没上学不可怕，实践是个最好的学校；贫穷不可怕，奋斗可以改变现状；挫折不可怕，可以使人成熟；压力不可怕，压力可以变成动力；失败不可怕，失败是成功之母；打击不可怕，可以磨练意志；误会不可怕，可以开阔胸怀；犯错不可怕，改正了就是经验；恶习不可怕，浪子回头金不换。

❖大智不惑，大德必寿。任何成功者都要根据实际情况办事，任何时候都要处之泰然。居上不欺下，处下不攀上。总是堂堂正正做人，老老实实处世，清清白白做官，本本分分办事，自我超然，顺其自然。必须像孔子讲的那样："大德必得其位，必得其禄，必得其名，必得其寿。"这是毕生最好的座右铭，要永远牢记之，理解之，信仰之，身行之！

❖表达情感，恰如其分。为了自己事业的发展，为了表达对朋友的情谊，也为了表示对支持者的谢意，搞一些应酬总是难免的，也是必要的。正如有些著名企业家总结的那样，干任何事情只靠领导是不行的，离不开各方面的帮助支持。一要调动下级的积极性，才能有干好事业的群众基础；二要调动班子的积极性，有团体的力量和智慧；三要调动上级的积极性，有各部门的支持与配合。三个积极性都调动起来，才能头顶天，脚立地，中间腰杆硬，上下联动，形成合力，创好大业，干成大事。

提高素质会用人（2008年2月2日至23日）

❖出好主意，用好人才。"一只绵羊带领一群雄狮，敌不过一头雄狮带领的一群绵羊。"一个企业团队能取得多大的成功，创造什么样的品牌，关键在于这个团队的领导者会不会带兵，善不善用兵。这就是老话讲的"兵熊熊一个，将熊熊一窝"；"强将手下无弱兵，熊将手下兵无能"；"有过硬的领导才能带出过硬的团队，有过硬的团队才能创一流业绩，有一流的业绩才能留住一流的人才"。经济学家有个著名的"二八法则"，即：占企业20%的领导力量决定了企业80%的结果，而被领导的80%的人的力量决定了20%的结果。因此，团队的命运如何，就是看领导层是否有坚强、卓越的领导能力。正像诸葛亮讲过的那样，立权是将帅统领三军的权力，如果失去了这个权力，或运用不好这个权力，就像鱼儿离开了江河湖泊，若想在海洋中自由遨游，在浪涛中奔驰嬉戏，那是根本不可能的！有人告诫：聪明的领导用人的能力干，笨蛋的领导自己干；聪明的领导当裁判员，笨蛋的领导当运动员；聪明的领导发奖金，笨蛋的领导发脾气；聪明的领导用脑子干，笨蛋的领导用体力干。

◆企业选拔人才的六个要点，即：一是学历高，有文化基础；二是经历多，有实践经验；三是魄力大，能解决问题；四是能力强，能统领队伍；五是精力旺，能经得起磨难；六是魅力大，能影响群众。

◆当好主官，德才为先。有人问我如何当好一把手？就是如何当好主官？我体会要学会辩证思考问题，全面运筹决策，做到：敢断不武断，放手不撒手，用人不疑人，大度不失度，健谈不空谈，多当裁判员，少当运动员，多鼓励，少批评，多奖励，少处罚。成为：协助决策的高手；协调落实的好手；攻关破难的硬手；化解矛盾的妙手；总结经验的快手；预测未来的神手。

主官要培养什么人才呢？主要是下功夫培养八种人才，即：复合型的指挥人才；智囊型的参谋人才；科技型的专业人才；管理型的服务人才；灵活型的销售人才；机智型的攻关人才；发展型的后备人才；忠诚型的监督人才。

◆如何当好助手？有人问我如何当好助手，协助好主官干好工作？

我体会：在思想上尊敬不恭敬；在决策上参预不干预；在工作上到位不越位；在品德上出力不出名。切实像老百姓讲的那样：拉偏套，使正劲；做机动，补漏洞；多出力，少出名；干实事，不争功。既不能功高震主，使过了劲；也不能没有自主，不使劲；更不能违背意图，乱使劲。使正职在实践中感到既离不开你，又不威胁他。好助手还应该是协助决策的高手，能拿出主意来；是协调落实的好手，能抓出成绩来；是攻关破难的强手，能做出样子来；是写好材料的快手，能总结出经验来。我看了范蠡传后，在书的末尾做了四句话的眉批，即：他是官场上的高手，好宰相；战场上的强手，好将军；商场上的能手，好儒商；情场上的妙手，西施死心塌地跟他干到底。

❖如何知人用人？曾国藩说："人才无大小，关键是推诚以相识。"在决策时征求他的意见，观察他是否有智谋；告诉他困难临头，观察他是否勇敢；在公私面前，观察他是否廉洁；放手让他干事，观察他是否守信；处理人际关系，观察他是否诚实。知人用人无非就这些。

❖企业家如何使用人？选好帅才，善于谋划用人；选好将才，善于领兵打仗；选好文才，善于宣传鼓动；选好怪才，善于攻关破难。不用"四爷"，即：不用少爷，不用舅爷，不用姑爷，不用倒爷。

❖企业家要公正地使用人才，公正地评价工作，公正地实施奖惩，公正地发放钱物，公正地培训深造。孔子讲："君子不用空话来赞誉人，这样人们才会兴起忠实的风气。"所以，君子询问别人是否寒冷时，就会送衣服给他穿；问别人是否饥饿时，就会给食物给他吃；赞扬别人美德时，就要给别人爵位。口头上说得好听，但实际上办不到，这样怨恨和灾祸就一定会降到他的身上。所以，君子如果许下诺言不能实现，就不要轻易答复别人。

❖企业家如何识人用人？春秋时期墨子说过："有德有才是国之宝，有德无才是国之器，有才无德是国之贼，无才无德是国之废。"这段精辟的论述，可以讲把人无完人说透了，也把如何评价人说明了，发人深省。我们企业要参照古训，结合实际，以全面的眼光看人，不要把人看扁了；以发展的眼光选人，不要看死了；以宽广的眼光选人，不要选错了。做到既要看学历，更要看能力；既要看资历，更要看潜力；既要看魄力，更要看魅力；既要看谋划能力，更要看执行能力。人尽其才，物尽其用，天尽其时，地尽其力。

❖如何理解重奖之下必有勇夫？这句话有一定的道理，但不是真理，而要具体情况具体分析。可以仔细想一想，如果命没有了，重奖有何意义？古今名将带兵都懂得重奖是有效的，但也是有限的；只要得兵心，力量就能超过金钱；只要懂得为民当兵，为己打仗，就能英勇战斗，哪怕只剩下一个人也要战斗下去。有不少企业单纯靠增加工资待遇来调动员工的积极性，结果企业人员士气不断下降，企业高成本运营也难以维持，一旦遇到经济波动，就会进退两难，不降低员工待遇，是等死；而降低员工待遇，则是找死。这就是"华为"公司总裁任正非在企业形势一片大好情况下，再三强调的"华为的冬天"的主要原因之一。

❖慈不掌兵，军法如山。因为严是爱，松是害，不管不问就变坏。只有严字当头，从严治企，才能带出过硬的团队。一是政治上过硬，有统一的奋斗目标；二是纪律上过硬，有令行禁止的作风；三是规范上过硬，有良好的工作秩序；四是团结上过硬，有互相协作干事的风格；五是作风上过硬，有顽强拼搏的勇气。

严是带兵之道，情是带兵之本；领导把我们当牛，我就把自己当成人；领导把自己当成人，我就把自己当成牛。罗荣桓元帅讲过，"带兵就是爱兵，政治上爱，生活上爱，真心地爱。"我体会爱战士要爱得深，真诚爱护，亲如兄弟；想战士要想得远，培养成才，终生受益；帮战士要帮得细，细微深处，体现温暖；救战士要救得科学，保护自己，减少牺牲。成为首长可敬，成为兄长可亲，成为师长可学，成为家长可畏。部队带兵有"五同"传统，就是同吃、同住、同学习、同训练、同战斗。还有培训骨干要求做到"四会"，即：会讲、会教、会做、会总结。

❖如何带兵？一不追名；二不为利；三不怕死；四不怕苦；五不忘民；六不违纪；七不愚昧；八不懒惰；九不嫉能；十不偏爱。

❖如何以"义"带兵？坚定不移的志气，永不松懈的士气，不变节的骨气，钢铁般的血气，勇流不断的才气。

❖如何以"情"带兵？一是了解战士的成才需求，关心他们的学习和成长；二是了解战士的思想需求，善于化解与战士的各种矛盾；三是了解战士的民主需求，不压制民主和打击报复；四是了解战士的物质需求，不侵占战士的利益和收受钱物；五是了解战士的生活需求，关心战士的吃穿住和身体健康；六是了解战士的心理需求，对战士一视同仁和不分亲疏。

❖有人问我如何对待官场上一些不太正派的人？我说首先要明确什么是正派？怎样正派做官？一要讲政治，但不能做政客；二要用权力，但不能用权威；三要搞学术，但不要搞权术；四要用人，但不要玩人。

❖企业科技干部要做到四要四不要，即：一是要大胆创新，而不要盲目跟进；二是要加强协作，而不要追求独立开发；三是要注重优秀人才为企业所用，而不要片面追求为企业所有；四是要打破常规重用优秀人才，而不要论资排辈。

虚怀若谷善学人 （2008年2月24日至28日）

❖当好三兵，为将之道。我天生是块当兵的材料，一生没有离开过兵。可以讲大半生三个阶段都与"兵"有缘：青年阶段当兵，积累知识，锻炼意志，打下带兵的基础。不知当兵之乐，当兵之苦，当兵之需的人，是没有资格带兵的，也是带不好兵的；中年阶段用兵，当战区领导，需要运筹帷幄之中，决胜千里之外，组织部队打仗、抗洪、援建和整编等，为党分忧，为国尽忠；老年阶段又到总后当政委，就是为兵服务，服务兵的吃穿，服务兵的健康，服务兵的所需财物，实践邓小平同志讲的领导就是服务的要求。我体会，一是要有爱兵之情，亲如兄弟，才能打起仗来同生死，共患难；二是要有知兵之心，了如指掌，经常了解他们在哪里，在干什么，在想什么，需要什么，及时跟上去帮助，他才能越战越勇敢，越打越顽强，真正成为不可多得的人才，甚至是帅才；三是要有学兵之意，集思广益，补充自己的不足。毛主席在战争年代创造了治军的"三大民主"，就是政治民主，经常听取下级意见建议；军事民主，打仗之前要充分讨论，周密安排；打仗之后要评功评奖，还要评组织指挥。打一次胜仗要出一批战斗英雄，而且还要出几个善于组织指挥的名将。所以还是毛主席讲得对，"我是靠总结经验吃饭的，把别人的经验集中到自己身上，他的本事就大了。"这就是高明之处，这就是英明之妙啊！所以作为一个高级将领，必须有当兵之经验，用兵之谋略，为兵之境界，不然官再大，军衔再高，也不会有什么作为的。

◆努力成才，造福社会。为什么要成才？放眼时下社会，人才已经成为最重要的资源之一；与之相对，就业又成为严重的社会问题之一。同样是人，有人被求之若渴、三顾茅庐，有人被弃之不用、到处求人，原因何在？就是没有学识、才干。有本领就有人猎头、挖掘，即使自己找上门去，也会被奉为座上宾，然后诚心招聘，登堂入室，主其大事；少技能，即使自己四面出击，八方求人，恐怕也难免碰壁，别说做主官，就是普通一员怕也难得。

◆以人为本，万事一理。天时、地利、人和是干成大事的必要条件，人是核心。因为任何科学决策是人定的，任何人间奇迹是人创造的，任何强大敌人是人战胜的。但这种人不是一般的人，应该是邓小平讲的"四有新人"，即；有理想，前进有目标，有毅力；有文化，发展有潜力，有能力；有道德，团结和谐，共图大业；有纪律，令行禁止，步调一致去争取胜利。

勤奋好学成能人（2008年3月1日至10日）

❖要养成五个好习惯，才能持续做好工作；要经常加强品德修养，才能不断提高能力。要像孔子讲的那样，"吾日三省其身"，确确实实养成这五个好习惯，进而受益终生：一是看书学习的习惯。善于吸收有用的，摒弃过时的，创造自己的，使思想永不干枯；二是民主讨论的习惯。善于集思广益，取长补短，用别人的智慧补充自己的不足，把别人的经验变成自己的能力，本事就大了；三是勇于实践的习惯。善于探索规律，形成思路，指导行动，对了的就坚持不动摇，不足的要加把劲不松懈，错了的赶快改正不顽固，拿到实践大学校的毕业证，才能把知识转化为能力；四是总结经验的习惯。善于打一仗进步，就是打胜了有什么经验，打败了有什么教训，自己有什么责任，别人有什么不足，不怨天，不怨地，全怨自己不争气，善于通过带头自我批评，组织大家开展批评，把经验教训变成财富，不要只交学费不进步；五是积累材料的习惯。一把剪刀一个本，能剪贴的就剪贴，能抄下来的就抄下来，重要的就背下来，自己有什么感悟，看书有什么启发，讨论有什么火花，就把它记录积累起来，是一笔用金钱买不来，别人也给不了，自己用不完的财富啊！

❖我退居二线到人大之后，写了个座右铭警示自己：退而不休，发挥余热；老而不懈，严以律己；学而不厌，更新知识；为而不求，奉献社会；伤而不悲，笑对人生；交而不乱，益友遍天。

❖如何看待老师？有句老话说过，聪明的老师教学生"会学"，能够听得懂，理解深，记得牢，会应用，能创造，成为有用之才；笨蛋的老师教学生"学会"，只会死记硬背，不会理解，更谈不上应用和创造了，成为死读书，读死书，读书死的书呆子，高分低能的无用的庸才。

❖如何看待人生？任何人当官都是暂时的，人格是终身的；权力是有限的，责任是无限的；生命是短暂的，精神是永存的。勤奋出智慧，智慧出才能，才能出财富。

❖企业家如何带好兵？既要才干超群，又要品德高尚。做到三点都要过硬：一是大事不撒手，尽职尽责；二是小事不插手，各司其职；三是好事不伸手，让给部下。对部下三个不说，即：危难的事不说，影响情绪；感情的事不说，影响形象；机密的事不说，影响竞争。

❖如何做优秀员工？立志成才有抱负，善于学习有知识，勇于实践有经验，精通专业有技能，严以律己有纪律，自我反省有品德，尊师重德有威信，开拓进取有动力，自主创新有思路，科学保健有体魄，回报社会能贡献。

❖什么是以人为本？历史唯物主义有两个基本观点，一个是群众观点，就是群众创造了历史，就是中央提出的要以人为本；另一个是生产力观点，就是发展是硬道理，就是中央提出的第一要务。要坚持以人为本，必然发展生产力，不然人不但发展不了自己，而且连温饱问题都解决不了；要发展生产就必须以人为本，了解民情，集中民智，珍惜民力，把人民的积极性和创造性发挥好、引导好、保护好；以人为本，就是要用先进的理论和文化教育人、武装人、激励人、尊重人。一是决不能把人当成单纯赚钱的工具，不管用什么手段只要交上钱就行了，而要把他培养成才，在商战中有素质；二是决不能把人当成单纯摄取物质利益的动物，只要给他多发钱就行了，而是要关心他的思想感情，使他愿意为企业出力；三是决不能把人当成奴隶，能赚钱就留下，不能赚钱就开除，而是要把他当成主人，为他的健康和养生负责，使他体会到大家庭的温暖，减少恐惧和孤独感。

要科学发展生产力，不能盲目发展；发展是个硬道理，硬发展就没有道理。所以，中央提出科学发展观，就是要使我们的发展真正走上全面的，而不是畸形的；协调的，而不是参差不齐的；节约的，而不是浪费的；环保的，而不是污染的；持续的，而不是大起大落的；高质量的，而不是单纯追求速度的；承认差别的，而不是两极分化的；是成果共享的，而不是少数人占有的；是和谐的，而不是动荡不安的发展道路。

❖人生五勤，方可成才。没有什么天才，只有勤奋成才，大体可归纳为"五勤"：眼勤，多看书报；嘴勤，多向高人请教；腿勤，多深入实践大课堂学习；脑勤，经常联系实际思考，一些规律性的东西更加理性化；手勤，经常写笔记，有感而发，有感而写，集腋成裘，积少成多，不断创造性地开展工作，指导行动。

❖如何提高自身素质？增强事业心责任感，必须要以能力为基础，仅凭良好愿望，没有过硬本领，想干事也干不成，想干好也没有办法。因此，要解决自身的能力素质，突出做好以下几个环节：

一、要勤于学习。每个企业领导都要有很强的"本领恐慌"意识，适应时代要求，结合本职工作，抓紧时间学习，搞好知识更新补缺，不断提高思维层次，加强业务水平，促进解决问题的实际工作本领。学习要坚持挤时间学，深入钻研，善于运用，勇于创新。

二、要善于思考。任何政党和民族，任何个人和企业要想赢得主动、有所作为、有所创新，都必须着眼现在、放眼未来，立足中国、放眼世界；都必须提出思考探索的路子，做到与时俱进。战争年代毛泽东同志就提出"千思"，眉头一皱计上心来。学习理论要在思考中加强理解，科学技术要在思考中创新，有效的管理要在思考中完善，个人素质要在思考中提高。因此，要联系实际具体地思考，而不是不顾现实需要的胡思乱想；要抓住本质深入地思考，而不是只讲皮毛打外围战；要连贯系统地思考，而不是支离破碎地想问题。既要思考现在，又要思考过去；既要思考历史，又要思考世界，在思考中把理论和实践科学地统一起来，把继承传统与改革创新科学地统一起来，把发挥自己优点与借鉴别人长处科学地统一起来。

三、要勇于实践。凡是能够挑大梁，独当一面的企业家，凡是有作为、有魄力的企业领导者都是在长期的实践中拼出来的、干出来的，都是在经验教训中磨出来的、炼出来的。因此，要坚持深入下去，在基层中锻炼自己抓队伍建设的本领；要坚持挑战，在遇到重大问题中锻炼自己解决问题的本领；在深化改革、完善体制、健全法制中提高自己领导改革创新的本领；坚持在研究思考中，在学习群众智慧中，提高自己探索规律、争取主动权的本领。

四、要长于总结。总结好，大有益。毛主席在战争年代就明确说过，"我是靠总结经验吃饭的"。邓小平在改革开放中也提出来"要摸着石头过河"。这些都告诉我们要在实践中总结，在总结中提高，在提高中创新，在创新中发展。队伍打仗有个好传统，就是打一仗，发动群众总结一次经验教训，评一次经典的指挥，出一批英雄和名将；企业也是这样，应当每完成一次重大任务或搞一次大的发展创新，都要发动群众进行总结，把领导智慧和群众智慧结合起来，使零碎的经验系统化，使感性的认识条理化，使具体的事物规律化，既教育群众统一思想，鼓舞斗志，也教育领导加强修养，胜任本职。

◆敬业乐事，竭诚全力。如何做一个敬业的好主官？诸葛亮是个非常敬业、名垂千古的好主官。有诗为证："拨乱扶危主，殷勤受托孤。英才如管乐，妙策胜孙武。凛凛出师表，堂堂八阵图。如公存盛德，应叹古今无！"

他敬业的自我写照就是"鞠躬尽瘁，死而后已"这句千古名言。从他身上我们体会"三个敬业"的基本问题，至今不过时：

一、主官为什么要敬业？无论是对公共管理机构，社会事业单位，军队指挥，还是企业组织来说，敬业是社会发展的动力，是社会财富积累的源泉，也是社会文明程度的标志之一，还是个人成才创业的必然途径。

二、主官敬业敬什么？诸葛亮敬业主要表现在"五敬"上，即：一是他敬主。忠心耿耿，任劳任怨，无私奉献，整天是寝不安席，食不甘味，如履薄冰，如临深渊；二是他敬才。重用人才，分工明确，调度有方，该自己干的事以身作则，让别人干的检查督促，主而管之；三是他敬事。他勤劳办事，周密细致，无一懈怠，从不临机生事，讨价还价；四是他敬术。他善于思考，长于总结，精通术业，无论是拜军师，还是任丞相，职责范围内的种种事务，他无不精通。放眼魏、蜀、吴三国，像他这样有卓越才能的人，只有因大意而丧命"落凤坡"的凤雏庞统；五是他敬职。坚持职守，兢兢业业，数十年如一日，直到临终。

三、主官如何敬业？一是主动。不用别人督促，他总是想在前，料在先；二是勤劳。不论是团结，还是孤单，不论是顺利，还是挫折，他都任劳任怨，不怨天不怨地，反省自己；三是精业。他勤学善思，集百家之长，继古今之智，成一家之见；四是坚持。他任何时候都坚信属下是忠诚的，任何时候都坚信君主是英明的，从没有动摇过信念，丧失过信任，连俘虏都敬佩他的大智大慧，大仁大德；五是表率。他要人家做的自己先做好，要人家不做的自己坚决不做，用错人挥泪斩马谡，做错了事当众自我批评，他从来不把自己当成神，而是把自己当成人，后人把他当成神，不是他的过错，更不是他自己吹的。

❖为什么要诚信带兵？因为，天无诚不大，地无诚不载，人无诚不事。所以，诚实乃可信兵，乃可爱兵，乃可管兵，乃可学兵，乃可用兵。治军之道，以勤学为先。因为，身勤则强，逸则病；家勤则兴，懒则衰；国勤则治，怠则乱；军勤则胜，惰则败。未有平日不早起，而临敌忽能早起者；未有平日不劳苦，而临敌忽能习劳者；未有平日不能忍饥寒，而临敌忽能忍饥寒者；未有平日要求不严，而临敌能步调一致求胜者；未有平日不严格训练，而临敌能敢打敢冲者。

如何勇于创新发展

创新是民族进步的灵魂，是推动发展的强大动力，也是企业领导必备的基本素质。进行理论创新，才能形成先进的企业文化理念；进行机制创新，才能形成科学的人才队伍；进行科研创新，才能形成企业的有力支撑；进行管理创新，才能形成企业合理的规章制度；进行分配创新，才能给企业发展注入强大的活力。有哲人讲过，实践是老子，知识是儿子，创新是孙子。就是说创新要继承原来的，学习外来的，创造未来的。

解放思想，转变观念（2008年7月2日至13日）

❖如何解放思想？创新工作思路，完善工作机制，破解工作难题，提高工作效率。把改革的推动力，教育的说服力，制度的约束力，典型的带动力，人格的感召力结合起来，使工作更具有整体性、协调性、系统性、实效性，努力实现思想观念和思想方法、工作思路和工作方式、人员素质与领导作风的与时俱进，不断提高工作的质量和水平。重在明确主题联系实际，重在抓好干部提高素质，重在突破影响自身大的难题，重在激发科学发展的积极性，着力在深化认识上下功夫，推动发展上下功夫，调查研究上下功夫，解决问题上下功夫。

❖如何转变观念？学为人师，行为示范，积功累德，断恶行善；利于大众，利于社会，利于事业；常生欢喜心，常生智慧心，常生行善心；心善，念善，行善。有亲爱精神，团结精神，互助精神，由为自己升华为为大众，由为大家升华为为国家，由为眼前升华为为长远。心中常生智慧，不生烦恼；常生健康，不生疾病。

❖早课是提醒自己，晚课是反省自己。天天改进，天天改正，不善年年减少，月月减少，天天减少，不但不善的行为没有了，不善的念头也没有了。这话说起来容易，做起来有相当的难度。升天难，求人难，不掺杂私心，不是求人的事，而是求自己的事。只要想克服私心杂念，就能够进步，做到：离苦得乐，断恶从善。符合现代人的科学精神，科学方法，而是超越科学，你一心想着从善，一切都变了，人人可以成为未来的"佛"。

❖如何理解创新？创新是一个相对的概念，也是一个发展的概念。所谓相对概念，就是说：主观上既有质的飞跃，也有量的变化；既有大的突破，也有小的改进；既有内容的突破，也有形式的改进；既有短期的变化，也有长远的变化。所谓发展，实践是不断发展的，人们的认识是不断变化的，创新也是永无止境的。理论创新如果不能与时俱进，就失去了它的生命力；制度创新如果不能与时俱进，它也会失去根本性；体制创新如果失去与时俱进，它就失去了活力；科技创新不能与时俱进，它更失去了第一生产力的作用。

❖如何对待创新理论？党的创新理论是党的革命传统的继承和发展，是我们一切工作的方向和指针，我们必须做到如下五条：一是真信仰，就是要坚信不移；二是真学习，要坚持不懈；三是真理解，把握实质；四是真管用，指导行动；五是真创新，不断发展。

❖如何辩证地思考问题？要多读书，但不要呆；要多交友，但不要乱；要多挣钱，但不要奢；要多品牌，但不要骗；要多出经验，但不要假；要多学外国，但不要死。思路决定出路，品牌决定命运；观念一新，遍地黄金；思想僵化，没有办法。我们这一代企业家既是改革的开拓者，又是改革利益的既得者，还是继续改革的维护者，所以说不能满足于既得利益，更不能成为继续改革的阻力，改革没有止境，思想不能停顿。

❖如何学习创新理论？要把党的创新理念编入教材、讲在课堂、深入头脑、进行工作，成为各项活动的灵魂和指导方针。

❖如何理解战略？战略应该是回顾过去的，体现继承性；总结现在的，体现科学性；预测未来的，体现规律性。

❖如何发展企业？理论上有创新，科技上有突破，管理上有章法，实践上有效益，员工上有实惠。

❖什么是财富？学历是财富，给人以知识；经历是财富，给人以磨砺；能力是财富，给人以创造；体力是财富，给人以健康；朋友是财富，给人以支持；吃亏是财富，给人以善良。

❖积累是什么？积累知识，武装起来；积累经验，成熟起来；积累觉悟，高尚起来；积累健康，承受起来。

❖如何把握中央精神？继承与创新结合得好，发展与持续结合得好，改革与稳定结合得好，富国与民生结合得好，民主与法制结合得好，中心与其他结合得好。

❖管理三大命题是什么？管理大师彼得·德鲁克曾经创出管理三个经典命题，即是指管理者必须实践的三项重要而极不相同的任务：一是实现组织的特殊目标和使命，也就是要有共同的奋斗目标和使命；二是使工作富有活力并使员工有成就感，也就是实现个人价值；三是处理组织对社会的影响和对社会的责任，也就是要为社会做贡献。这个任务只有贯彻一切为了人民，一切为了社会才能得以实施。

◆发展很快，效益也很好，体现了上一届党中央的领导艺术和驾驭才能，我认为主要抓拄了以下几个根本问题：一是理论创新是发展的根本方向；二是持续发展是发展的根本任务；三是改革创新是发展的根本动力；四是统筹兼顾是发展的根本途径；五是节能减排是发展的根本要求；六是社会和谐是发展的根本保证。

科学发展，注重实效（2008年7月15日至23日）

◆企业如何理解科学发展观？发展是个硬道理，硬发展就没有道理。所以这一届中央领导提出科学发展观，就是要科学发展，这既是实践经验的科学总结，又是今后发展的根本方针，还是我党理论上的重大创新。我们要深入地理解，坚决地贯彻，不断地丰富，使我们的经济更好更快更有成效地发展，早日实现高水平的小康目标。

胡总书记在党的十七大报告中做了精辟的论述，就是："科学发展观第一要务是发展，核心是以人为本，基本要求是全面协调可持续发展，根本方法是统筹兼顾。"

一是坚持把发展作为党执政兴国的第一要务，抓住经济建设这个中心不放松，聚精会神搞建设，一心一意谋发展，不断解放生产力，不断发展生产力，实现利邦兴国战略，人才强国战略，可持续发展战略，把握发展规律，创新发展理念，转变发展方式，破解发展难题，提高发展效益，实现又快又好发展，为发展中国特色社会主义打下坚实的基础。

二是坚持以人为本，坚持为人民服务的根本宗旨，尊重人民的主体地位，发挥人民的首创精神，保障人民的各项权益，走共同富裕的道路，促进人民的全面发展，始终把实现好、维护好、发展好人民的根本利益作为做好一切工作的出发点和落脚点，做到：发展为人民，发展依靠人民，发展成果人民共享。

三是坚持全面协调持续发展，按照中国特色社会主义事业的布局，全面推进经济建设、政治建设、文化建设、社会建设、生态建设，促进现代建设各个环节各个方面互相协调，做到生产发展、生活富裕、生态良好的文明发展道路，建设资源节约型、环境友好型社会，实现速度与结构质量效益统一，经济发展与人口资源环境相协调，使人民在良好的生态环境下生产生活，实现社会主义永续发展。

四是坚持统筹兼顾，正确处理发展中的各种重大关系，统筹城乡发展、区域发展、经济发展与社会发展、人与自然和谐发展、国内发展与对外开放、局部利益与整体利益、当前利益与长远利益，充分调动各方面的积极性，达到：生产发展、生活改善；民主法制、公平正义；诚信友爱、充满活力；安之有房、生态良好的要求。

❖如何看改革？改革是一场革命，都看惯了就不算革命了，都和过去一样，就没有进步了。但是在工作指导上要注意稳定，理顺各种关系，使整个社会处于协调的环境中；在推进工作上要注意稳步，既要解放思想，积极进取，又不能操之过急，平稳推进；在重大改革出台上要注意稳妥，周密准备，把握时机，减少失误，减少盲动，但是，改革既然是革命，既然是社会的自我完善，必须明确三条，即：第一，这是一场深刻的革命，难免有些不完善，需要在实践中不断发展补充；第二，改革实质上是一场权力和利益的调整，难免有些不公平，需要在实践中不断改进；第三，改革是调整上层建筑的一个复杂的系统工程，难免有些不协调，需要在实践中不断和谐。因而一个大的改革步骤出台，一个大的政策制定，都要有一个巩固、完善、消化、补充的过程。我们承认世界上万事万物都处在永恒的发展变化之中，我们反对停止的观点，不进则退；反对悲观的观点，改革总是前途光明的；反对无所作为的观点，要在工作中不断地有新办法；反对骄傲自满的观点，要永远积极地进取。

❖什么是与时俱进？了解新情况，分析新问题，形成新思路，采取新措施，开拓新局面。第一要务是发展，核心是以人为本，基本要求是全面协调可持续性发展，基本动力是改革开放，根本方法是统筹兼顾，根本目的是成果共享。

牢记使命，拒腐防变（2008年8月2日至8日）

❖如何理解打得赢不变质？江泽民同志对军队提出了"打得赢，不变质"的总要求，这是非常重要的。它既是军队政治思想工作的根本任务，也是保卫祖国安全的根本使命。但是，这都离不开强有力的思想政治工作来保障。打得赢首先是统一官兵的思想，才能形成万众一心的战斗力。政治思想工作要解决好官兵为什么要打？也就是打的道理和法理在哪里，提高打赢的自觉性和坚定性；解决好打赢的有利条件是什么？解决打赢的信心和决心；打赢的不利条件是什么？把困难和办法想在前边，怎么打赢？明确战略战术，确保各项任务的完成；解决官兵打赢的纪律是什么？形成统一的行动，确立一个目标。

不变质就是政治工作重要的任务，而且也是长期的任务，特别是在深入改革开放带来了许多新情况新问题，在体制改革中利益调整也给官兵利益带来了能动，就业的多元化也给官兵带来后顾之忧，腐朽文化的泛滥给官兵思想上带来不良影响等。因此政治工作不但不能削弱，而且要不断加强。但不管如何变化，我们也要以不变应万变。不管形势如何变，一切从实际出发的指导要求不能变；不管任务怎么变，服从经济建设大局不能变；不管人员怎么变，加强思想教育不能变；不管职务怎么变，为人民服务的宗旨不能变；不管分配怎么变，坚信党不能亏待我们不能变；不管国家机构怎么变，军队听党指挥不能变。

❖如何看待变与不变？任何事物都是变中有不变，不变中有变，我们要以不变应万变，心中有数干工作。做到：不论形势和任务怎么变，不论方法和政策怎么变，不论体制和机制怎么变，不论工作内容重点和方法条件怎么变，不论你职务和官位怎么变，全心全意为人民服务的宗旨不能变，为人民办实事解难题的原则不能变，艰苦奋斗的优良传统不能变，与时俱进的精神壮志不能变，一切依靠群众路线不能变，理论联系实际的学风不能变。

❖如何看待变与不变？一、世界上唯一不变的东西是"变"；二、企业唯一不变的是兴衰；三、人唯一不变的是生死；四、空间唯一不变的是无边无际；五、时间唯一不变的是无始无终；六、知识唯一不变的是无穷无尽。

❖接受监督，严于律己。历史上"三怕"是什么？李世民有一次在高官议事中讲话，深感为君之难。他说你们认为我当黄帝那么容易？什么事情都能个人说了算？你们哪知道我心里经常压力很大，害怕把事情搞错。可以说有"三怕"：一是怕天，就是怕天灾人祸，有了之后要全力以赴地救护；二是怕民，民心不可违。他们吃不饱，穿不暖，社会怎么能稳定呢？我这里给大家讲点常识，古代圣贤们都讲民以食为天，就是吃饭是天大的事，所以"饭"字，就是一个"食"字，加一个"反"字，其喻意就是天下百姓有食则安，少食则乱，无食则反；三是怕大臣，你们文武大臣们都是有思想，有功劳，有资本的人。每当议事，你们的每个意见和陈述，我都是认真听取，积极采纳啊！不然魏征等大臣还不造反吗？

我们的总设计师邓小平也讲过："人谨小慎微不好，然而胆大包天也不好。"我们共产党员也有"三怕"，即：一怕组织管理，就是你有错误领导批评你不怕，一开小组会和党委会，就得检讨；二是怕群众，大家对我们的优点和缺点看得很清楚，你的所作所为都糊弄不了他们。错了只有虚心接受批评与自我批评，才能不丧失民心，重新得到群众的信任；三是怕民主党派，我们共产党是领导核心，这是不能动摇，也是不容质疑的，否则中国什么事情都办不成，还要受人家欺负，这已经是被历史反复证明了的真理。但是，我们不是一党专政，还要经常地听取民主党派的意见和建议，让人家也参政、议政，让人家讲话，共产党垮不了，不让人家讲话可能垮台。

后 记

　　在完成这本著作的编辑之后，我们要向广大读者郑重地推荐这本关于企业家的思想道德和领导艺术修养，其中涉及性情涵养、身心健康、幸福生活、人格完善，以及生命质量的重要著作。我们衷心希望在新的世纪、新的历史时期，每个人都能享受到中华民族优秀文化的滋润，道德人性的福祉和更健康、更快乐、更智慧、更美好的生活，在事业上更聪明、更扎实、更有效、更有作为、更有创新性。

　　历史的经验告诉我们，在新的历史时期和盛世时代，中国人确实需要更高的智商，也需要更多的诚商，还需要更多的健商。健商作为一种崭新的理念，是对现代社会的一种警示和促进的学科。张文台将军的这本博学论著给我们带来了这条重要信息。他凭借古代先哲之教诲，中华儒学之精要，道家思维之宏观，孙子兵法之灵活，政治委员之敏锐，参与高层决策之经验，50余载戎马生涯之体会，及调查研究之佐证，治军带兵之实感，博学广取之思考，对先贤圣哲著述之深悟，归纳整理出一个正确的结论：人类若想拥有行之有效的身心健康系统，就必须以国学为根、融合吸纳中西方先进思想和文化精华，以达到良好的心态和身体状况为目标，建立健康向上的人生境界。同时，又给我们每个人提出了：善恶是天性、道德是本分、思想是武器、素质是智慧、哲学是钥匙，大爱是境界、诚信是赢利、健康是责任的新课题。正像他经常强调的那样："对于科学文化，要继承原来的，不能丢掉老祖宗；吸收外来的，不能拒绝先进的东西；创造未来的，不能满足现状。"做到思想上与时俱进，工作上不断创新。

的确，在中国这个拥有13亿人口的泱泱大国，本来在传统文化遭到数次破坏之后就出现了鱼目混杂的局面，改革开放之后，西方强势文化又以不可阻挡的潮流汹涌而入，使本来就脆弱的文化体系、思想体系、哲学体系又再次遭受了强烈的冲击。特别是在一元化意识形态到多元化意识形态和一元化价值观到多元化价值观并存和转化的格局下，所有企业家都应该以更睿智更理性更完善的人格和更新的精神面貌，去迎接挑战和挑战自我。

应该说，改革开放30年来，我国在各个方面取得了举世瞩目的成就，人们无论从思想观念，还是文化生活；无论是生活态度，还是精神风貌，都较之以前有了很大的变化。但同时，我们也应该看到，在经济繁荣、政通人和的今天，人们重视感性，轻视理性；重视急功近利，放弃思想改造；重视吃现成饭，轻长期文化修养；出现了忽略自身修养和文化学习的浮躁现象。特别是企业家，在追逐利润的指标上下功夫多，在协调职能部门关系上应酬时间多，而静心学习和构架企业发展战略以及完善自身的时间太少，从而导致了对企业发展和应对市场变化上缺乏深思熟虑；在人事管理、人才使用和储备人才上也缺乏应有的重视，致使人才流失、短期行为的现象普遍存在，直接影响了企业更好更快更稳及健康有序的发展，结果出现了一年合伙、二年红火、三年发火、四年散伙的不正常企业现象。这不能不引起我们深刻的反思和高度的重视。张文台将军的这本著作，正是从多角度、多方位用朴素而含有哲理的语言，比较系统而又完整地解答并指明了这些应该克服及必须引起深思的重大问题。可以毫不夸张地说："它是做人之本，为官之道，从商之经。"

坦率地讲，张文台将军在书中讲的这些涉及门类较广的内容，不少的思想观点在以前也为人们所了解。今天，伴随着社会的发展进步，经济生活的日趋繁荣，不少专家、学者，不管是从理论上还是从实践上，也越来越多地开始关注这些简单而又复杂的问题，也有些企业家开始从不同角度注重强化自身的建设。但就我们所知，目前还没有比较系统的、来自实践中的、令人耳目一新却又切合实际的专著。而文台将军却以战略的眼光、学者的敏锐思索与对国家、对民族、对经济腾飞的高度责任感与使命感提出了最简单易记、通俗易懂、便于操作的、最富有吸引力的，最为大众所接受的新观点、新认识、新思路、新方法。这不能不说是作者的一个重要贡献。

西方一位哲人说："一个既关心脚下又关注天空的人是民族的精英。"一个共和国将军在戎马倥偬中心系家国，在完成本职工作的同时，为国家经济建设，企业发展，人民的品性修养而献计献策，实属难能可贵。

在本书的编辑过程中，承蒙各位友人、中央文献出版社领导关心和大力支持，他们对书稿的修改完善提出了许多宝贵的意见和建议，在此一并表示衷心的感谢！

由于时间仓促，加之我们的编辑人员水平有限，书中的一些用语不够准确及疏漏之处在所难免，敬请读者批评指正。

编　者

二〇〇九年十月一日